比爾大哥

◎約翰・福克納（John Faulkner）著

My Brother BILL

回憶美國當代最偉大的作家
一位熱愛土地的諾貝爾獎得主
威廉・福克納的一生

高　談　文　化

關於作者

約翰・威斯利・湯普森・福克納三世（John Wesley Thompson Faulkner Ⅲ，1901~1963）一輩子都住在密西西比（Mississippi），他和三個兄弟威廉（William）、傑克(Jack)、和笛恩（Dean，小名Murry）一起在牛津（Oxford）長大。約翰的興趣廣泛，不僅是一位作家，同時也是一位工程師、畫家及業餘的飛行員。他對自己生長的美國南方有強烈的情感，更堅貞地傳承了家族由來已久的文化傳統。他最著名的作品有《棉花幣》（Dollar Cotton）、為緬懷大哥威廉・福克納而寫的回憶錄《比爾大哥》（My Brother Bill）及小說等。

約翰・福克納的作品：

《工作的人》（Men Working）

《棉花幣》（Dollar Cotton）

《祖基》（Chooky）

《木屋路》（Cabin Road）

目錄 CONTENTS

前言

福克納家有四個兄弟，以年齡大小排列的話，他們分別是威廉、傑克、約翰和笛恩。威廉是我的大伯父（我通常稱呼他威爾老大Brother Will）編註，約翰是我的父親。他們兩兄弟在各方面都很神似，跟另外兩位叔伯則是完全不同的典型。威爾老大的眼睛是棕色的，頭髮旁分在左邊；約翰的眼睛是藍色的，頭髮旁分在右邊。不過兩人最大的不同，或許在威爾老大的個性屬於實際派，而我的父親卻是個樂天派。許多人常把他們兩個人搞混，最離譜的一次是我的父母結婚時分期付款買了一台縫紉機，有幾回他們忘了按時繳款，結果賣縫紉機的銷售員誤將威爾老大當成是父親，三天兩頭纏著他要錢，最後威爾老大不耐煩，乾脆付錢了事。

從小到大，我時常聽到父親和威爾老大談起他們的曾祖父老上將（Old Colonel）

的故事。老上將以前擁有一條鐵路，後來和人結怨，在密西西比州的雷普利鎮（Ripley）遭人槍殺身亡。這個話題通常會引發包括小上將、巴瑪姑婆（Aunt Bama）、娜妮祖母（Nanie）和其他家族成員的故事。

從這些故事中，我慢慢認識了家族中的成員，對他們的來處、他們的際遇和天分、他們強烈的意志力和人格尊嚴都有了概念。這些代替家族史的小故事，從先祖傳到父親那一輩，再由我們這一代繼承。

這些故事中，也有些是父親和兄弟們童年往事的片斷：福克納兄弟小時候，威爾老大就是家中的孩子王，常會發明新遊戲教大家玩。除了騎馬打棒球、用泡過水的玉蜀黍心打仗以及用棍子打鐵罐的曲棍球外，有一次他還指揮其他小孩用娜妮祖母的豆桿、從蕃茄架上抽下來的木條和報紙做了一架可以載人的飛機，不過這架飛機首航就失利了。當大家合力把飛機推下山丘，威爾老大連人帶機一頭撞進沙溝裡。

一九三〇年代，威爾老大及父親對飛行再度燃起一股熱勁，威爾老大於是買了一架真正的飛機。即使笛恩叔叔因此喪命於一九三五年十一月十日，威爾老大和父

編註：威爾、比爾在英文中，都是威廉的小名。

親對飛行的熱情依舊不減。

時值經濟大蕭條期間，光靠飛行根本無法賺錢養家糊口，威爾老大於是買下一座農場，並由父親隨後搬進農場經營。父親的寫作生涯就是在這座農場裡開始的，每逢下雨天，他總會寫些東西，準備在我的小弟祖基（Chooky）放學後唸給他聽。

我一直和父親及家人住在這座農場裡，直到我讀九年級以後，為了方便就近到城裡上學，我才搬到羅灣歐（Rowan Oak）和威爾老大一起住。

那一段和威爾老大同住的日子裡，我們時常在破曉前起床，摸黑到林子裡打獵。不管在樹林中穿梭，或是到河上獵鴨，我總是緊跟在威爾老大身後。從威爾老大那裡，我學到所有獵人該有的狩獵技巧、尊重自然的觀念，以及自立更生、腳踏實地的負責態度。

威爾老大送給我許多生命中第一次擁有的東西：生命中的第一頂牛仔帽、第一把手槍、第一次的飛行經驗（他是駕駛員）和生平第一杯琴酒蘇打。

二次世界大戰期間我人在西岸，正準備前往太平洋擔任海軍戰艦駕駛。出發前，威爾老大送給我一張空白支票，後面寫了幾句話：「聽老手的忠告，保持引擎轉速，隨時蓄勢待發。祝你好運，狩獵豐收。永遠愛你的威爾老大。」

我的父親是個蠻有天份的人，當過工程師、作家、飛機駕駛，同時也是畫家。每個人都喜歡他，他也喜歡身邊的每一個人。他是我們的朋友、死黨，也是我和祖基的良師。在我的心目中，他是個稱職的父親，我不僅了解他，也非常愛他，在我們兩兄弟的心目中，他是獨一無二的。

父親和威爾老大都是非常熱情的人，對小孩、年輕人和動物尤其有愛心。不管在什麼情況下，他們永遠會撥出時間聽聽孩子們的意見。即使是小孩子的異想天開，他們也會參與其中。我從來沒聽過他們對我們說「不」，而且只要我們碰到麻煩，他們總會陪在身旁協助我們解決。

有時候，他們甚至還帶頭挑起麻煩。一九五〇年代牛津發生乾旱，連啤酒都在市立法令下成為禁止販賣的違禁品。對這項規定，正反兩方意見僵持不下，遂決定舉行一場公民投票。威爾老大認為啤酒是生活中最起碼的飲品，因此他站在贊成的一方。他自己出錢印製了五千份傳單，內容和牛津三位司長為反對合法販賣啤酒而印製的傳單針鋒相對。約翰對解除啤酒禁令也很感興趣，於是和威爾老大合力鼓吹我和小弟一起到鎮上去發這份傳單。這件事雖然大家都盡了力，可惜最後我們仍然落敗了，全牛津鎮的人仍然無法在商店裡買到冰涼的啤酒。

一九六〇年十月，威爾老大、傑克、父親、祖基和我又有一次聚在一起的機會。當時這種全家團聚的機會其實已經寥寥可數，這次我們重聚則是因為娜妮祖母已經在加護病房內昏迷了一個禮拜。我先飛往墨比爾（Mobile）去接二伯傑克回牛津，之後整整一個禮拜，我們大部份時間都坐在醫院的台階上等著。

那一次我們的話題談到死亡。威爾對他的弟弟說：「我們其中有一個人要替另外兩個人辦喪事。」

傑克問威爾：「你過世之後，怎麼在陰間和老爹相認？你自己現在都比老爹過世的年紀還要大呢。」

威爾老大說：「我也不知道。也許我們的靈魂會像收音機一樣放射電波吧。」

七月五日晚上，也是威爾老大去世的前夜，我帶他到拜哈利亞（Byhalia）的一家醫院進行檢查，那是他最後一次上醫院。其實前一天他就一直唸著要去拜哈利亞，我們從未見過他這樣，決定隔天天氣轉涼後就出發。隔天早上我又去他的住處看他，問他前天夜裡的情況。他仍堅持要上醫院，我只好扶著他到車子的後座，替他墊個小枕頭讓他躺下來。那天下午我們出發得有點晚，太陽下山之前我們才到拜哈利亞。路上一陣大雨，果然讓天氣變得涼爽不少。

我替威爾辦妥住院手續，留在他身邊陪伴到當晚十點左右。

要離開前，我走到他的床邊，彎下身子，握著他的手告訴他：「威爾老大，你可以出院的時候，一定要告訴我，我來接你回家。」

他說：「好、好、吉米（Jimmy），我一定告訴你。」

他從此沒能再活著回家。威爾老大在七月六日凌晨二時去世。

威爾老大在一九六二年七月去世，父親於一九六三年三月去世。其間半年多的時間，父親完成了這本傳記《比爾大哥》（My Brother Bill）。他才剛脫稿，寄去給紐約的出版商不久就住院了，接著很快與世長辭。父親稱這本書是他懷念威爾老大的回憶錄，回憶錄在他去世後二個月出版，很遺憾他來不及親眼看到這本書發行。

父親說：「除了比爾，我沒遇過其他人擁有那麼出類拔萃的寫作才華。他寫的故事，有一種說服你相信他就是故事中人物的魔力。每當我凝視著比爾，總覺得彷彿也可以看見他身邊飄動著他那些故事的碎片。」在本書中，一幕幕這些故事的背景及起源，都將呈現在您的眼前。

吉米・福克納筆
於密西西比・牛津
一九九八年六月

讓雨下盡一切悲嘆，宛如銀絲帶般的淚。
綠色的樹林投映出已深已久的夢境，期待我剎時醒來。
永遠地長眠了，在這片藍幕底下，
我像棵樹穩健地佇立，無人能及？
我雖已不在，長眠的泥床自會爲我覓得芬芳。

威廉·福克納墓誌銘
摘自威廉·福克納作品《綠色枝幹》

第一章 難忘的夏夜

比爾去世在一個夏天的夜晚，那個夏夜就像他所寫的《八月之光》（Light in August）中任何一個夏夜的翻版，唯一不同的是當時是七月初，子夜鐘聲剛敲過不久的六日凌晨時分。

他已經在醫院住了好幾天。幾年前，他曾從馬背上摔下來，之後他就一直定期到醫院做健康檢查。這一次醫院也為比爾做了最後的檢查，結果顯示各方面狀況良好，比爾也已經準備出院回家了。遽料死亡驟然降臨，奪走了他的生命。

奪走比爾性命的，是一種無法事先檢驗出來的血栓症。這種病如果初次發作不嚴重，病患沒有馬上走進鬼門關的話，病情倒是可以控制的，某些情況下，病患甚至可以像健康的人一樣過正常的生活。血栓症的病患發病後約有一半的存活率，另一半的病患會馬上死亡，比爾則是那不幸的另一半。那天早上，儘管醫生用盡了各種急救方法，卻怎麼也挽不回比爾的生命。

根據醫生的解說，血栓症發生的原因是血管阻塞。人體的脂肪平常就會在血管的內壁堆積，堆積到某一種程度後就開始產生碎片，掉入血液中。碎片如果很小，心臟還能維持基本的運作，這時輕度的中風即可能發生，這也是血栓症的前兆，在這個階段開始治療，把仍附著在血管壁的脂肪溶解掉，病患就有生存的機會。但如果最初脫落掉入血液中的脂肪碎片太大，阻塞了血管的通路，心臟便無法壓縮血液，血管會因而變得乾涸，進一步導致心臟停止跳動。比爾的狀況就是後者，即使醫生們整整急救了四十五分鐘，最後仍回天乏術。阻塞無法移除，比爾因此與我們永別了。

家裡的電話在涼爽的半夜響起，當時是七月。電話放在隔壁房間裡，響聲吵醒了我和太太。太太起身去接電話，我於是坐了起來，靠在床緣邊上點了根香煙。我先聽到她講話，隨即是一片沉默，彷彿她正專心在聽對方說話。最後我聽到她說：「我不知道該怎麼開口告訴他。」

有些敏感的人對這種情況會有預知的能力，但我沒有。我知道比爾人在醫院，但我一直認為他很快就可以出院回家了，完全沒把這通電話和比爾聯想在一起。事實上，我也沒意識到這種半夜的電話有何不尋常之處，我們曾不止一次在三更半夜接到電話，而且即使我聽到桃莉說了那句：「我不知道該怎麼開口告訴他。」，我仍沒有意識到桃莉口中的「他」是指我。然後，桃莉放下聽筒，走回來站在床邊說：「剛剛是吉米打來的電話，說比爾剛剛過世了。」

我們對自己的臥室太熟悉了，所以房裡沒有開燈。頓時我回過神來，在床邊站了起來，開始抓了衣服就穿。

「出門前，要不要我給你沖杯咖啡？」她站在床邊這樣問我。

「不要了。」我說。「我現在馬上過去比爾家。」

我大概在凌晨二點半到達比爾家，我的大兒子吉米已經等在那裡，他替我開了門。艾絲特拉（Estelle，比爾的太太)接到醫院的惡耗，就馬上打電話通知吉米，吉米馬上打電話給我和我的次子祖基，以及遠在墨比爾的二哥傑克。大夥正為比爾的死忙得不可開交，還沒時間帶艾絲特拉上醫院去。祖基還沒有到，他應該還在路上。

我問吉米：「比爾的遺體在那裡？」

「他們打算把遺體直接從醫院送到殯儀館去。」他回答我。

「我上去看看艾絲特拉。」

「杰斯特（Chester Mclarty）在上面陪她，」吉米回答我。「艾絲特拉打電話給我的時候，我也馬上掛了電話給杰斯特。」

杰斯特是我們的家庭醫師。

我到樓上艾絲特拉的房間去，杰斯特和她在一起，看顧著她。他已經讓她吃了一顆安眠藥，但似乎發生不了藥效。她兩手緊緊握拳，來回不停地踱步，我一進門，她馬上迎面向我走來。我一把將她抱在懷裡，靜靜地抱了她一會兒，沒能說什麼話安慰她，只能藉擁抱表達我的感受。

「我不相信，」她說。「我不相信，他沒有死！他沒有死！」

我的視線越過她的肩頭，投向杰斯特，他站在不遠處，聚精會神地盯著艾絲特拉的一舉一動。突然間她把我推開，又開始來回踱步。我把她留給杰斯特照顧，下樓找到了包伯(吉米的小名)。我知道以艾絲特拉當時的悲傷和震驚程度，她一定希望吉米在吉兒（Jill，威廉•福克納的女兒）從維吉尼亞州趕回來之前，能夠留下來主持大局，代她處理繁瑣的喪葬事宜。而且比爾去世前幾年和包伯走得很近，我認為包伯對比爾的一切一定比任何人更瞭解。

在比爾家裡，我們靜默地站了一會兒，沒有人說話。包伯在等我開口，而我雖然知道比爾已經走了，心裡卻完全沒有任何真實感。幾秒鐘後，我說：「我到殯儀館去，比爾遺體送到的時後，我希望我能在場。」

包伯點點頭。

我離開包伯，開車沿著比爾屋外杉木夾道的車道開了出去，經過那塊比爾自己油漆打樁釘在地上的「私人宅地，閒人勿進」的告示牌後，離開比爾家，向城裡駛去。

比爾的遺體還沒運到，因此我走出來坐在殯儀館門前的石階上。殯儀館緊鄰著廣場的一角，從我這兒看過去，整個廣場盡入眼底。我坐著抽煙，眼前這片廣場上的每個角落似乎都浮現著比爾的身影：正前方的那塊空地是市集時熱汽球大師升空的地方，我甚至可以指出比爾、傑克和我習慣站著看熱汽球的位置。更遠的那塊地方以前沒有鋪碎石路面，而是一條灌溉溝渠，以方便農夫進城做生意時，可以有水洗洗他們的騾子。我們每天上下學都走這條捷徑，而且一天要走上好幾趟。

那時鎮上的人都這麼說我們：「千萬不能惹福克納兄弟，如果你欺侮了一個，其他的兄弟鐵定從廣場的四周包抄過來。」

我的左邊是郵局。因為經常進出郵局寄送郵件，比爾和我有時會在郵局的台階上不期而遇，我們無數次在那片台階上聊天、消磨時間。廣場上其他我眼光所及之處，處處都出現我們巧遇、交談的片片段段。

等我回過神來，才意識到自己完全沈溺在回憶裡，而且往後也只能在回憶裡與比爾重逢。我的回憶中，同時浮現其他兩位兄弟的影像：一九三五年因飛機事故喪命的笛恩；住在墨比爾，我在世上唯一還活著的哥哥傑克。我想就在那一刻，在那個暖夏夜裡的台階上，我開始接受比爾已經去世的事實。

我聽到救護車的笛聲在殯儀館的後門響起，比爾的遺體已經運到。我起身從身後的長走道進了殯儀館的後門，看著他們把比爾的遺體放在輪檯上，推進屍體處理室。門被關上後，我又重回前門的台階上，等比爾的遺體處理完成。有幾分鐘的時間，我離開台階去打電話給菲爾・史東（Phil Stone），他是比爾認識最久也走得很近的朋友，我希望他能從我們的口中直接得知比爾的死訊。我打電話的時候大概是早上六點鐘，菲爾還沒有醒，是他太太接的電話。我先自報姓名之後，請她把電話轉給菲爾。聽到比爾的死訊，他震驚地說：「怎麼可能！」的確，這是一個令人難以接受的事實。

我告訴他遺體正在殯儀館裡進行處理，而且我會守在這裡直到他們結束作業，把遺體送回家，菲爾說他會到比爾家去等我。比爾的遺體在八點左右處理妥當，我趕在靈車之前回到比爾家，讓包伯和祖基準備迎接比爾的遺體。

母親早比爾兩年去世。她在世時，即對她的葬禮詳細交待過：「只有家人參加，不需要用花布置靈堂。喪禮儘量簡單，不要鋪張浪費。」她說過：「用最快、最便宜的方式。」比爾生前也告訴過艾絲特拉和包伯：「我的喪事比照母親的辦理。」艾絲特拉當時在極度的震驚之中，所以把一切都交給包伯處理，吉兒從維吉尼亞州趕回家後才接手。當天早上她和先生保羅（Paul）抵達牛津後，保羅便一直跟隨在包伯身邊，協助他處理事情。艾絲特拉和前夫生的女兒裘裘（Cho-Cho）、女婿比爾・菲爾敦（Bill Fielding）當天也從加拉卡斯（Caracus）飛來，墨爾康（Malcolm Franklin，比爾的繼子，小名麥克）也從南卡羅萊那州的查爾斯頓（Charleston）趕來。

很多人想要進比爾家弔唁，但比爾希望只有家人和最親密的朋友來參加葬禮。鎮上的殯儀館是市長的物業，市長在比爾的遺體還停留在殯儀館裡的期間，就先來看過比爾。當時我在門口的台階上遇到他，便問他可否派一個人駐衛在比爾家門口。市長先問我需要駐衛多久的時間，我告訴他我希望守衛可以一直站哨到葬禮結束，他答應了。我們將比爾的遺體運回家時，警官就馬上上哨了。

棺木放在殯儀館的棺台輪車上，被推進了大廳，停放在壁爐的前面。在同樣的地點、同樣的房間裡，撫育我們長大的褓姆也曾停柩在此，比爾還曾為她誦讀祭文。比爾曾要求在他蓋棺後，就不要再打開他的棺木；即使非不得已，也只能開棺一次。所以當比爾的幾個黑人朋友穿上星期天上教堂才會穿的正式服裝，到廚房來要求看比爾最後一眼時，包伯特地去問了艾絲特拉能不能開棺，她說：「當然可以。」他們被領著經過飯廳，有人為他們打開了棺木。他們靜靜地看著比爾，唇角無聲抽動，眼淚慢慢滑下來。之後，棺木再度被蓋上，永遠不能再打開。

電報不斷從美國和世界各地傳來：總統來電致哀、外國政府來電弔唁、國內外文學機構及文化團體也紛紛來電。與比爾長期合作的藍燈書屋老板班尼特・瑟夫（Bennett Cerf）也從紐約趕來。雪比・福特（Shelby Foote）從孟菲斯（Memphis）來為比爾送終致哀；維吉尼亞大學（The University of Virginia）也派代表帶著大學校長的致哀辭前來，他說比爾曾是他每年春天校區演講課的參與人員之一，因此他永遠是大學的一份子。

我的二哥傑克從墨比爾來，我們兩兄弟及我的兩個兒子輪流守在比爾停柩的大廳。我們是比爾的守護者，是他最親近且有血緣關係、並且還活在世界上的男性血親。

媒體記者及攝影師大量湧進鎮內，但依據比爾死前的遺言，他們只能聚集在比爾家的大門外，不得其門而入。因此他們推派包伯的朋友，孟菲斯商業專刊（The

Memphis Commercial Appeal）的保羅・佛勞爾斯（Paul Flowers）出面做代表，請包伯和媒體會面，安排他們拍到比爾在棺木裡或者是艾絲特拉哀傷的照片，以向報社交差。包伯與傑克共同與媒體會面，向媒體解釋他們只是遵照比爾的遺願辦事，比爾希望他的遺體在家的時候，只有家人隨侍在側，他的靈柩出了大門後，他才屬於大眾，屬於世界。

比爾生前沒有加入任何一個教會，我們也都不是常上教堂的人。倒是我太太、兩個兒子和吉兒會固定上主教派的教堂禱告，因此每次福克納家有什麼事需要教會協助時，我們都習慣找主教派的牧師。這一次主教派的教區牧師也受邀為比爾唸祭文。

家人站在比爾的靈柩旁，他的朋友們站在隔壁的飯廳裡。簡單的祭文唸完後，傑克、包伯、祖基和我抬起比爾的棺木，向屋外等著的靈車走去，準備啟程前往墓地。一走出比爾家的大門，攝影師便搶著按快門，其中有些人固然來自新聞單位，但也有人只是為了能照一張比爾出殯的照片而專程前來。

廣場的路旁人行道上擠滿了拍照的人，旗杆上的旗子也都降半旗，商店全掛上本日休業的告示牌來紀念比爾。各個最佳拍攝地點都站滿了攝影師，有些人在路上跟著靈車跑，有些人站在高樓的陽台或大樓的屋頂上。

早在六、七十年前祖父就為家族買了一塊墳地，當時他以為大概夠用了，沒想到家族的人數實在太多，我們都生在這裡，也葬在這裡。祖父和祖母、父親、母親、笛恩、約翰叔叔的小孩（一出生就夭折）都在此長眠，比爾和艾絲特拉的第一個小孩，只活了五天的艾拉巴瑪（Alabama）也葬在這裡。墳場已經擠滿了，找尋新墳地成為燃眉之急。

約翰叔叔和蘇（Sue）嬸嬸曾為他們自己買了一塊墓地，幾年前去世的兒子約翰二世（John Jr.）就葬在那裡，比爾的墓地只能另覓他處。

牛津空著的墓地還很多，最近闢建完成的新墳場只葬了幾個人，還相當空。我們認為這塊墓地最適合，於是包伯和保羅特別為比爾選了新舊墓園交接處的一塊斜坡，旁邊佇立著一棵老樹。

我們的車開到墓地時，抬棺的人已經等在那裡，菲爾・史東、麥克・雷德（Mack Reed）及家族中有姻親關係的親戚全部到齊。墓地旁搭了一個棚子，棚子下面準備了一些給家屬坐的椅子，新聞記者則被安排在另外一邊，他們的數目幾乎比家屬還多。

他們把比爾抬到挖開的墓地前，主教派的祭文很快朗頌完畢，沒有花多久的時間，棺木就被緩緩放進墓穴之中，比爾從此在他土生土長的土地上長眠，大夥兒也在儀式完畢後，各自離開了。

一些平靜的家族往事，不斷纏絞著比爾和我的童年回憶，每一個回憶都栩栩如生地勾出那些深藏在我的腦海中的記憶。我恍然了悟，原來比爾在我六十一年的人生歲月中，竟佔了如此重要的分量。就在這個時候，我覺得該是提筆為比爾寫傳記的時候了。

第二章 從雷普利到牛津

腹絞痛是我對比爾最初的印象。母親告訴我在他生下來的第一年，他的腹絞痛幾乎每天晚上都會發作，當時父母親和比爾住在牛津北方約三十哩的新亞巴尼鎮（New Albany），傑克、我和笛恩都還沒出生，我們是後來分別在雷普利和牛津出生的。

父親當時在鐵路局工作，他是新亞巴尼車站的驗票員。曾祖父老上將建造了這條鐵路，曾祖母去世後，祖父和他的姐妹們繼承了遺產，由祖父繼續經營鐵路至一九〇二年才決定賣掉。當時這條鐵路叫做高樂夫—芝加哥線，現在則是高樂夫—墨比爾—北幹線。

其實祖父壓根兒就不想經營鐵路生意，他自己那間專門接辦犯罪案件的法律事務所，已經讓他忙得不可開交了，實在撥不出時間操心別的事。父親是唯一對這條鐵路有興趣的人，要不是因為中間的一些誤會，父親鐵定會從祖父手中把鐵路買下來。

能引起父親興趣的事，莫過於鐵路、馬、狗、歐密斯（The Ole Miss）的足球和棒球隊——後者是一九二〇年代他在大學當秘書的時候迷上的。但鐵路還是他唯一也是最終的摯愛，他對鐵路被賣掉這檔子事永遠無法釋懷。一八九〇年代父親就常偷溜出學校，跑到鐵路附近玩耍。祖父母嘗試過送父親去參加歐密斯的球隊，但他們心理有數，知道他不一會功夫又會跑回鐵路附近。前後試了二年，祖父母希望父親能專心上課，但最後也只得放棄。父親成年後試過救火員、工程師、驗票員等工作，後來成為新亞巴尼鐵路局的局長。比爾於一八九七年九月二十五日出生在亞巴尼。

為了能讓比爾腹絞痛發作時覺得舒服點，母親必須挺直坐在廚房的椅子上搖著他。鄰居都認為福克納一家人非常奇怪，整晚廚房燈火通明，不知道在忙些什麼。

父親在一八九八年十一月升任鐵路局的財務專員，負責核算帳目和查帳工作，所以我們又搬回老地方雷普利。傑克次年六月出生，我在一九〇一年九月二十四日出生，比比爾的生日早一天。很久很久以後，我才理解為什麼比爾的年紀比我大，而生日卻比我晚。比爾在這件事情上一直故意誤導我，一直到有一天，母親才解釋原因給我聽。

老上將是被一個叫瑟謨德（Thurmond）的人所槍殺的，他們的怨隙要向前追溯幾年。長期以來，他們彼此就看對方不順眼，但真正的導火線，是一八九二年老上將在州立選舉中打敗了瑟謨德，贏得了一個席位。當時老上將剛從傑克森（Jackson）回來，在渡船頭上岸後往廣場走去，瑟謨德突然出現，在街上槍殺了老上將。老上將於三日後不治去世。

此事在當地引起軒然大波，雷普利鎮和提伯郡（Tippah County）二派人馬嚴重衝突。司法審判的結果令人非常氣憤，法官受到控制，竟判瑟謨德無罪釋放。當時列席的觀眾還因過於激動，而被要求留在法庭內，讓法官能先行順利退席。雖然瑟謨德後來離開雷普利沒再回來過，祖母卻擔心仇恨的種子已經種下，於是要祖父帶著孩子搬離鎮上，她不願血腥事件有機會重演。於是姑姑、父親和約翰叔叔跟著他們一起搬來，那時姑姑還未婚，約翰叔叔正值青春期，父親則在那裡和母親相遇。

關掉在雷普利的公司搬到牛津之後，祖父先在牛津北街租了一棟房子，並跟隨霍雷（Howrey）法官學習法律，霍雷法官後來擔任華盛頓聯邦政府的官員。

祖父租的房子隔了一片林地和拉瑪家（L.Q.C. Lamar）[編註]相望。母親當時已經搬進城裡，和祖父家隔街住在同一條路上，三間房子排列得像個三角形，祖父的家剛好在頂點上，房舍中間都是林地，沒有其它的建築物。母親、姑姑和拉瑪家的女孩常站在自家的陽台上，和對方討論等一下在城北的雜貨店碰面——母親和姑姑一定是去那裡等父親和吉米（Jim）姑丈，拉瑪家的女孩則滿心期望能在那裡找到她生命中的真命天子。母親的家鄉在牛津北方，她從小在牛津長大，父母親在一八九六年結婚，婚後兩人搬到新亞巴尼。

搬到牛津後，鐵路局的責任更讓祖父負荷不了。鐵路總局在雷普利，距牛津有六十哩遠，祖父必須花費許多時間在通勤上，讓他騰不出時間照顧自己的法律事務所。這個問題一直煩擾著他，直到一八九八年他任用父親為財務長，監管財務督察和會計事務的工作，並要他從新亞巴尼搬回雷普利，心裡才算卸下一塊大石頭。但因為瑟謨德派的人有些仍住在雷普利，祖母於是向祖父施壓要他賣掉鐵路，希望父親可以趁此機會遠離雷普利。

編註　1825~1893，律師、法學家，曾任美國眾議員、參議員、內政部長、最高法院法官等職，1861年並參與起草密西西比州脫離聯邦法令，參加南方聯盟軍。

祖父告訴父親他要賣掉鐵路的時候，父親曾經到柯林斯（Corinth）一家銀行去，想申請貸款接手買下這條鐵路。沒想到銀行的人一點都不以為意，以為他在開玩笑——沒有一個大傻瓜會在這個世紀交接的當頭把鐵路賣掉，鐵路運輸業正以壓倒性優勢取代河上運輸業，連利潤都是呈三級跳式的成長。父親以為銀行的人嘲笑他不自量力，很不高興地踱步離開了。

鐵路賣掉之後，有一天父親又到銀行去辦事，行員告訴他：如果那天他表示真的要貸款，銀行一定會借錢給他。

對母親而言，搬到牛津就像回娘家一樣。雖然父親從此未曾在鐵路局工作過，可是我清晰地記得，每當火車輾過，父親總會豎起耳朵凝神傾聽火車的汽笛聲。

我們搬離雷普利時，比爾差一天就滿五歲，已經很會講話了。有一次大家在一起吃晚餐，比爾堅持要唸禱詞，禱告詞是這樣的：

我躺下準備睡覺，
祈求主關照我的靈魂；
萬一我從此不再醒來，
求主帶走我的靈魂。

威廉．福克納。

祖母說他剛遞上一只請願書給天上的主，請求主幫他簽署。祖父先在鎮上另一頭的南二街上買了一塊地，接著更在離廣場兩條路口遠的南街上為祖母蓋了一棟新房子。新房子蓋好以後，家裡其他人才搬回牛津一起住。

我們從雷普利搬到牛津的那天恰巧是一九〇二年九月二十四日，我週歲生日當天。父親騎馬來接我們，再慢慢沿著鄉間道路騎回新家。騎六十哩路總比坐火車彎來繞去得好，也不用臨時停車。

新房子有三層樓高，在城外遠遠就可以看見這座大目標。祖父在世時，這棟房子一直是大家生活的重心。幾年前，房子被轉了個方向，稍微往旁移動到原先被祖母用來當花園的那塊地上，並被分割成好幾戶小公寓。雖然房子目前擠在其他十三間房子和一座加油站的中間，我們還是管它叫「祖父的房子」。

新家總面積共有四百英呎寬，一千英呎長，從中間分成二部分，一半做為專供牲畜使用的牧場、穀倉，另一半是我們住的主屋，距離大街約有五百英呎遠。整座房地的四周圍著十字押花板做成的圍籬，連牧場的圍籬也和前院類似。記得父親時常手插著腰靠在圍籬上，看著在另一邊的馬群，比爾、傑克和我也會爬到他的旁邊跟著一起看。

房子的後面是一大塊林地，綿延約有半哩長，直到連結牛津和大學的鐵路旁為止。鐵路延伸的支線伸展到一座棉花子油生產工廠和一座製冰廠，這是回牛津後父親才開始經營的事業。我們的牧場附近有一條捷徑可以穿過樹林到油廠去，父親經常穿梭這一條路上下班，有時也讓我們跟他在這裡騎馬。比爾和傑克有自己的雪特蘭種（Shetlands）小馬，我那時還太小，不能自己騎馬，於是父親從他自己的馬群裡挑了一匹馬給我，由黑僕的小孩德沃（Durwur）把我抱在座前的馬鞍上騎馬。

我至今依然記得油廠壓棉花子油時令人垂涎三尺的油香。在油廠工作的黑人真的就拿它來塗在麵包上，像舔蜜糖一樣地舔著吃。在冰廠工作的雷斯利・奧利佛（Leslie Oliver）曾經打開冰廠三百磅冷凍庫的蓋子，讓我們把手伸進去碰裡面的水，感覺一下水溫有多低。冰廠時時會有水排出，我們就利用這些水在貝利林（Bailey's Woods）裡圍了個水潭，做為我們的游泳池。

從那時候起，我們開始瘋狂愛上騎馬，也愛上這片樹林。比爾在他首本出版的小說《軍餉》（Soldier's Pay）中，就以這片樹林和那潭水池為背景。我們的童年大部份時間都在這片樹林和牛津附近其他樹林裡玩耍長大的，對戶外生活瞭若指掌，這些經驗都在比爾的著作裡鉅細靡遺展現。

父親喜歡養狗，他在雷普利曾養過幾隻獵狐用的獵犬，搬到牛津後，我們才發現牛津的狐狸已經差不多被獵光了。有一次他告訴我們在雷普利獵狐的故事：那天狗群跑得太遠，聽不到主人的叫喊，他和其他獵人在原地乾等，直至天黑後仍不見狗兒蹤影才收隊。隔天早上，父親又騎著馬回到昨晚獵犬跑丟的地方吹號角，希望能看出一點端倪。當時天空已經漸漸放晴，約日上三竿的時候，父親突然看到一隻紅色的狐狸在他前方不遠處要過馬路。父親看著那隻狐狸，它的神情累得似乎快走不動了，費盡力氣試著要爬過圍籬。牠回頭往後看站在那裡的父親，再看看後面的那一大片原野，舌頭半掉在張開的嘴巴外，小跑步地穿過原野，鑽到一片灌木圍籬叢裡去。過了一會兒，帶頭的獵犬出現了，樣子看起來比那隻狐狸還疲累，似乎連翻過那道圍籬的力氣都沒有。父親推了牠一把，幫牠翻過圍籬，看著牠依然不死心地跟著狐狸的腳印走，便折回鎮上準備上班。那天晚上，獵狗自己回到家，父親起床準備了點東西餵牠，安撫牠睡覺，牠趴下後便不支入睡。

這只是父親說過的狩獵故事中的一小段。我們通常站在他的椅子邊，或者靠在他的膝蓋上聽他講這些狩獵故事。比爾的記憶力比傑克和我都好，聽過的故事幾乎都牢記在腦海中。

現在父親不養獵犬，改養品種較溫馴的狗。他有一隻黑白相間的撒特獵犬（一種經過訓練的獵犬，發現獵物時會站直身子告訴主人牠所在的位子）叫狄克（Dick）。牠常跟在父親後面，穿過樹林到油廠去。我還記得每當我們跟著父親穿過樹林時，牠一定跟在我們旁邊。

比爾學會打棒球，回家後興沖沖地教我和傑克打球那年我大概三歲，那天比爾本來準備和堂妹莎莉墨瑞（Sallie Murry）好好地玩一天。莎莉是姑姑的女兒，姑姑嫁給當醫生的吉米（Jim）姑丈，結婚一年後吉米姑丈便去世了，祖父便把姑姑接過來一起住，莎莉墨瑞便是在祖父的房子裡出生的。幾年後祖母接著去世，姑姑於是擔負起管家的責任，幫祖父照顧房子到他過世。那個年代家家戶戶都有大片前院，祖父家的前院通常都有成群的小孩子在玩耍。當時每個社區要湊出一群小朋友打棒球或踢足球也絕不是難事，需要兩隊對抗的遊戲都是喊一下就可以湊足人數。

光比爾、傑克和我三個小孩其實已經夠玩比爾發明的遊戲，唯一的問題是我實在太小，沒辦法像個大孩子一樣玩。德沃於是成了我的替身：我做投手時，他幫我投球；當捕手時，他幫我接球；擔任打擊手時，他幫我揮三振前最後的球棒。德沃的媽媽是我們家的廚師瑪麗（Mary），她有時會叫德沃幫她抱柴火到廚房裡去，或是幫她跑跑腿，這時我們就只能乾坐在那裡等他回來，才能繼續我們的遊戲。

我們的棒球遊戲是用橡樹做壘點，每棵橡樹大概距離二十英呎。打擊手打到球後要跑壘，投手要趕緊追到球，同時要往回丟，打到那個跑壘的人。如果是高飛球被接殺，打者就一定出局，不過我們很少打出高飛球，也很少會接好一個高飛球。遊戲的目的就是要打倒在跑的人，打擊手出局後，他要改當投手，原來的投手轉成捕手，原來的捕手就成了下一個打擊手。

比爾也建議我們可以改用接殺方式讓跑壘者出局，也就是說，如果投手救球後丟給捕手，捕手一腳踩著壘包，一面在跑壘者還沒到達前接到球，跑壘的人就得出局。德沃在這種情況下可幫了個大忙，我還沒有學會接球，所以都是他代替我接，不這樣的話，比爾和傑克永遠無法讓對方出局。

我們前院裡種滿了大棵的橡樹，地面上滿是樹上掉下來的楔子。楔子在一次棒球遊戲中險些要了人命，也改變了我們打棒球的方式。

有一天早上，我們又開始玩打棒球的遊戲，這時瑪麗拉著嗓子喊德沃，我們只好坐下來等德沃回來。德沃很快跑回來告訴我們瑪麗要他幫忙做點事情，可能要到吃午餐時間才能完成。少了德沃，這下子我們鐵定沒辦法再玩下去了，即使我硬著頭皮想嘗試，仍無法接到球好讓人出局，傑克和比爾只好一直輪流打擊。

比爾想了個新辦法，讓我們不要在壘包的地方讓人出局，而是在跑者跑壘時直接用楔子打他，被打到的跑者就得出局，輪到下一個人打擊。為了安全起見，比爾規定不准我們用楔子打跑者的頭或臉，結果我們全都抱著頭，縮著臉跑壘。接著比爾又定了一個規定：我被打到的時候絕對不准哭，因為我哭的話一定會引來母親，她會下令不准我們繼續玩下去。我相信我一定曾被楔子打到過，但是大概打的不算用力，因為我不記得母親曾在我們遊戲的時候下禁令。我是蠻個愛哭的小孩，我相信我一定哭過，但是比爾的規定我始終牢記在心，我不敢大聲哭，免得被母親聽到。

用楔子打棒球之後，我們進一步玩騎馬打棒球。比爾是老大，所以不時都有新點子，他通常會和傑克事先把細節和規則討論好，我就按照他們的方式玩。

出事的那天早上，比爾和傑克的馬匹都在院子裡，其他的馬拴在牧場那一頭。我們正逗著馬兒玩，一會兒騎，一會兒爬上爬下，牠們也都像狗一樣地溫和不吭聲。後來我們覺得乏味極了，於是決定去玩球，比爾馬上想到用騎馬的方式來打棒球。

我們很快地想好了規則：我們站在地面上打擊，打擊者一打到球，遊戲便暫時停頓，等打擊者爬到他的馬背上去後再重新開始。打擊者準備往一壘跑，他用他的腳跟踢馬做為遊戲開始的信號，投手便可以開始用楔子丟打擊手。比爾丟出了第一個楔子，不巧正丟在傑克那匹馬的側腹上，馬痛得弓起身子跳起來跑到一壘外去，傑克死命抓著馬鬃，幾乎要掉下來。比爾和我嚇得撕破喉嚨尖聲大叫，引出屋內的母親和正在屋後工作的德沃。瑪麗出來站在德沃身後不遠的地方，跟我們住在一起的外祖母達慕笛（Damuddy）也衝到陽台外。母親要德沃跟她一起去追困在馬背上的傑克，他們在那一片五百英呎長的前院裡，把馬兒包抄到圍籬板附近才停下來，由德沃緊抓著馬，母親趕緊抱傑克下來。比爾和我在一旁目睹一切，母親牽著傑克回到院子裡時，我們仍站在那裡，呆呆看著德沃牽著傑克和比爾的馬回牧場去。

母親要我們三個人一字站好，開始一連串的問供。傑克仍抽搐地哭著；比爾試圖要脫罪，一下子用一隻腳站著，一下子換另一隻，一下子又把雙手背在身後握著；只有我這個大嘴巴，不一會兒功夫便一五一十地完全招供了。問供結束後，母親規定我們以後不准再玩騎馬打棒球的遊戲，任何情況下也都不准丟楔子玩，因為一個不小心，我們的眼珠子準會給彈出來。

之後很長時間我們沒再玩過打棒球遊戲，再打棒球是幾年後搬到南街去的事了。只跑跑壘給別人追已經不能再引起我們的興趣，我們需要那種被楔子打到的刺激、騎在馬背上跑的樂趣和刺激感。

第三章　山羊比利事件

也大約在這個時候，母親不再堅持我們去上主日學。那年是一九〇四年，比爾七歲，傑克五歲，我三歲。教會每週有一天是專屬小朋友的幼幼日，外祖母苦口婆心地勸母親無論如何要帶我們去參加，母親也耐心地想說動我們，後來仍無功而退。

我們家是牛津少數有浴缸設備的人家，是祖父年輕時特別訂做給祖母使用的，出自一位當地木匠的手藝。我不知道當時市面上其實已經有現成的浴缸，生平第一次看到瓷面包鑄鐵的現成浴缸，已經是我們搬到南街之後的事了。

而這個浴缸，是用錫片一片片地組接而成，浴缸呈橢圓形，鑲著一道木條。木匠每一次鋸一片木片，合一合大小後，便固定下來，這種手藝讓浴缸能做成彎角，最後再用細工把表面磨平。錫也是一片片切下來合了尺寸後，再焊接上去以避免漏水，然後整件放進木製的外殼內，外殼下面有四個固定的箍支撐整個浴缸。浴缸裡只能放冷水，用一根管子把水接到浴缸裡去，另一根管子把水排出來。在當時這個排水管還真是一項創新，因為當時人家多是在洗完澡之後，再用人力把洗澡水提到花園的圍籬旁，把水潑過去澆蔬菜。

熱水爐在當時已經是家喻戶曉的設備，但是大部份人家還是不太敢使用，因為一個不小心就會爆炸。通常大家都是視需用的熱水量，再用廚房的水壺或鍋爐燒，感覺上比較安全。再說每個牧場燃燒室的旁邊都會蓋一個五加侖大的熱水儲存槽，隨時都有熱水可用，要洗澡的人只消拿個桶子去舀，根本不用燒熱水。

浴室設在廚房對面，方便提熱水。想洗澡的人只要扭開冷水的水龍頭，先放點冷水在浴缸裡，再走到對面的廚房提桶熱水來調節水溫即可。洗完澡後一拉塞子，洗澡水就順著管子流過後院，再流到花園去。

浴缸事件發生的早上，母親已經幫比爾、傑克和我洗好澡、穿好外出服，接著她自己去洗澡。外祖母答應母親在她洗澡的時間幫忙看住我們，不讓我們搗蛋弄髒衣服，好讓母親等會兒帶我們去參加教會的幼幼日。傑克一邊等，一邊肚子就餓了。傑克小時候的胃口很小，唯一喜歡吃的東西就只有奶油餅乾、香腸和煎蛋。不管什麼時間，只要他願意吃，餵他都是第一件重要的大事。外祖母因此一直認為傑克是個棘手人物，她一向叫他：「小兄弟。」

傑克一叫肚子餓，外祖母馬上帶傑克到廚房去，準備煎個蛋給他吃。她把比爾和我留在前陽台的搖椅上，要我們好好地守規矩，等她和傑克回來。

我們坐在那裡枯等，剛好父親安排來接我們的馬車夫（我們管他們叫馬仔）駕著馬車朝我們駛來，這回的馬仔是黑人，名叫傑西．海茲（Jessie Hayes）。比爾跟我都認識他，打從他開始幫父親駕馬車至今，一直都是我們的好朋友。

父親賣掉冰廠和油廠後，便開始經營馬車出租的生意，父親手下的馬仔我們個個都認識，也都和我們成了好朋友。通常他們在騾背上架好馬鞍、準備帶騾子去喝水時，會讓我們騎一騎過過癮。每天傍晚結束了一天的辛苦工作後，他們也會把馬車慢慢牽過我們院子，好讓我們爬到馬車上去試駕一下。那天早上我們一看到傑西，簡直欣喜若狂；馬車一停穩，我們馬上衝出大門去找他。我們互相擠了擠眼打招呼後，他便扶我們爬上馬車前座，坐在我們旁邊。

我們一坐定，第一件事當然是搶著駕馬車。平常黑僕每天傍晚都會駕馬車繞到大屋邊讓我們練習駕車，當時我們也很自然地認為今天可以像往常一樣。比爾是老大，自然第一個先駕車。雖然傑克當時不在場，可是我們心裡都認定他是第二個，畢竟他比我大。我和比爾一切準備就緒，就等著母親、傑克和外祖母從屋裡出來。

反正閒著沒事做，傑西就在一旁守著，讓我們自己去控制馬車。比爾和我漸漸變得有點得意忘形，開始不安份地上下左右亂竄。後來聽母親再提起這件事時候，才知道我們當時大概真的太過份了。

四輪馬車通常用來做為趕火車的交通工具，要不然就是接駁鼓手到旅館去。大多數人都用自己的馬車（雙輪單座馬車），但因為父親自己就經營馬車出租的生意，因此那一天他安排的是一輛四輪馬車。四輪馬車沒辦法保持得很乾淨，尤其在參加過葬禮、或是在泥濘路上駛過後，頂多只是撣一撣灰塵，或用水沖洗一下而已，下大雨時自會沖淨滿車的泥濘。牛津鎮還有許多沒有鋪碎石路面的道路，泥土很容易就沾得馬車到處都是，久一點還結成泥餅，比爾和我就是貼著這些泥濘爬上馬車的。

當時我們身上穿的是純白的禮拜天正式服裝。從她形容我們當時的樣子，聽得出她氣憤的程度。母親說她一踏出屋門，簡直無法相信那是她的兒子，我們全身裹上一層淺黃色的泥土，反倒比較像傑西的小孩。她從陽台的階梯朝我們的方向走來，接下來會發生什麼事情，不用猜也知道。

她先示意我們下馬，一邊狠狠地用手往傑西的臉上摑去，然後叫傑西退下。傑西痛得抱著頭，鴨舌帽幾乎翻到頭的後面去，一邊忙著回應：「是，夫人。」然後急忙趕著馬往母親命令他的地方飛奔而去。

母親幫比爾和我再洗了一次澡，把髒衣服丟到專洗沾有泥餅的洗衣籃裡面，然後給我們穿上便服，要我們到院子裡去。外祖母那時還在廚房裡餵傑克，不知道母親跟她說了什麼，但不一會兒工夫便見她快步走出大門，嘴裡抽著雪茄，直往教堂方向奔去。傑克稍後也換上了便服，母親乾脆把傑克的衣服也丟到洗衣籃裡去。

這事件過後，我們的主日學課程便完全停頓，直到我們後來搬到南街才又開始。我想母親對我們的宗教課程已經心灰意冷，我們也從此沒再穿過白色西裝。事情過了沒多久，比爾、傑克和我被帶到廣場邊的利維兒雜貨店附近的相館照相，相片裡我們穿的是黑色天鵝絨外套。

同一年的晚夏，傑克養的山羊咬掉了葳梨（Willie）姑婆從哈瓦那寄來給我們的兩頂真皮巴拿馬圓帽；湯米・葉茲（Tommy Yates）在隔壁瑪麗露尼爾森（Mary Lou Neilson）的牧場被蛇咬到，並撞倒了比爾。

葳梨姑婆是曾祖母改嫁前生的小孩，祖父同母異父的姐姐。祖父還有二位同母異父的姐妹：住在曼菲斯的艾菲（Effie）姑婆和巴瑪（Bama）姑婆。另一個同母異父的弟弟亨利（Henry）則被祖父的一個朋友槍殺，原因是他泡上了人家的老婆。小弟笛恩出生時，祖父有意給他取亨利這個名字，母親堅決反對，她說：「等我死了再說吧。」所以他們給他取名笛恩，以紀念外祖母。葳梨姑婆特別鐘愛比爾，她經常要比爾來看她，有一次還特別在麥若迪恩（Meridian）指給他看市長的樣子。比爾始終不知道要怎麼向我們形容市長的長相，這種情形可不多見，但那回比爾著實楞在那兒腸枯思竭，好不容易說完他選擇的詞彙，市長的長相對我們而言仍和街上隨便可以見到的臉孔一樣平凡。

葳梨姑婆經常旅行，只要她一出門旅行，一定會在當地買東西寄給比爾，當然也不會忘記傑克和我。

同年的夏天，父親買了一隻山羊給傑克。母親千方百計想阻止父親這麼做，可是父親並沒有聽從。他也買了一輛農場用的迷你代步車、普通的彈簧座椅和一套馬鞍，並將代步車漆成紅綠相間，輪子漆成紅色。一切組裝就緒後，父親和所有的黑僕全體出動，第一次給山羊比利（Billy）套上馬鞍。二個人牽著比利四處走，傑克則坐在後面的彈簧座上拉著韁繩。過了一會兒，他們放手讓比利自己走，但是比利只是僵直地站著一動不動，抖著牠的山羊鬍，優閒地看著旁邊走來走去的人。

傑克拉了拉韁繩示意比利往前走，比利還是待在原地沒動。傑克於是換邊用手拍了拍比利，比利先是定在那裡，一會兒才慢慢往前走，經過後院大門，走上鋪著板子通過大屋轉角的走道。

比爾和我跟在傑克的旁邊走，一直要比利走快一點。黑僕們圍在籬圍旁看著我們。傑克抽了抽比利，比利於是快跑起來；傑克又大力再抽一次，比利停了下來。比爾要我去找一枝樹枝來，我真的去找了一支。我們兩個同時站到比利的兩邊，站在一旁的黑僕看見時連忙喝止我們：「不可以，不可以那樣。」太遲了，我們同時往比利的身上抽了下去，比利往前飛奔。

牠一下子便跑在比爾和我的前面，傑克在上面緊抓著代步車的座椅，左搖右晃地顛過木板走道。比爾和我大聲叫著：「傑克，拉緊韁繩！快拉韁繩！」好像傑克現在在放風箏一樣。傑克猛拉了一下韁繩，結果小馬車撞上一根柱子，撞了個稀巴爛，傑克被彈離了馬車，飛過馬車前面的遮板，以五體朝拜的姿勢摔到木板走道上。

傑克當然開始放聲大哭，父親、母親和黑僕趕緊跑過來看出了什麼事。母親抱起傑克，黑僕們機靈地控制住小公羊，並把半空中晃著的馬鞍拿下來。這時比利反而停下來站在那兒，咬起固定圍籬板的橫木條。黑僕們朝比利走來時，牠叫了聲：「巴……」，等他們要卸下弄壞的馬鞍時，牠似乎就沒有那麼在意他們在做什麼。

比爾和我這才迎著他們的方向走，瞪大眼睛看著這件事的後果。父親訓了我們一頓，責怪我們怎麼那麼不懂事，居然用樹枝抽比利。母親帶著泣不成聲的傑克回屋裡，外祖母已經在門口等著把傑克接過去，帶他進屋裡餵他喜歡吃的煎蛋和奶油餅乾，以安撫他的情緒。

馬鞍全部撞壞了，從此山羊背上也沒再上過馬鞍，反正也沒有馬車可以讓牠拉了。牠唯一的戶外運動就是在房子的四周跑一跑，大部份的時間牠就只在我們玩耍的前院裡晃，有時也會上前陽台去，帽子就是在那裡被牠咬破的。

我們並不習慣戴帽子，冬天我們會戴鴨舌帽保暖，但夏天通常什麼都不戴，帽子對我們派不上大用場。收到帽子的時候，我們曾試戴了一下，之後就把帽子束之高閣，沒有再拿出來用過。

一個星期天早上，我們把帽子翻出來戴。星期天的報紙已經送來，我們圍在父親的旁邊聽他唸報紙裡的趣事，沒有人注意到比利。一直到母親走近門邊，看到比利正在咬帽子時，一切已經來不及，二頂帽子都被牠咬破了一半。母親大聲尖叫，父親馬上放下手邊的報紙，大家一起把比利趕下陽台。

父親和母親開始吵得臉紅脖子粗，比爾、傑克和我識趣地繞著房舍追比利。牠沒有被我們圍上，又再跑上陽台，在那兒若無其事地站著，等我們從房舍的轉角轉出來。我們索性撿起父親剛剛丟在地上的報紙，坐在台階上等他回來繼續唸。那時候父母親已經進屋裡去，但還是一直吵個沒完。

母親堅持要父親把比利送人，不然就賣掉。父親認為小男孩本來就該有隻羊一起玩，母親說：「孩子們都跟山羊玩過了，這還不夠？」父親回到陽台上，看到我們坐在那裡，手裡拿著比利正啃得不亦樂乎的報紙。

父親一使勁，把比利咬在嘴裡的報紙抽出來，再度把比利趕下陽台。他嚴叱我們要看好比利，不准讓牠再到陽台上去，那一整天我們寸步不離地跟著比利，隨時向父親報告比利的一舉一動：牠跑到垃圾堆裡去了、牠咬下罐頭上的標籤、牠咬已經丟掉的過期雜誌……我們看到父親生氣地擰著他正在看的報紙，嘴裡嘀嘀咕咕，唸唸有辭的。隔天父親不是賣掉比利，就是把牠給了別人，總之我們從此沒再看過牠，家裡也沒再養過山羊，就像母親說的：羊已經養過了，夠了。

那時牛津的道路都是沒有鋪設路面的黃土路，路上也沒有很多車，非常適合騎馬。馬匹在這種路上很容易弄得髒兮兮的，老天爺又不下點雨沖掉馬身上的泥土，我們只得到鎮上去汲水幫牠沖一沖。

我們在南街住處附近的交通不算繁忙，偶爾會有載重物馬車、四輪單座馬車或一兩輛兩輪輕型馬車經過，不過這些都比不上鄰居華特・沃得羅（Watt Wardlaw）先生每天傍晚駕的那部馬車眩目。雖然塵土飛揚，直往眼鼻裡鑽，不過能看著他的馬車經過，一切都是值得的。他的馬是知名的棕色駒，顏色比棕紅色還深一點。沃得羅先生一策馬，馬頸後面一片紅火般的鬃毛便像一把扇子，隨著風飄揚起來。

他的馬車任何時候看起來都閃閃發亮，像是新買的一樣，前面配上全副白色的馬鞍。當他出門時，光看他那一身衣服(一小條手帕半塞在他胸前的口袋裡)，牽著他的馬雄壯威武地走出馬房，就絕對值回票價。我記得比爾、傑克和我每天都會等在圍籬邊看他經過，吸著他飛馳而過後留下的黃土粉，直到他消失在遠方。母親每天傍晚也會站到陽台上，看看火紅的鬃毛後面的華特先生和他青睞的女士。我們從不明白為什麼他一定要挑個淑女坐在身邊，才會覺得騎馬有樂趣。

除了馬車外，我們院子後面的那條路是牛群通行的走道。牛津每戶人家都養牛，有些沒有土地闢牧場的人家只得趕牛到鎮邊的草地上去放牧，我們也因此認識了一些牧牛童，和他們成為好朋友。這些朋友中有位叫韋特・羅蘭（Whit Rowland），成年後他用另一個名字執業成了小兒科醫師；黎威（Leavell）兄弟們十七歲就進浸信教會擔任服侍的職務。我們和其中一些人都還有聯絡，他們都將出現在以後的故事裡。

除了一些往來的牛群外，整條路都是屬於我們的。我們在這條路上放風箏、打棒球、玩曲棍球、玩丟紙團的遊戲。那一次就是因為我們放風箏，湯米・葉茲才會在隔壁瑪麗露小姐的牧場裡被蛇咬到。

葉茲和史丹得佛（Standifers）兩家人住在從我們家通往鎮中心的半路上，湯米和雪克（Shack）每天都要趕牛經過我們家門前。他們倆都是做風箏的好手，一直到艾德‧比蘭德（Ed Beanland）出現在我們的生活裡，才取代了他們的地位。有一天我幫湯米趕牛去牧場，回來的路上他答應隔天要做個風箏給我，隔天他果真帶了個風箏來。

湯米和雪克帶著風箏來的時候，比爾、傑克和我正在前院玩。湯米拉著飄在肩後的風箏跑過來，風箏的拉繩放出去不到十英吋長。風箏很小，大概只有一呎長，風箏面是絲製的，即使當時前院幾乎一絲風都沒有，湯米只消揪一下繩子，風箏仍可以飛起來。一待風箏高過屋頂，他立刻把繩子遞給我，沒想到就在我剛接手的當頭，繩子突然卡在橡樹枝中間，風箏也因此掉在屋頂上，我們根本搆不到。母親走出屋子，叫我們暫時讓風箏擱在那裡，晚上她會差黑僕拿梯子上樹去取風箏。當天傍晚天空曾颳起一陣微風，把風箏吹下屋頂，但因繩子還纏在樹上，反拉力把風箏拋向另一隻樹枝，徹底撕成碎片。湯米後來再做過風箏給我，這回的風箏是用包裝紙做成的標準尺寸，讓我可以跟一夥人在街上放風箏。

第四章　比爾的蒸汽引擎

第二天早上我們仍無法幫風箏解套，於是母親讓我們跟湯米和雪克去路上看其他小孩子放風箏。外面的小孩都比我們大，我們通常只能掛在院子的圍籬上看他們玩。那天母親特許我們到圍籬外離屋子有點遠的地方跟其他小朋友們一起玩，艾克·奇恩（Ike King）、艾德·比蘭德、韋特·羅蘭和其他一兩個大概是黎威家的男孩都在那裡。

當天吹一點北風，在他們站的地方放風箏，剛好可以順著風勢把風箏拉到瑪麗露小姐的牧場上空。我們幫湯米和雪克拿著風箏，讓他們一邊放繩子，一邊走帶跑地拉起風箏，等他們大叫放手，我們才讓風箏離手。他們跑著跑著，風箏的尾巴像蜻蜓點水似地點著地面，掌握了平衡之後，風箏才乘風勢直飛上天空。直到風箏高過樹稍，湯米和雪克停下腳步，趕緊放長繩子，讓風箏再飛高一點，跟其他的風箏一起飄著。

天空中有那麼多風箏，湯米的風箏不一會兒工夫就跟別人的纏在一起。有人叫著：「誰先剪先贏。」湯米還來不及採取行動，別人已經先剪斷湯米的風箏線。斷線的風箏直往下掉，湯米開始跑，比爾和我跟在後面。傑克那時手裡還拿著雪克的風箏，沒辦法參加救援行動，雪克倒是立刻加入救援陣容。

我們看到風箏掉落在瑪麗露小姐前院的一棵樹後面，那個地方正是瑪麗露小姐的牧場。牧場的入口就在我家前院轉角處的對面，兩邊長滿了濃密的牧草，中間有一條牛走的小徑。湯米帶頭走，我們大夥跑過了轉角，轉進了入口。湯米縮著頭往前摸路，雪克跟在後面，就在比爾才剛彎身準備鑽過圍籬時，湯米踩到一隻蛇。他嚇得彈了半呎高，猛叫著：「蛇啊！蛇啊！」他一跌回地上，馬上回頭朝我們的方向跌跌撞撞滾了過來，一路上撞倒雪克後，連帶把比爾撞回圍籬邊，比爾又撞到我，最後我們兩個一道滾進溝裡。我記得湯米即使佝僂著身子爬過圍籬，也不曾絲毫放慢步伐；雪克再度站穩後，隨即也跟了上去。

湯米帶著我們一群人回到大路上來，嘴裡不斷叫著：「蛇！」雪克努力要追上湯米，比爾和我也跟在後面跑。我們越過放風箏的那堆小孩，他們連忙把風箏綁在圍籬上，跟著我們一路跑到湯米的家，想要捉住湯米，還因此被湯米揍了一頓。湯米的母親馬上叫醫生來看他，我們這才知道被蛇咬不一定只有死路一條。

十五分鐘後，湯米重新出現在陽台上，腳踝紮著繃帶（他打著赤腳——我們夏天都打著赤腳），站著喝完葉茲太太為他沖的牛奶。我們折回去放風箏，湯米的風箏已經不能飛了，所以他只能坐在堤埂上看著我們放風箏。

我不知道我們那天為什麼追著湯米跑，或許是因為如果他真的死了，我們至少可以在他身邊看著他死去。雖然醫生幫他處理了蛇咬的傷口，湯米依舊不太相信自己被蛇咬後還能活下去。他那天坐在堤埂上看我們放風箏，整天都顯得臉色蒼白。比爾、傑克和我住在南街上的有生之年，對瑪麗露小姐家的那個角落都敬而遠之，必需經過時也一定遠遠地繞路而行。

幾年後，瑪麗露小姐告訴母親風箏著實造福了她的牛群。整個夏天她都看見福克納小朋友在窗外放風箏，她的牛也因此經常在牧場上奔馳，變得很健壯。母親對此沒有多做評語，畢竟瑪麗露小姐已經是上了年紀的老好人，和我們多年來也相處得不錯，母親不想澆她冷水．所以沒有提醒她第二南街上除了福克納家的小朋友之外，還有其他人家的小孩。

每年八月一到，我們就不再放風箏，任何要走出大門的戶外活動都在禁止之列。八月是標準的瘋狗季節，狗群開始猖狂，每年都會嚇到我們。這段時間我們只敢依著前陽台儘量靠近大門邊玩耍，並密切注意屋子四周是否有流浪狗出現，好隨時躲進屋裡去。

每年總聽說誰家有人被狗咬、誰家的牲畜又遭襲擊，接著大家便看見瘋狗在鎮上出沒。我們家的獵犬這段時間一定被關起來，每個成人身上也都隨時帶著一把手槍。父母親命令我們只能在門邊附近玩，一看到狗要馬上衝進屋裡去。

鎮上到處傳述著被狗咬的故事，其中有一段總說到有人最後發瘋被綁在床上，把舌頭從舌根處整塊咬斷。我們到哪兒都瞪大了眼睛害怕附近有狗出沒，要出門前也必定掩著門瞄了很久才敢出去。故事大部份是黑人傳出來的，父親的手槍於是隨時都不離身。

治療狂犬病的方法跟坊間傳述疾病的可怕程度一樣神奇，我們每次都聽得出神。其實他們都不是親眼目睹，但他們的朋友或朋友的朋友曾經有過那樣的經驗。不過幾乎每個人都說不用怕，阿肯薩斯州有很多「石頭」，真的非得用上大量的石頭不可，他們也絕對有辦法弄得到。

那時並沒有狂犬病的針劑可以打，唯一治療的方法只有用石頭。石頭是在特定的情況下從鹿的胃取出來的，但並不是每隻鹿都有結石，必需是某些特別品種的鹿體內才會產生這種結石。結石的作用就像吸墨水紙一樣，可以吸出被瘋狗咬時殘留在傷口上的毒液。只要在被咬的傷口上立刻放一顆結石，結石便會自然吸出毒液，同時漸漸暈成正綠色，然後自動從附著的傷口處掉下來。

結石掉下來以後，必需馬上把它放進煤油裡，讓煤油分解它吸出來的毒液，直到結石再度變回白色，可供再度使用為止。黑人隨時都知道哪裡可以找得到結石，以預防萬一被狗咬時，在最短的時間內就有東西可以救命。

我所知道唯一被瘋狗咬過的，是父親的狗狄克。事情發生在我們搬到南街，住到祖父家對面的時候，那時是八月份，正是我們搬來的第一個夏天。

有一天晚上父親聽到後院有奇怪的聲音，狄克和一隻來路不明的狗正互相攻擊。父親出現時，那隻狗已經逃之夭夭，狄克則狺狺低吠，往父親的方向走來。父親知道牠剛跟別的狗打了一架，當時整個牛津人人談狗色變，父親當然不能輕易冒險。他把狄克關了兩個禮拜，發現牠真的變成瘋狗後，不得不狠心送牠歸西。

撲殺狄克的時候，父親要我們待在屋子裡別出來，我們嚇得靠在母親身旁縮成一堆。事情結束後，黑人接手處理狄克的屍體，父親也從此把畜舍鎖起來，直到次年冬天前不准任何人進去。

這件事之後，我們實在無法高高興興地待在家裡。我們偶爾會聽見警長射殺瘋狗的槍聲，父親和母親這時總是顯得非常緊張，我們也感受得到他們的情緒。在我的記憶中，那一段時間（約八月底）比爾、傑克和我三個只能壓著鼻子，把臉貼在積滿厚厚灰塵的紗窗上，看著外面晴朗燦爛的世界。

秋天慢慢報到，我們對晚夏的恐懼隨之煙消霧散。學校的學期開始了，比爾在一九〇五年秋天入學，當時他還差幾天就滿八歲。在母親的定義裡，八歲才是小孩子開始接受正式教育的年紀，比爾如此，傑克和我也一樣。

整個夏天我們三個人不斷地談論著比爾秋天上學這檔子事。傑克和我問母親為什麼比爾可以去上學，我們卻不可以，她只說我們兩個還不到上學的年紀。我們問她比爾去上學也不會好到哪裏去啊，她告訴我們比爾會學到看書、寫字，學校的功用就是教小孩讀書寫字的。

寫字的部份對傑克和我沒有什麼吸引力，看書的部份倒是蠻吸引人的，所以我們的心裡也開始有了上學的準備。

比爾入學的前一天，傑克和我不要父親唸報紙上的故事給我們聽。我們希望隔天比爾上學學會唸書後再唸給我們聽。

我想母親一定曾試過糾正傑克和我的這種想法，父親倒是從來都放任我們這麼想。他小心翼翼地折好墨特和傑夫（Mutt and Jeff）、卡前加瑪小孩（The

Katzenjammer Kids）、精靈老爹（Foxy Grandpa）、伯斯特・布朗和他的狗泰格（Buster Brown and his dog Tiger）這些彩色版的搗蛋篇，放好等著隔天再唸。

比爾第二天上午從學校回來後，我們把報紙遞給他，他看都看不懂，一臉不知如何是好的表情把報紙折了起來，看得父親笑彎了腰。母親也忍不住笑了起來，但是沒有父親笑得起勁。比爾讓傑克和我覺得非常失望，覺得比爾倒不如乾脆待在家裡和我們一起玩，還比他去上學強得多。父親笑夠了之後，把我們叫到他的旁邊，從比爾的手裡接過報紙，唸了上面的故事給我們聽——和平常不同的是，我們這回多等了一天才聽到故事。

母親在我們搬到主南街（Main South Street）後才發現我不能正常地看圖解意，一定要上下顛倒著看。原因是每次聽父親唸故事時，通常比爾站在父親的側邊，傑克站在另一側，剩下的只有父親對面的正前方可以讓我坐，我當然沒有機會可以用正常的角度看圖。

那天母親唸了一段故事給我聽，我挪了挪位置，站到可以倒著看圖的地方。母親轉了一下身子，好讓我可以正向看圖，我卻又站到可以倒著看圖的位置。她把書遞給我，然後說：「看這張圖。」我把書上下顛倒地轉向後，再看著圖。看到這種情形後，她馬上訂了一個新規定，往後週日她把報紙撕成兩半，她和父親每人唸一半，所以我們三個人都可以正向看報紙上的圖畫。從那之後她一直觀察我的反應，我記得我足足花了好幾個禮拜的時間，才矯正以往顛倒看圖的習慣。

沒能在一天內教會比爾認字的學校初級課程叫圖畫課或初學入門，這堂課的老師是安妮・錢德勒（Annie Chandler）小姐。我們在課堂上學習二十六個字母、從一數到一百，以及一些短句如「媽媽愛我」、「我愛媽媽」。母親在我們滿八歲前就教過我們這些簡單的字句，所以沒幾天比爾就跳級到一年級去上課了，即使他那時候還不會唸報紙上的故事。

蘿菈・依茲（Laura Eades）小姐教二、三年級，但比爾跳過二年級沒有上，傑克和我上學後的情況也和比爾一樣。比爾和我在前幾年級都表現得非常優秀，經常受到老師表揚。傑克有時候也會受表揚，但有了比爾第一天上學沒有學會唸書的經驗後，傑克對上學怎麼都提不起勁來，儘管母親極力向傑克解釋教育對一個人一生的重要性，傑克心裡依舊對比爾把報紙折起來，一個字都唸不出來的那一幕無法釋懷，他從此不相信上學可以教會他什麼了不起的東西。

牛津那時已經開始出現機動車輛，這讓傑克從此對上課更不感興趣。一分錢買三顆蛋，十二顆蛋要付多少錢、九乘六及七乘八各是多少、一碼布九又四分之三分，半碼布是多少錢等學校的問題完全引不起他的興趣，他的世界裡只有手槍、手排檔切換器、火星塞、發電機點火栓的配電器等東西。他早就質疑學校教育是失敗的開始，尤其第一輛汽車問市之後，他的心裡就更找不出空間去管學校的事了。

牛津鎮在一九〇八年出現的第一部汽車，是一部紅色的溫頓‧席斯（Winton Six）旅行車。那個年代製造的車只有單排三人座的敞篷車和雙排座的旅行車兩款車種，兩種車都有篷頂，可以自由打開或關閉，直至一九一〇年才聽說有閉合式的轎車上市。

我們早就從報紙和圖片上對車子的形狀有相當的概念，傑克還有一本剪貼簿，上面貼滿他從風尚雜誌剪下來的汽車照片。傑克常把他的剪貼簿拿出來研究，尋找有關汽車引擎和機件的資料。比爾早已對引擎運轉的基本原理略有所知，他甚至指揮我們組造一個蒸汽引擎。我們心想它大概能運轉吧，但某個星期天下午，蒸汽引擎把我們的遊戲室燒了個精光，所以我們永遠沒機會了解這個引擎的性能。

溫頓旅行車要路過牛津的數週前我們已經聽到風聲，知道它從南部出發往曼菲斯走，中間會經過牛津鎮南街。我們不時到路上去探一探有沒有車子的蹤跡，深恐在飯廳吃飯的時候，一個疏忽就錯過了這部車的風采。

車子終於進了城。我們看著它駛過，然後追在它的後面，跑在它揚起的塵土之中，直到車子看不見了為止。車子原本打算一路駛到曼菲斯，後來我們聽說車主沒注意到搭在河上的橋，不小心把車開進了河裡，用盡各種方法也無法把車子撈出來。那部車原是車主節衣縮食、勒緊皮帶才辛苦存錢買下來的，如今我們聽說他在曼菲斯找了一份工作，又開始他以前三餐吃花生醬夾餅乾的生活，想繼續存錢再買一部溫頓・席斯。

比爾看著那部車加足馬力全速從他的面前飛馳而過，內心受到很大刺激。母親一向嚴密監督我們唸書，為了引起我們的閱讀興趣，她還替比爾訂了《美國男孩》（American Boy）雜誌，幫傑克訂了《男孩的生活》（Boy's Life），幫我訂了《聖尼可拉斯雜誌》（St. Nicholas Magazine）。

比爾的《美國男孩》每期都有一則發明家的故事，其中有一期是關於蒸汽引擎的報導。比爾就以此為藍本，在傑克和我的幫忙之下，開始在大廳後面的角落組造他的蒸汽引擎。比爾用一個裝麵包發酵粉的罐子和祖母的鎳製鼻煙盒當主要機體，連接用的細管條我不記得比爾是打那兒找到的，印象最深刻的是比爾用他偷偷藏起來的一點錢（他會揑一點零用錢存起來，好買他想買的東西）買了一塊焊接鐵。

父親在我們搬到主南街祖父家對面後，第一個工程就是趕緊在主屋邊蓋一間穀倉給他的馬兒和騾子住。我猜比爾在工人蓋穀倉的時候，一定也到工地去翻了一些合用的東西帶回家，加上傑克和我的幫忙，我們三個人不費吹灰之力便找到蒸汽引擎所需的材料。

父親開始經營出租馬車的生意時，曾在鎮北蓋了個只有一間房的辦公室當總指揮中心。後來他在迪伯街（Depot Street）又買下一個馬車棚，於是將舊的辦公室整個搬到後院來當我們的遊戲室。之前父親從未粉刷這個辦公室，他決定讓給我們當遊戲室使用時，非常堅持我們一定要粉刷一下，並給我們買了一大罐紅油漆和幾支油漆刷。母親看到油漆和刷子的時候，一直說：「不成，孩子的爹，不成的。」。但父親堅持該是孩子們學習保護自己、愛物惜物的時候了。

我們挑了個父母親都不在的時間開始粉刷。遊戲室的牆壁有十英呎高，當然非用梯子不可。我們從穀倉裡找出蓋穀倉用的梯子架好，身為老大的比爾率先提著油漆桶、拿著刷子爬了上去。傑克第二個上去，只爬到梯子中間的地方。我爬了幾階，靠在梯子的最底端想幫忙，可是梯子斜靠在牆上，梯底離房子太遠，我的手根本搆不到牆壁，所以我乾脆站到梯子底下去粉刷。

粉刷難免會滴到油漆，但普通的情況下都不致於沾到太多。比爾和傑克刷子上的油漆常會滴到我身上，傑克也偶爾會被比爾刷子上的油漆濺到。母親有一隻白色的雞，當時正繞著後院跑，看到滴下來的油漆卻以為是飛蟲，連忙飛跳過來啄地上的油漆。不一會兒工夫，母親養的雞全都來了，聚集在牆邊啄食滴下來的漆。母親這時剛到家，她到後院恰巧看到這一幕，失控地尖叫起來，祖母也抱著笛恩跑了過來。

她們合力把兩個哥哥抓下梯子，把我從梯子底下拉了出來，並且抽走我們手上的油漆刷。母親讓我們站在院子的陽台邊脫下滿是油漆的髒衣服，我幾乎全身都給染成紅色，傑克情況好一點，比爾因為站在最頂端，所以沒什麼油漆滴在身上。

祖母進屋後先放下笛恩，然後和母親開始用煤油死命地搓我們的身體。比爾搓一搓後還挺乾淨的，但我們兩個實在沒辦法弄乾淨，最後母親只好打電話要父親送五加侖桶裝的煤油回家倒在浴缸裡，乾脆把傑克和我抓到裡面去洗。除了身體彎曲的地方和手指、腳趾縫以外，大部份的油漆都洗掉了，但是我們的頭髮她就真的沒輒了。最後她把傑克黏在一起的頭髮剪掉，剪得像個大地圖，我則被理了個光頭。

我還記得那些可憐的雞，牠們被染得遍體通紅，翅膀因為沾滿了油漆而抬不起來。油漆乾掉後，它們沒辦法跳到短木上棲息，也無法擺動翅膀飛回牠們的巢裡，只好拖著翅膀走到院子的對面，窩到畜舍的角落棲息。半掉著的翅膀在後院走過的地方拖出一道道的痕跡，同時發出很滑稽的聲音，鄰居還特地在傍晚時來看雞群拖著翅膀寫大字，然後回到畜舍旁睡覺的景象。父親則差黑僕繼續漆完我們的遊戲室，蒸汽引擎是在這件事之後才拼造完成的。

因為我們住在祖父家對面，所以父母親每隔幾個晚上都會在用過晚飯後到祖父家去坐坐，家裡只剩下小孩子。我們有一張像牌桌那麼大的方形桌，桌子的四腳很結實，一般人家會把這種桌子靠牆擱在客廳的玄關，放上花、雜誌或一些裝飾性的東西，但母親卻規定我們每天晚上必須圍在這張桌子四周，坐在大學椅上，把燈擺在桌子的中間唸書。那天父母親前腳才出門，比爾馬上拿起燈直奔大廳角落的工作室，傑克和我也跟著去。

我們已經這樣偷偷摸摸地工作了好一陣子，每次倒也相安無事。但那天晚上我們工作得太專心，忘記留意一下父母親回家的時間，結果被他們當場逮個正著。父母親下令比爾的「工作室」從此必須搬到遊戲室去，而且拼組的工作只准在白天進行。此後母親甚至很少到祖父家去，每天吃完飯後她一定陪著我們做完功課。

我們的蒸汽引擎在一個週日完成所有組裝作業，那天我們很快地吃完午餐(通常也要一點半或二點以後)，放了一個裝餅乾的鐵罐在蒸汽槽（發酵粉罐改裝的）下面，才剛點起了火，就聽到父親叫我們一起去騎馬。

我們通常在星期天下午會出去騎一會兒馬。父親有一輛廂型的二輪馬車，車廂有兩扇門可以往兩邊打開，裡面二排長形的座椅可以容納四個人。那天父母親坐在車廂前駕馬車的座位上，我們鑽進車廂裡，一行人就出發了。出發前比爾還特地回遊戲室加了一些煤炭，打算讓蒸汽引擎一直保溫到我們回程。

父親駕馬車在鄉村裡走了好幾哩路，我們沿路停下來砍些蘆栗梗，拿在手上吸它的汁。回程遠遠地父親就看到煙霧正從遊戲室的門隙溢出來，他馬上把韁繩丟給母親，跳下馬車去吆喝黑僕過來幫忙。黑僕從他們的宿舍裡跑出來，跟著父親和比爾的後面跑，傑克和我也趕緊衝出馬車，用最快的速度跟在後面。

當我們打開遊戲室門的時候，蒸汽引擎已經把地板燒了個大洞，火勢正沿著洞的四周向上竄升。蒸汽引擎旁邊散了一堆嵌在地板內的煤炭，正燒得紅通通地嘶嘶作響。

他們先把火撲滅，打開所有的窗子讓濃煙散去後，父親進入遊戲室裡勘查起火的原因。我們都認為引擎一定真的發動了，發動的動力把引擎抖得掉下來，然後撞翻了盛著煤炭的炭盤，煤炭才燒掉地板，引起這場火災。我們相信引擎曾發動的另一個根據是，當我們合力把冷卻的引擎搬起來時，卻發現鍋爐內幾乎沒有水。炭盤的火一定加熱了鍋爐，產生了很多蒸汽，而蒸汽如果沒有用掉，整個引擎一定會爆炸。事情的真相已經無法得知，但我至今仍認為比爾的蒸汽引擎真的啟動過。

每次和父母親駕車外出，我們三兄弟從來不會安安份份地坐在車裡，不是在馬車的裡裡外外攀來攀去，要不然就是跳上跳下，不時在馬車的旁邊或前後跑著。後來我們又發明了一個新鮮的把戲，我們撿了根棍子跑在馬車的大輪旁，讓棍子磨擦輪子的鋼絲發出聲音。有一回我們這樣邊玩著，比爾的棍子突然掉了。恰巧他看見前面不遠處有一根棍子，便跑過去撿，沒想到棍子居然在比爾手裡捲動起來，嚇得比爾馬上放手，尖聲大叫——他撿起來的是一條蛇。

父親嘴巴裡一直唸唸有辭地罵著，母親則安頓我們回去坐在車廂裡。至今在我心裡仍烙印著當時父親繃著肌肉、咬牙切齒了好幾哩路遠的臉孔。母親一路說：「噓！小聲點，別給孩子聽到了。」父親看到遊戲室燒掉後，我們當然也難逃被訓話的命運。

第五章 凱莉裸姆

那個時代每戶人家的土地面積都大到足以闢出一塊種蔬菜的菜園、一片養牛的牧場或圍出一個豬舍。各戶人家通常也都能自給自足，雜貨店則用「日常」和「精緻」的口號來打知名度，不過販賣的商品大部分都是普通的咖啡（在我們的豆園裡隨時可摘取需要量下去烘焙）、糖、鹽、麵粉（我們成桶成桶地買）等貨品。

雜貨店所謂的「精緻商品」通常是特別節日才需要使用的食品，如整串進口的香蕉、形狀雕成猴子臉的椰子，或是一箱一箱的橘子等。聖誕節前後到處都聞得到橘子香，因為那是橘子的產季。

我們吃的水果大部分都是在自家果園裡種的，果園供應我們梅子、桃子及夏天才有的梨子等水果，十一月底才吃得到蘋果。我們通常把蘋果包在舊報紙裡，一個蘋果一個蘋果分開包，以預防全部蘋果一起爛掉的慘事發生。包好後的蘋果貯存在空麵粉袋裡，放著準備過冬的時候吃。

母親有絕佳的園藝功夫，加上我們又很用心幫忙，每個月我們都種出新鮮的蔬菜。唯一的例外是三月份，這個月田裡實在長不出什麼蔬菜來。我們所種的蔬菜中，母親最得意也最拿手的是藤豆。她種的藤豆生長茂盛，每年收成多得比爾、傑克和我必需到尼格羅・郝羅（Negro Hollow）去賣掉它們。

藤豆芽一冒出地面，我們就必需馬上插棒子讓它們攀延，否則豆藤會趴滿地上，而且長出來的豆子會在接觸泥土後開始腐爛。有些人家用格子籬做藤架，母親則用木條，而且她用的不是準備要丟棄的舊木條，她的木條是特別在鋸木廠訂做，全都是一英吋平方大、八英呎長的統一規格。藤豆季節一過，母親會要我們小心地拉出插在土裡的木條，並整齊地堆到舊穀倉內，等著明年再用。

賣藤豆的那一天，我們三兄弟兩手各拿著二加侖重的豆子，出發往郝羅去。那裡住的黑人大多都替父親工作，有些人在我們家燒飯，有些人幫我們洗衣服。我們家對面有一大片牧場，家裡的牛每天都牽到那裡去放牧，父親星期天的工作量反倒因此加重。父親沿著籬園邊蓋了好幾幢木屋供馬仔們住宿，我們扛著豆子到了木屋區，先停在傑西（Jessie）家門口敲門。

應門的是傑西的兒子艾斯基梅（Eskimay），他的年紀和我們差不多，也經常跟我們玩在一起，我們互相擠了擠眼。他的母親可拉（Cora）隨後跟了上來，我們告訴她豆子一加侖賣十五分，她買了一加侖，然後艾斯基梅幫我和比爾各提了一桶豆子，一路蹦蹦跳跳地陪我們走到下一家門口，差不多走到郝羅鎮上時，我們又賣掉了一、兩桶豆子，然後我們到了南茜家。

南茜・史奴堡（Nancy Snowball）曾經幫我們家燒飯，也一度幫我們洗衣服，不管炎夏或寒冬，她都戴著一頂黑色乾草編的水手帽，只有來收衣服時她會先拿下帽子，把髒衣服綁在床單裡頂在頭上，然後再把帽子放到髒衣服的上面去，以免壓壞她的帽子。我們時常一路跟著她回家，只為了看她頭頂著一大包衣服，帽子又頂在那個大布包上，而她居然還能彎著身子，通過一道鐵絲圍籬的奇景。南茜・史奴堡的故事也被比爾寫在他的故事《夕陽》（The Evening Sun）中。

我們到了南茜家，她決定買一加侖豆子。傑克把手上剩下的一加侖豆子交給南茜，南茜給他二角五分，他找了她一角。我看了氣得直跳腳，因為傑克把一加侖豆子給了她不說，還送給她一角。

當時比爾和艾斯基梅已經向下一家走去，我急得當場哭了起來。比爾和艾斯基梅跑回來後，傑克告訴他們事情的經過，比爾試著解釋找零錢的邏輯讓我了解，可是我怎麼樣都聽不懂。我親眼看著傑克把一加侖豆子給了別人，還送了人家我們賺到的錢。

艾斯基梅退到一旁去，緘口未參與這場唇槍舌戰。南茜則站在那兒提著那桶豆子，手裡握著我們的錢。最後她沒輒了，把豆子和錢都還給傑克，傑克也退還她原先付的二分五角，我們於是打道回府。一路上我們沒再敲人家的門賣豆子，我印象中也不記得我們有再出門賣過豆子。

笛恩這時已經出生了，他生於一九〇七年的夏天，生日比父親早兩天，父親常說笛恩是他的生日禮物。當時外祖母已經去世，她死於胃癌。

癌症當時仍是不治之症，唯一的治療辦法是給患者一些嗎啡，讓他們在痛苦時服用。醫生從他的醫藥箱內一瓶瓶的藥罐裡配製病患的處方，他們把藥粉先在桌上混和均勻，用四方形的紙把分好份量的藥放在上面，然後折好放進圓形的藥盒裡，最後在上面寫上服用指示。

記得外祖母去世前那一段時間(幾天、幾個禮拜、幾個月)，她躺在床上的時間與日俱增。我們常常到她的房間裡去探望她，而她總是那麼地溫和、慈祥，即使癌症的病痛有如刀割，她依然耐心地和我們說話。她從未讓我們看見她吃嗎啡，我甚至很懷疑她是不是真的依照醫生處方服用這些藥物。她是非常虔誠的教徒，在任何情況下服用嗎啡都與她所信奉的宗教背道而馳。痛楚慢慢地侵蝕著她的身體，笛恩出生前，她就去世了。

笛恩出生時頭上光禿禿的，還有一片片白癬，母親試盡了各種辦法也改善不了這個狀況。笛恩生下來以後，家裡很快請了一位褓姆來幫忙，她們在笛恩的頭上擦滿了油，並且為他做了一頂絲質的帽子戴著。笛恩會走路之前頭髮一直都很稀疏，他二十八歲過世時頭髮也幾乎快掉光了。褓姆到我們家來幫忙後成了我們生活的重心，除了幾次她曾離開我們很短的一段時間之外，她一直待在我們家直到去世。比爾把她的棺木停柩在他家的大廳裡，棺木下葬前還為她唸祭文。我們都很愛她，她是我們的守護神，有時也像個復仇天使。她在比爾寫的書裡經常出現，她的性格是忠貞的表率，也是堅毅的代名詞。

褓姆來我們家後，她花在我們身上的時間不亞於照顧笛恩。只要她把笛恩哄睡了，她一定來陪我們，看我們玩玩具。她是黑人，個子矮矮小小的，體重只有九十八磅，不多話，頭上總是繫著綁蝴蝶結的頭包，嘴上叼支煙管，身上穿的衣服和圍裙都是剛漿過的，腳上穿著黑色的軟鞋。在她黑色的護翼下，我們避免了許多意外的傷害和疼痛，她以嚴厲的口吻嚇阻我們不敢太過調皮搗蛋。

母親完全信任褓姆，我們也很快學到她們倆的話不能當成耳邊風。褓姆過世後，我們生命的一小部份也跟著埋葬在聖比德墓園（St. Peter's Cemetery）的黑人區裡。比爾為她造了個墓碑，碑誌銘題字署名為她「白色的小孩」。

褓姆的全名是凱莉・巴爾（Callie Barr），奴隸時期是老巴爾將軍的奴僕。巴爾將軍就住在我們家對角線的另一頭，他擁有從牛津到伯斯（Burgess），腹地延伸到西部十二英哩的大部份土地。大部份被解放的奴隸都沿用主人的姓氏，褓姆於是也沿用巴爾這個姓氏。她有個弟弟住在郝羅，是我們的好朋友維斯・巴爾（Wes Barr）。

褓姆常把她十六歲才獲得自由的事掛在嘴邊，以這種說法她去世時應該快一百歲了，也許吧，我只知道她去世時年紀已經很大了。她的一生結了五次婚，五次的婚姻都不如意。她到我們家來工作的時候已結過四次婚，後來又再嫁了一次，先生帶她到阿肯薩斯州去生活，卻沒有好好對待她，父親於是差伯奈特先生（Mr. Bennett）去把她帶回來。從此她跟我們住在牛津，沒有再離開過。

褓姆經常告訴我們黑奴解放前的一些事，傑克對這些故事不真感興趣，但比爾和我卻聽得興味盎然，尤其是比爾，他可以一小時接一小時地坐著聽她說故事。笛恩大到會走路的時候，她常帶我們到林子裡去找鳥蛋，我們四個小孩都有收集鳥蛋的嗜好，褓姆稱這個活動為「巢裡搗蛋」。

她教我們用湯匙伸到鳥巢裡去挖蛋出來，這樣母鳥才不致因為人手碰過的氣味而遺棄剩下的蛋。我們通常豎起耳朵貼近褓姆，邊聽故事邊慢慢地順著笛恩的步伐前進，我們的生命也因此交織在一起。

其中一則故事說到褓姆小時候做蠟燭的情形。做蠟燭是小孩子的事，通常需要用到一個條狀的模型，模型上有十二條圓柱管固定在木架上，上端放燭心的部份有個洞，底部密接在模型上，燭心放進每個洞後，才能倒入溶化的燭油。

另一個故事講到西羅（Shiloh）來的鬼。洋基人（Yankees）經過牛津到維克斯堡（Vicksburg）的時候，巴爾將軍把他所有的奴隸遷往東邊三十英哩處的龐托托卡（Pontotoc），褓姆在那裡獲得自由。戰爭過後，古古拉斯可蘭（Ku Klux Klan）騎著馬在當地四處出沒，大家都相當害怕。黑人都聽說過關於這些身穿白衣，緘口不言的鬼故事，有些人甚至曾在晚上看過這些黑夜騎士。每當天一黑，每戶黑奴家門窗都會緊閉，而且不准家人外出。

一天晚上，有人敲褓姆家的門，他們嚇得不敢出聲，更不敢應門。最後她的父親去應了門：「誰呀？」只聽到些微的呻吟聲。她的父親掩著門縫，看到外面是一個身穿白斗篷的人騎在白馬上，斗篷在眼睛的地方挖了兩個洞，馬頭也用布包起來，只有耳朵露在外面。

一看到裸姆的父親，那個鬼呻吟著：「水！水！我在地獄裡，我的身體正被火燒著。我在西羅被殺，現在在地獄裡受著火刑。水！水！」

裸姆的父親告訴那個鬼門外的長條椅上有桶水，但鬼說他如果下馬就沒力氣再爬上馬背，只好永遠在原地賴著。裸姆的父親於是側身走出門外，舀了一瓢水給那個鬼喝。那個鬼把水倒到預藏在長袍的橡膠袋裡，又再要一些水。他又舀了一瓢水給那個鬼，那個鬼居然跟他要了整桶的水，全倒進他的橡膠袋裡。裸姆說那個鬼把水桶還給她的父親後，才揚長離開，他們聽不到馬蹄聲，因為馬蹄上也套著麻布套。他們只覺得那個鬼慢慢地縮小消失在眼前，裸姆的父親馬上把水桶一丟，拔腿跑入屋內，把門閂帶上。那天晚上，他們一家整晚都縮在棉被下發抖。不久後，他們便搬到牛津。

裸姆的子孫有些人目前仍在牛津。大概前幾年吧，我還碰到摩莉（Molly），我們促膝長談關於裸姆的一些往事。

這裡的每戶人家都養豬，第一道冷霜約在十一月的第一個星期到來，這時候鎮上到處聽得見豬的慘叫聲，大家都在準備過冬的肉品。鎮上隨時都找得到黑人來屠宰豬隻，並將豬肉灌成肉腸。所有黑人都喜歡這種肉腸，有些白人也很愛吃。據說這種肉腸吃起來像煎過的牡犡，不過我從來沒嚐過，我們家也從不煮。郝羅的黑人固定幫幾戶人家宰豬，我們家的豬就是老維斯（Old Wes）殺的。在下第一道霜的幾週內，幾乎每家每戶都在烹調肉腸，那種噁心的味道讓你無法走過那裡。

褓姆對比爾的生命、他的想法和寫作生涯都有相當程度的影響。她到我們家時比爾十歲、傑克八歲、我六歲，即使我們都已各自結婚生子，她還是叫我們梅尼(比爾)、傑克、強西(我)。梅尼這個名字一開始是傑克喊出來的，那時他還小，大舌頭把威廉喊成梅尼，我們也天經地義跟著傑克這樣叫。褓姆去世前幾年，我和傑克都不在牛津，只有比爾住在這裡。比爾為褓姆付出的比傑克和我都多，他為褓姆做的每一件事都用我們三個人的名義，我們是她「白色的小孩」。

我認為比爾對褓姆的記憶及情感，已內化成心中一種衡量的標準。有人說南方人對待黑人一如常人，不願以階級意識來看待他們；而北方人則認為黑人是一種階級，無法正視他們也同為一個人類的個體。我們深愛著褓姆，待她一如家中的一份子，我確信此刻她一定正在天上俯看我們這群地球的「小孩」。而且等我們的大限到了，她一定會要求上帝解釋為什麼把我們擋在天堂門外。以她堅定的語氣，她絕對能讓我們順利通過天堂守衛的把關，讓祂說：「好，讓他們進來。」

我猜上帝也一定已經學到，絕對不能和褓姆起任何爭執。

第六章 小小推銷員

笛恩出生的時候我即將滿七歲，還要在家裡待兩年才能正式上學。這二年裡褓姆幾乎就是笛恩和我的護士，也是我們的玩伴。她和母親依舊在笛恩的頭上擦一層厚厚的油，讓他戴著帽子治療頭上的頭癬。褓姆除了餵笛恩、照顧他之外，其餘時間幾乎都陪著我、逗著我玩。長長的寒冬裡，她跪在大廳的地板上和我一起玩彈珠，而且總是故意讓我贏，以免我輸了哭個不停。她細心地在我外出前檢查我的穿著是否暖和，回來的時候腳是不是乾的。我沒有聽到她抱怨過，只知道每當我需要她時，她一定會出現在身邊。

寒冬裡也有令人興奮的日子，那就是比爾和傑克不必上學的星期六，我們幾乎每個週六都在樹林裡混。家家戶戶都有小孩，我們只要揚聲一呼（每隊人馬有不同的呼語），起碼半打的人會馬上出現，成群從我家門前的小路跑進樹林裡。

有一個週六我們在樹林裡發現一把手槍。那時我們正在錢德勒（Chandler）家後面的牧場上玩，突然看到手槍半埋在山丘下的沙溝裡。手槍看起來已經埋在沙底下很久了，只因為最近一直下雨沖掉上層的沙，才露出一半的槍身。我們把手槍挖出來，比爾說手槍讓他保管，於是我們帶著手槍回家。

手槍的槍身下面是一個長管，長管帶動槍身的撞針將子彈上膛，每個彈孔後面有一條管子拉啟孔蓋。槍生銹得很厲害，我們帶回家用煤油好好清洗之後，才看到槍的底座已經被腐蝕，主彈簧片也壞了。我們把槍管和擊棒拆鬆，讓它可以轉動，實在無法想像被埋在地下這麼久的時間，槍還能保持得這麼好。我們猜也許自州立戰爭後，這把槍就一直被埋在地底下。

戰爭時期，騎兵隊不斷在牛津來回穿梭。洋基人控制郝利・史賓（Holly Spring）一帶往北三十英哩的範圍，阿貝菲爾（Abbeville）、特羅海契（Tallahatchie）方圓十一英哩的範圍內都是他們的巡邏區，我們家也在巡邏範圍內。從我們家往南五十英哩就是格那達（Grenada）鎮，尤卡那河（The Yocona River）在格那達路往北八英哩的地方，但我們都不敢過河，大部分只在巡邏區內活動。巡邏隊伍有三百人，打群架、惹事生非等事件在這片無人的土地上時有耳聞，牛津又剛好位於事件的中心點。

戰爭的遺物比比皆是，大多是刺刀、來福槍、軍刀等，這是唯一被發現的一把手槍。但比爾在一天內把六發子彈都射擊完後，我們就未曾再見過它。

我們整個禮拜忙著清理槍身，比爾用一片杉木片做成槍身的手把。我們好不容易把槍管和彈孔匣裡的砂子弄乾淨後，比爾又想到用彈弓的橡膠片當彈簧。他把橡膠片沿著推彈孔的圓柱外匣繞了二圈，再拉回去勾在擊針上，發射的時候要二手握槍，二個姆指合力把擊針往後扳到橫張的橡膠片上。橡膠片的彈力把擊針推到雷管的後端，產生有如實槍發出的喀嚓聲，這樣就算就發射位置了。

一時我們找不到雷管蓋的代用品。雖然當時仍有人使用前膛槍，鎮北也仍有些店家在賣雷管蓋，但我們認為跑那麼遠實在大可不必了。比爾於是去翻他的百寶箱，找到了他以前收集雷管槍零件時存下來的紙蓋子，好好摺過之後還可以用。比爾裝了一個紙蓋在雷管上，扣了扳機準備發射，紙蓋卻著火了。我們很得意，因為這証明了扳機有足夠的力量推動滿載彈藥的唧筒，並且將它引爆。

我們從父親的手槍裡找到了幾顆子彈，把彈殼敲破後，將取出的藥粉塞進六個彈孔內，再用溼報紙塞住彈匣孔。我們有一些以前玩彈弓時剩下來的鹿彈（獵獸用的大型鉛彈），於是在裝完藥粉後，我們在每個彈孔都放上幾個，再用撕碎的小紙團塞在上面。六個子彈都已經裝好了彈粉，比爾把紙蓋壓進雷管後蓋上，六顆子彈就算準備就緒。

滿八歲後父親就教我們打獵。他先給我們一把空氣槍，教我們模擬真槍的使用法，還告誡我們不管槍有沒有上子彈，沒有瞄準目標時，絕不可以拿槍對著任何人或任何東西。我們打獵開槍時，也一定把槍舉高到大人的頭部以上，以防萬一沒注意到樹叢對面有人，發生射傷人的意外。另外，上膛的槍也絕不准帶進屋內。十歲時，我們使用點二二的手槍，十二歲開始可以用散彈獵槍。比爾已經超過十歲，有一把自己的點二二手槍，也知道怎麼使用彈藥槍。那天早上他扣了扳機，子彈從傑克和我的頭上飛過，感謝老天爺，差一點我們的命就沒了。那一聲「碰」引來了鄰居，大家都趕過來看福克納兄弟這會兒又在玩什麼花樣。母親著實嚇了一大跳，褓姆嚴厲斥責我們，還好母親的驚嚇轉移了她的注意力，她轉而去安撫母親，我們才逃過一劫。我忘記是母親或褓姆拿走比爾的手槍，總之她們其中一人拿走手槍後，我們就沒有再見過它。那天母親命令我們在前廳的角落裡分開坐，等父親回家後再決定怎麼處罰我們。父親一直追問我們如何敲破他的彈殼，並罰我們禁足，當天下午只能在前院玩，其它哪裡也不准去。

我們是在後院的階梯上把藥粉裝進手槍裡的，槍的子彈一裝好，比爾馬上抓著槍站起來跑到陽台上，面對著後院。傑克和我當時正在後院抬頭望著陽台上的比爾，他雙手拿槍對著天空，把槍的擊針往後一拉。傑克和我本能地閉上眼睛，雙手摀著耳朵，比爾發射了一槍。

擊針撞到第一個彈匣時，跟上次我們實驗的一樣，匣蓋發出了一聲司烏聲。不同的是這次其它的五個匣蓋也著了火，一直司烏司烏的點爆，子彈於是一發一發地射了出去。黑色彈藥粉的爆炸聲威力太強大，整個後院裡煙霧瀰漫，空中飄滿濃煙及報紙碎片。

母親說她當時只能隱約在一片煙霧中看到站在陽台邊的比爾，根本看不到傑克和我。她叫著比爾，問他我們在哪裡，話聲未落，連比爾也被濃煙吞沒。比爾不知如何是好，只能又驚嚇又害怕地站在原地拿著手槍，他壓根沒想到六發子彈會一起發射。他想出用橡膠片做彈簧的點子，也實驗過它的可行性，他本來很有信心不會出意外的。

大概是母親找到比爾的，她把比爾的槍沒收。褓姆在煙幕裡找到傑克和我，等到濃煙稍微散去，她馬上把我們拉上陽台。這個時候院子裡已經擠滿了一探究竟的鄰居，他們一定聽到槍聲，但大概是那整片的煙幕把他們全引來了，他們大概想著那幾個兄弟終於把房子給燒了。

母親命令我們到前廳去坐著等父親回家，然後再決定怎麼處置我們。我們沒敢應答，一個一個縮著頭回屋子裡去。

我們一直用「爹地」這個暱稱稱呼父親，一直到我們長大一點才改口叫「爹」。改口的原因我們也不清楚，反正就是改了。「爹地」也好，「爹」也好，母親要我們到前廳去等爹地時，我們都知道她的意思——那是她處罰我們的方式。

印象中母親沒打過我們，唯一的一次例外，是在冬天裡的一個星期六早上。那天我們照往例在樹林裡玩，我不小心掉進河裡，把整身的衣服弄得溼透，卻沒有立刻回家換衣服。她打我是因為我沒有回家換衣服，她擔心我會感冒；打比爾和傑克是因為他們沒有盡到照顧我的責任。

母親的身高不到五英呎，體重也跟褓姆一樣。她如果真的打我們，八成也痛不到那裡去，但是她想出來的這個懲罰方式比打我們更有效果。我們通常被打後不一會兒就各自去做自己的事，把挨打的事忘得一乾二淨，但母親罰我們好幾小時坐在前廳裡才真是酷刑。

母親通常依我們所犯的罪行決定處罰時間的長短，我們每個人被罰各坐在一個角落裡，什麼事都不准做，只能乖乖坐在椅子上。有時外面剛好有小朋友玩得正高興，笑聲陣陣從院子裡傳來，可是我們連走到窗戶邊跟他們招手、告訴他們我們被禁足都不准。這是自我懂事以來經歷過最不人道的處罰方式，但我們不敢多說什麼，因為如果我們發出聲音，母親馬上會坐到我們中間來，然後加長懲罰時間十五分鐘。

比爾開那一槍大約是在早上九點鐘，父親中午才會回到家，也就是說我們已經罰坐三個小時了。鄰家小孩在我們開槍以後當然全部湊過來看熱鬧，然後就留在院子裡玩了起來。整整三個小時的時間我們就坐著聽他們在外頭玩，母親則一直坐在大廳中間盯著我們。父親回來後也覺得這樣的處罰已經夠了，他只說了我們一頓而已。

我心裡一直納悶母親後來究竟怎麼處置那把手槍的，如果沒有被丟掉的話，那把槍現在可以算得上是歷史遺物了吧！不知怎地，我就是無法啟口問母親這個問題，也許我心裡認為舊事最好不要重提的好。

差不多這個時候，我們又重新回去上主日學。我們的住處距鎮中心的教堂要比住在南二街時近，走路去也不太久。外祖母每個星期去教堂，不過母親倒不是個喜歡上教堂的人，她總說她很忙，她的任務只是每個星期天帶我們去教堂而已。

母親不常上教堂，父親自己則從來不去，他們覺得一切順其自然就行了。幾年後田納西州的一場達爾文（Darwin）和布萊恩（Bryan）的審判讓父親真的嚇到了，他開始每週上教堂，不過這個習慣也沒維持多久，詛咒似乎對他沒有太大的威脅。

父親對上帝有特別的看法，他認為他信奉的上帝不會要求他遵守那些繁文褥節，更不會一定要他上教堂。祂不會在意你做的任何事，除了那件發生在前陽台的槍擊事件外，院子的圍籬內所做的事祂都可以接受，所以星期天下午我們都在後院玩。

父親的任務是在我們出發上主日學前替我們檢查服裝儀容，母親的工作則是替我們洗好澡、穿好衣服，叫我們去讓父親檢查鞋子有沒有擦亮。其實我們星期六就擦好鞋子了，可是因為鞋背等地方很難用刷子刷乾淨，所以總會被我們漏掉。父親檢查完畢，再幫我刷一刷鞋之後，才讓我們啟程。父親對鞋子的要求大概是他唯一認可的宗教禮節吧，除了那一次針對改革派的審判令他畏懼外，他似乎從沒有上教堂的意願。

主日學十點開始，大約要上一小時的課，之後載著旅客的火車會在十一點經過鎮上，運來在曼菲斯出版的報紙，我們常聽父親唸的一些有趣故事都在裡面。主日學一下課，所有小孩便馬上衝出去盯著看火車慢慢進站，鎮上一半的人也都匯集到這裡來看今天有什麼訪客，順便去拿他們的報紙。

車站旁邊有一個六英吋高的磚疊旗台，旗台邊和火車停靠處的中間空地是馬車停靠專用道。每家馬車服務中心在火車進站時都會安排一輛馬車進行接送服務，馬車停靠在旗台後面的鐵條旁，沿著旗台邊是馬車伕排隊的地方。他們像短跑選手一樣把一隻腳撐在馬車上，嘴裡吆喝著：「將軍飯店（Colonial Hotel）、牛津賓館（Oxford House）、騎士旅店（Knight's Boardinghouse）」。

每個馬車伕彼此間都有默契，大家規規矩矩地站在線的後面喊，伸長手臂設法撈旅客的手提袋，互相搶著生意做。我們這群上主日學的男孩常站在那裡看他們喊著旅館的名字推來推去，甚至有時候就拔起河來，爭著搶旅客手上的行李。在威爾・布朗尼（Will Browning）老先生坐上火車離開前，我們才趕緊跑去拿報紙。

布朗尼先生的例行作業是將報紙從行李廂搬到小推車上，然後打開一綑綑報紙，平均發給每一個報童。五、六十名主日學剛下課的小朋友大概就在這時候一窩蜂衝上去，爭先恐後地搶報紙，嘴裡一邊喊著自己的姓，讓布朗尼先生登記在送報名單上。布朗尼先生如果來不及記下名單，有些人家當天就會收到兩份報紙，而布朗尼先生的報紙當然也就不夠送。有時候他把名字記錯了，訂報的人反而沒有收到報紙，這下子沒有收到報紙的訂戶難免要發脾氣。

布朗尼先生是個瞇瞇眼的小老頭，脾氣很不好。我們如此猖狂，他對我們也沒有多少好聲氣。管他怎麼想，我們下一個星期天一定又出現在車站搶著拿自己的報紙，然後一路跑回家裡讀報紙上的故事。

我們另有一份主日學報可以看，是每個禮拜天主日學下課的時候發下來的。報紙每週出刊，內容報導主教中樞、教會的狀況及大事提要。報紙名稱應該是「星期天信差」（The Sunday Morning Messenger），版面雙頁對開印在較厚的紙上，在田納西州納胥米爾（Nashville）出版印行。頁面不大，第一頁通常刊登新教堂的照片，內頁刊登主日學的課程，背面則刊載一些笑話或廣告。

傑克、我和其他小孩幾乎都是拿到報紙就翻背面的文章讀，讀到好笑的就馬上轉頭大聲唸給旁邊的小朋友聽，希望在別人沒來得及看之前搶先唸出來。不知怎地，比爾每次都喜歡先看廣告，我們其他人對廣告卻是一點興趣也沒有。

主日學上有些班級在老師監督下會採取分組戶外上課的方式，整班學生在星期天早上到鎮上沿街叫賣，挨家挨戶推銷一些明信片、勵志小語或其他有宗教意味的小玩意賺錢，之後大家再把錢拿出來當班級活動基金。但比爾對這種活動沒興趣，他真正有興趣的是能增加個人收入的廣告。比爾非常贊成廣告上的說法，他訂了一些漿過的領子給傑克賣，一些漂床單用的漂白粉給我賣，他自己則負責監督、收錢、給付傑克和我的酬勞。我們完全聽他的，他也真的讓我們嚐到甜頭，難怪他長大後還能賣故事。

比爾對我們解釋衣領和漂白粉都是永久生意，只要銷售網建立之後，接下來就只剩固定拜訪客戶及補新貨而已。父親手下的黑僕太太們經常拿白人的衣服回家洗，每星期一早上一定要用漂白粉，有好次我們在星期一經過艾斯基梅或席米家（Seemie's）時，也曾陪過艾斯基梅和席米一路進城去買漂白粉，因此我們對漂白粉的認識比漿衣領更清楚。我們也認識幾個黑人牧師講道時一定要戴上硬挺的衣領，因此比爾認為我們一定可以做成漿衣領的生意。

兩批貨一批從芝加哥來，一批從辛辛那堤或哥倫比亞來，比爾下訂單的同一個禮拜貨就在同一天送到了，父親對這麼快速的服務也很訝異，母親則很好奇想知道裡面裝了些什麼東西。

除了葳梨姑婆寄來的包裹外，我們從來沒收過別人寄給我們的東西，但這一回包裹上的地址不是葳梨姑婆的，母親因此又追問一次裡面到底是什麼。

比爾終於告訴母親包裹裡究竟是什麼東西後，母親只說了兩個字：「不行」，並要他馬上原封不動地把貨寄回去。還好父親適時站出來替我們說話，他說我們也該學著做點生意了。

母親說：「我的天啊！老兄，你這不是要三個小孩變成滑頭的生意人嗎？」

「都是主日學班上認識的，」父親回答，「應該是沒什麼問題。」

「撒旦曾經去搗過天堂，」母親回答，「現在我相信邪惡已經入侵到我們的教堂。包括房間裡的這一個。」母親瞪著父親說。

最後母親拗不過我們，只好放棄要我們把衣領和漂白粉退回去的想法，自己做事去了。母親平常都會說：「我說了才算」的，今天倒是一反往常，沒多說一句話就離開了。

比爾現在可以放手做生意了，他佈署了二天後，選定週六開始職業生涯。當時傑克和我也都上學了，除了星期六外，我們也不可能撥得出時間來做生意。

比爾和我在吃過早餐後出發，傑克剛好患了扁桃腺炎，母親堅持要他留在家裡。後來傑克還在家裡廚房的大桌子上開刀拿掉扁桃腺，差點就因失血過多送掉小命。

我們出發時天氣有一點陰沈，似乎快下雨了。母親千叮嚀萬交代，如果下大雨我們一定要去借人家的家裡躲一躲。

首先我們鎖定黑人住的木屋區開始做生意，第一站當然又是去傑西家，因為他們家就在整排木屋的第一間。起初可拉沒有買漂白粉的意思，後來她檢查庫存後發現下星期一就缺貨了，於是向我們買了一包。

我們賣的漂白粉和她們習慣使用的不同，傳統的漂白粉像粉筆一樣呈棒狀，要用的時候折下或削下需要的份量，放到水裡去溶解。我們的產品則是十二張一包，洗衣服時只要撕下一張（比折一段粉筆容易），或用剪刀剪下一小片（比削的簡單）丟到水裡面去，馬上就可以完全溶解。快速溶解是我們產品的最大特色，這些漂白紙薄得像面紙，即使只被沾溼的手指頭碰到，都會化個洞往下流。我們賣給可拉一包十分錢，接著又往下一家去。

繞完全部黑人區後，我賣掉五包漂白粉，比爾只賣掉一個領子。郝羅區的牧師不多，我們決定穿過白人住宅區往北邊走，牧師大概住在鎮北吧。

我們才剛到鎮北，雨卻開始越下越大，我們想起母親的叮嚀，趕緊跑到最近的木屋去躲雨。我們兩個都有點兒淋溼，我的漂白紙也泡湯了，漂白液順著紙往下滴了一地，比爾的衣領還好沒弄溼。

住在木屋裡的黑婦出來盤問我們，一知道我們的身份後，便立即引我們進屋到火爐旁烤乾身子。我要向她推銷漂白紙，才發現漂白紙已經變成漂白水正往下淌。她咋舌表示我今天真的很倒霉，就在我們閒聊的時候，她的後院傳來小狗哼鼻子的聲音，我馬上起身去一探究竟。她的先生剛好這個時候回到家，他看一看我的漂白紙，然後轉到外面來，看到我正跪在他那一窩裝小狗的稻草盒旁邊。很快地我們做成買賣，我用剩下的漂白紙換他整盒小狗，他甚至給了我一個大麻袋裝那個大盒子。雨已經慢慢小了下來，只剩一點毛毛雨時我們便再度出發了。

我們住在鎮的南邊，距離我們目前所在位置約有一英哩遠。雖然雨已經停了，可是一路上都是泥濘，走起來很吃力，何況我手上還抱了一窩小狗。比爾不時與我交換，他幫我抱小狗的時候，我就幫他拿衣領。有一次我們在交換當兒一個錯手，領子掉到泥濘裡去了。我們急忙撿起領子，回家後才發現泥水已經滲進衣領裡，領上的漿也被泥水溶掉了。

一進門，我們趕緊查看小狗是否安好。父親恰好在家休息，他看了看我的麻布袋，馬上提著嗓門叫傑西進來。傑西本來在穀倉裡卸馬鞍，聽到叫喊馬上跑進來，連其他黑僕也都圍過來看究竟出了什麼事。我從未見過父親發那麼大的脾氣，當他命令傑西把小狗抓到屋外去淹死時，我幾乎快哭出來，但又怕得不敢出聲。

傑西拿走那一盒小狗，我站在那裡一語不發。母親也沉默地站在那兒看著父親，這不關她的事，她也不想淌這趟混水。

小狗從此不知去向，不曉得傑西是不是真的把牠們淹死了。父親盤問我小狗的來源，我一五一十地告訴他後，他接著追問跟我交換小狗的黑人是誰。

我實在不知道他的名字，但父親說那個黑人最好知道自己叫什麼。我只知道我的漂白紙已經溼得別想再賣了，他還那麼好心願意用六隻可愛的小狗跟我交換。我印象中是他先提議跟我換小狗的，沒有人願意用小狗換那些黏成一團的漂白紙，他比我想像中還要好上一百倍。

比爾雖然幫我把小狗帶回家，但是交換小狗的人是我，比爾並沒有參與。後來父親也訓比爾，告訴他即使我太小不懂事，比爾也應該知道分寸。比爾本來拿著衣領站在原地，父親一轉身要訓他，那盒衣領頓時失手全掉到地上去，整包衣領散開來後，我們這才看到泥水已經泡到領子裡，弄髒了全部的衣領。

這件事轉移了所有人的注意力，大家全湊到地上檢查衣領。傑克也從房間裡走出來(他已經在房裡待了一天，以看書和玩玩具打發時間)，和褓姆一起檢查衣領。

父親決定把衣領送去一個中國人開的洗衣店重新處理乾淨，他可以讓衣領看起來像新的一樣。然後父親打算把十一個衣領退回給公司，比爾賣掉的那個他會付錢。至於漂白紙，他乾脆直接付清貨款算了。另外他也打算寫信給這兩家公司，警告他們不准再寄任何東西給比爾。

就在整件事差不多落幕後，不期然又出現了一個小插曲。母親把衣領送去洗衣店時忘了交待工作人員不能在衣領上做記號，結果洗衣領的人用毛筆沾墨水，用中文寫上我們的姓。父親看到洗回來的衣領後，氣得幾乎暈倒，臉紅脖子粗地宣稱他寧願倒八輩子霉也不想再看到我們一眼。他最後付清了二家公司的貨款，除了付錢之外，好像也沒有更好的辦法。

這堆衣領後來終於在隔年夏天擺攤的時候趁機清掉了。每年夏天鎮上都會有一些小孩子在院子裡擺攤，我們在自家院子裡的木圍籬邊放兩個桶子，上面再蓋上木板就是攤位。然後我們開始在屋裡翻箱倒櫃地找些可以拿出來賣的東西，有些人找到已經穿破或太小穿不下的鞋子，有些人找到舊洋裝、舊襯衫、帽子，反正只要能找到的舊東西都給翻了出來，擺到搭起的板子上就可以營業。我們同時也賣解渴的檸檬水，用一只鋅桶裝著，一杯賣一分錢。

那年夏天，母親翻東翻西找著了那十一個衣領給我們賣。我們把衣領擺出來，有沒有賣掉我已經記不得了，整件事讓我印象最深刻的，就是吳鴻（Hum Wo）用中文在衣領上寫了我們家姓氏的那件事。

第七章 祖父家的感恩節大餐

外祖母已經去世一年多了，祖母則在外祖母去世前一年過世。

祖母去世後，我們有生以來第一次看到死者的遺容，她躺在棺架上安詳地沉睡著，看起來整齊有致，像朵永遠盛開的粉玫瑰。我們不大了解死亡是怎麼回事，也不相信再也看不到她，所以我們一會兒便跑到院子裡去玩了。

外祖母身上的病魔長期侵蝕著她，癌細胞佔據了她的全身，留下的只有耐心、和藹的形象。最後那幾年她的身體似乎萎縮了一點，比爾、傑克和我談到外祖母的時候，內容不外乎她變瘦弱了，但是依舊對我們很有耐心、很慈祥等。

家族下一個去世的人是表姐艾歐菈（Iola）。表叔表嬸就住我們家對面，表姐嫁給和父親年紀相彷的堂哥沃德・福克納（Word Falkner），生了布朗（Brown）

和尤金（Eugene）兩個兒子。表姐後來得了肺病，沃德堂哥於是將她從阿肯薩斯州的住處接回家，希望她在家裡斷氣。

我們沒人記得有關艾歐菈的其他故事，印象最深的只有她回到家時，沃德堂哥扶著她下馬車，約翰・布朗（John Brown）表叔和凱蒂表嬸（Kate）在門口等著的那一幕。我們墊著腳尖站著，眼睛睜得大大的，一點聲音都沒有。我們已經聽說她會被接回家裡來辭世，很好奇人要死的時候是什麼樣子。

沃德堂哥幾乎是一路抱著她進屋的，不過就算這樣也花不了他太多力氣，我從來就沒看過這麼瘦弱、這麼沒有元氣的人。她一定不到九十磅，她的眼睛也是我見過最大的。後來我們玩遊戲時還曾經模仿她的臉，假裝快斷氣的模樣。

艾歐菈表姐並沒有撐多久，沃德堂哥扶她到屋裡後，我們就再也沒見過她。如果不是她回家時那副蒼白憔悴的模樣，我們可能永遠都只記得她是位年輕又漂亮的淑女。

跟著艾歐菈回家的兩個小男孩成了我們生活的一部份，我們大部份時間都在院子裡一起玩，以免玩鬧聲打擾艾歐菈。

我還記得艾歐菈的葬禮：父親經營的馬車中心佈置了一台靈車，一位馬伕駕著靈車到表叔家去接艾歐菈的遺體。當他們從屋裡抬出她的遺體時，比爾、傑克和我已經爬到馬車廂裡等著。父親一把把我們抓下來，命令我們回院子裡，我們就在那裡看著她的遺體被送走。

我們對艾歐菈表姐並沒有特別的記憶或感情，我們沒聽過她說話，親眼看到她的那一次，她也幾乎不太能動了。但外祖母和祖母的情況完全不同，因為有了她們，我們才有了多彩多姿的生活。兩位祖母都在我們的生活中占了極重要的地位，和我們住在一起的外祖母尤然。她們重視我們甚於其他事，不斷替我們解決遇到的各種麻煩，即使她們已經不在人世，我仍久久無法忘懷和她們一起生活所發生的點點滴滴。

我想是褓姆取代了兩位祖母在我們生命中的地位。褓姆不是溫柔慈祥的長者，她隨時準備開罵，罵起人來像連珠炮一樣凶悍。只要我們其中一個沒馬上乖乖照她的指示行動，她就馬上給我們臉色看。但不管她對我們如何嚴格，她在外人面前永遠是護著我們的。我們不只是她的小孩、她的信仰，也是她的責任。

每年我們固定到祖父家吃聖誕大餐，祖母過世後，每逢感恩節、復活節，祖父也會要我們去他那裡聚一聚，有時候即使不是節日，他也會希望能多看看我們。姑姑擔負起祖父家管家的責任，照顧祖父生活起居及一切。她的女兒莎莉．墨瑞和傑克年紀相仿，我們四個人就像親兄妹一樣玩在一起，姑姑也當我們是她的小孩一樣寵愛。比爾寫的故事中，《珍妮小姐》（Miss Jenny）、《米拉德奶奶》（Granny Millard）及《不敗者》（The Unvanquished）中所有女性的角色都是姑姑的縮影。

姑姑了解我們的想法，也常以行動支持我們。有一回她甚至牽了祖父所有的馬匹，拉了家裡所有的馬車和黑僕出門，就只為了帶我們去拉法葉溫泉區（Lafayette Springs）來一趟夏季旅行。結果那天祖父回家沒有馬車用，一路淋著雨從銀行罵回家，鎮上的人說祖父一路上字句都沒有重覆過，老遠從廣場轉角罵到進門為止。我們曾利用夏天在祖父家院子裡擺攤，姑姑給我們一盒祖父每支以五十分錢買來的雪茄煙，我們每支只賣二分半。人潮絡繹不絕地從城北到這裡來買雪茄煙，攤位前人潮川流不息，直到雪茄煙一掃而空為止。她也買過薄荷棒棒糖（牛津人在夏天常吃的那種）給我們賣，她一支花二分半買的，我們一支只賣一分錢。祖父最後看不過去，不准姑姑再買東西給我們做賠錢生意。

祖父其實一向對我們也很好，他心血來潮時會帶我們進城去買鞋子、西裝或外套。每年秋天下過第一道霜後，他一定帶我們去採柿子，自己釀柿子啤酒。我很喜歡喝他釀的柿子酒，尤其是搭配青豆和玉米麵包時，更是風味絕佳。比爾年輕時也吃很多，直到愛上艾絲特拉之後，有一陣子反倒節食起來。突然間他早餐只吃乾的烤麵包和黑咖啡，因為艾絲特拉就是這麼吃的。我還記得母親知道了這件事之後，臉上一副不可思議的表情，那時比爾不過是個十來歲的小夥子。

柿子的季節一到，祖父就會捎信集合大家一起去採收。採收日通常選在星期天，大家火速吃完午飯後，姑姑和莎莉．墨菲坐上老茄特（Gate）、保羅（Paul）或杰斯（Chess）開的車，我們兄弟和父親駕著家裡的輕型馬車一道進林子裡。我記得笛恩大一點之後，褓姆也曾帶他一起來過。

霜降後的柿子變得甜又多肉，好像都快脫梗掉到地上去了，我們只消撿枯樹枝朝柿子丟，柿子就會掉下來。有時候我們乾脆靠在樹枝旁搖，熟透的柿子一下子就咚咚咚掉了一地，大家馬上一窩蜂湧到樹的周圍撿柿子。不過祖父通常只站在旁邊看，不跟我們一起撿。

祖父自己會做啤酒，他通常找兩三個黑僕一起到廚房幫他榨汁、量份量、放糖到啤酒桶裡。他還特別釘了一個橡木啤酒桶釀酒，有五加侖的容量。

每年柿季一過，他就差黑僕把啤酒桶搬到地下室裡，待十月的最後一週再搬回廚房，靠牆放一個禮拜回溫。回溫完畢後，祖父馬上召集我們吃一頓別有風味的晚餐：青豆泥、玉米麵包配著香味濃郁的柿子啤酒。

採柿子之旅只是陪祖父出遊中的一次而已。祖父在城北離家約三英哩的地方有座農場，每年的早春到暑夏，我們每週都到農場去運回一車車的蘋果、馬鈴薯、花生。但最令我們印象深刻的，還是秋天的農場之旅。我們出發的時間天氣通常還是熱呼呼的，大家都穿短袖衣服外出。等祖父在農場談完事情準備回程時，天氣已經變涼了。那個季節特有的高闊藍天一路上往我們回家的路上褪去，蜷縮到只剩祖父和黑僕座位前的一小方藍色。天色已經昏黑，我們一路聞著蘋果香，大夥兒熱烈地討論著接下來的狩獵季節。

祖母去世後，祖父更希望我們能多陪在他身邊。原因倒不是姑姑照料不周，實在是他仍然深深地思念著祖母。祖母去世，祖父的生命也隨她去了一大半，他以前會花很多時間、精力去做的事情，現在一概都提不起興趣來。沒有事情分散他的注意力，他當然有更多時間想著他和祖母一起度過的日子。

祖父在廣場上一兩家相熟的店裡各放了一把椅子，方便他隨時可以搬到外面的走道上坐下。我曾經看過他坐在那兒一遍遍地寫著祖母的名字，莎莉在一旁揮舞著他的手杖玩，完全沒注意祖父在幹什麼，更沒看到我就在附近。祖父在我剛滿二十歲那年去世，我想他大概是全世界最孤單的人吧！

姑姑老是豐菜盛餚地準備祖父的食物，母親說姑姑其實根本不需要自己動手，她只要開口廚師就會料理得好好的。不管怎麼說，她在感恩節、聖誕節、復活節和七月四日國慶時準備的大餐可不是蓋的。

那年感恩節前我們並不知道自己感染了百日咳，百日咳感染初期也不容易被發現，一般人只有得重感冒才會五臟六腑都像要咳出來一樣，如果你咳到連飯都吃不下的話，大概準是得了百日咳。那天我們已經吃完包括湯、紅色棘鬣魚、火雞、新鮮的火腿、煨烤的牛肉、蔬菜、蜜蜂麵包、蛋糕、派的大餐，大夥正起身離開飯廳，祖父在最前面，正向他前陽台的那張椅子走去。母親、父親、約翰叔叔和蘇姑姑跟在祖父的後面，姑姑又回廚房交代廚師接下去要做的事情。

傑克首先發難——每件事總有個開端吧——他摀著嘴衝到前門外去，莎莉墨瑞看到傑克的樣子，也跟著跑出去。祖父那時已經坐在陽台上，眼睜睜看著傑克衝出來抓著欄杆，莎莉墨瑞跟在後面，接著是比爾和我，四個人一字排開抓著祖父前院樓梯的欄杆咳個不停。我不會忘記祖父看著我們大笑的樣子，他認為我們一排小孩抓著欄杆咳嗽的景象蠻有趣的。

那年的聖誕節過後（也就是一九〇九年和一九一〇年交接的晚冬），父親決定開始給我們零用錢。我當時八歲，傑克十歲，比爾十二歲，每人個月都可以領到五十分零用錢。笛恩當然不算在內，他當時只有二歲。

母親認為不需要給我們零用錢花，即使要給，也要考慮一下我們的年紀，按年齡給比爾五十分，傑克二十五分，給我十分。父親堅決反對這個提議，他說我們都是他的兒子，給的零用錢也要一樣多。母親反問他為什麼不給笛恩？父親只說笛恩還是個小娃娃，然後就再也不和母親討論這件事了，零用錢的事還是維持原來的想法，每個月給我們五十分錢。

傑克和我對怎麼花這筆錢毫無想法，但我們仍馬上奔到城裡去看看可以買點什麼。我們對用錢、存錢、花錢，甚至身上帶錢這些事都沒有什麼概念，每到聖誕節或生日需要給家人買禮物時，父母親也一定給我們足夠的錢，除此之外，錢對我們一點意義也沒有。比爾的想法和我們不同，他把錢放進口袋裡，看著傑克和我往城裡走去。

傑克和我在城裡逛了一天，努力想花掉零用錢。我很快想到花錢的好辦法——買糖果，但母親早就規定我不准買糖果，她擔心五十分錢都買糖果吃進肚子裡，搞不好會送了小命。後來經過一家雜貨店，傑克找到他想買的東西：一副護臉的棒球頭盔。傑克喜歡當捕手，頭盔當然非他莫屬。但頭盔一副要一元二十五分，店家也沒有別的便宜貨，店家打烊後，我們只好打道回府，錢還原封不動地留在口袋裡。

比爾沒進城去，整天在家裡等我們。他早在前幾期的《美國男孩》雜誌上看過一個很吸引他的東西，所以他把傑克和我的錢借去，三個人的錢湊在一起剛好夠他跟人家訂貨。

比爾訂購的是一個使用乾電池的機械裝置，扁扁的裝在瓦楞盒裡，有個金屬栓突出在面板上。另外還有一疊穿了孔的紙可以掛在栓上，每張紙從中間分開為兩半，一邊是問題，另一邊則寫答案。每張紙上的問題不同，如果你按了題庫鈕，而且另一個回答鈕也按對了，燈就會亮起來。

比爾現在唸四年級，學過很多東西，所以第一次試用就回答得很正確。傑克和我發現一個投機取巧的方法，只要我們一直按著題目的按鈕，讓彈片順著栓滑過，燈亮起來的那一張就會是正確答案。這個發現讓我們回答問題時比比爾更有信心，後來我們甚至發現面板上即使沒有題目紙，還是可以讓答案的燈亮起來。

沒多久我們就對比爾的益智遊戲機不感興趣。儘管他已經上了四年的學，我們也看不出他和上學前有什麼差別，反正題庫裡本來都有答案，比爾只是恰巧湊對了而已。祼姆常這樣說比爾：「他老是愛辯，非辯贏不可。」他留著那台益智遊戲機好幾年，我好幾次看到他拿出來用，測驗自己是否記得每道問題的答案。

我們每個人都有自己貯存雜物的地方。傑克和我的貯存室從沒放過新奇的東西，我們把玩具弄壞之後，也就跟著忘記它們的存在。比爾的貯存室卻相當乾淨，整齊地擺放著每一件屬於過他的東西。一直到他死的時候，他都這樣整齊地收藏每一件能深刻喚起他回憶的物品，我們有時都納悶他究竟為什麼會有那麼多收藏。

第八章 福克納家的家庭教育

比爾借了傑克和我的錢之後，又想了個新點子：傑克下個月用比爾和我的零用錢，第三個月我用他們倆的。

下個月，傑克用比爾和我的零用錢買了一副棒球頭盔。畢・伍沃德（Bee Woodward）在頭盔買回的頭個禮拜，就在跑回本壘時衝過頭，一腳把頭盔踩得扁扁的。我們花了好大力氣才把鐵網扳回原來的形狀，讓傑克可以戴上，遺憾的是眼睛的那兩個洞沒辦法矯正到原來的大小。住在我們家對面的亨利・法斯特（Henry Foster）先生在鎮上開了一家雜貨店，有一次他跟我們玩棒球，一使勁就把球投往那個比眼睛還大的眼洞裡，那個球直不隆咚地把傑克摜倒在地上，雖然沒有傷到他，但他的兩個眼圈黑得像貓熊一樣。

就在我快要可以領到自己的一塊半之前，父親提早一步決定停發零用錢。情況就像當初母親對父親說的，我們那時候根本不需要花錢，喜歡什麼東西自己動手做就成了。

即使對成年人而言，錢也沒扮演多重要的角色。幾乎家家戶戶都能自給自足，我們的消遣娛樂不是在家裡進行，就是到鄰居家串門子。傑克扔掉頭盔後，又恢復以往的接球方式，只需在球落到手套前，順著衝力往後退一兩步接穩球，沒有頭盔也沒影響。比爾那時候也已經將他的益智機束之高閣，我也同時不必再為怎麼花那一塊半傷腦筋。

家庭的價值並不在其成員每個月賺多少錢，而是每個人每天花了多少心力經營。家裡每個人的工作分配都適得其所，才能讓家庭和諧融洽，這是每個成員責無旁貸的工作。每當夜幕低垂時，我們一定趕回院子裡等著分派工作：我的工作是點火負責全屋的照明(原本這是傑克的工作)；傑克現在負責把煤炭搬進屋裡(原本是比爾的工作)；比爾負責餵豬。

鎮上有個姓黎威的人家，他們家的十八個小孩只有一個是女的，其他十七個全是男的，父親時常拿他們當榜樣。有一次比爾正在擠牛奶，他問父親什麼時候輪到傑克擠，父親又再拿出黎威家來講，告訴比爾那十七個男孩是怎麼刻苦耐勞、無怨無悔地分擔家事，比爾反問父親他們到底累壞了幾頭牛。

鎮上大部分人家都買劈好的柴火，每根柴火截成十四到十八英吋長，跟手腕差不多粗，用上許多木條才能紮成一捆四英呎見方，八英呎長的柴火捆。但祖父家買的柴火和一般人家用的不同，他自己買鐵路欄杆一樣粗的木材，約一根旗杆長（十到十二英呎）的木柱，再請雷諾先生（Mr. Reynolds）幫他鋸成小木塊。

雷諾先生開了一家汽油動力的鋸木廠，廠內只有一台鋸木機，上面裝了一片直徑約二英呎、可以圓形轉動的刀片。只要把木條側放到機台上，木材就會自動在機台上的凹槽內來回移動，將木頭鋸成一截一截。祖父家過冬的柴火在那架鋸木機上一支一支地鋸著，所發出的哮喘聲全鎮都聽得見。

每到秋天我們都會聽到引擎及鋸刀切木條時發出的嗚嗚聲，即使遠在廣場上，我們也會一路跑回家看雷諾先生來回推著撐板鋸木條。我們經常暗自揣想，搞不好下次雷諾先生就會把手切斷。我記得比爾、傑克、我和莎莉墨瑞通常在那裡一站好幾個小時，直到天氣轉暗、寒氣漸漸逼上，我們心裡還在等著、數著下一次鋸子準會切到他的手。

有一段時間比爾負責搬煤炭，母親注意到佛利茲・麥肯洛依（Fritz

McElroy）每天晚上都跟著比爾回家。一般小朋友總是跟著我們一路回家，要不然就是我們跟著他們回家，但這次老是同一個人跟比爾回家，這種情況似乎有點不尋常。她開始觀察比爾和佛利茲在做什麼，最後終於看出端倪。

通常要保持壁爐火持續燃燒至隔天早上還有餘火，往往每天都需要準備好幾桶煤炭，而這就是比爾的工作。母親看著比爾和佛利茲走進煤房裡去，佛利茲獨自裝滿兩桶煤炭後，甚至還自己把煤炭提進去屋裡，比爾卻只是走在他旁邊，一路連碰都沒有碰到煤桶。佛利茲陸續來回了好幾趟，比爾還是只在一旁跟著。母親故意在他們走過的時候挪近一點去看個究竟，才發現比爾正說故事給提著煤桶的佛利茲聽。

她對這件事沒有多做評論，因為她實在好奇佛利茲為什麼每天都來。最後她終於發現比爾把故事分成好幾段，每天講一段給佛利茲聽，而且每一段的結尾都扣人心弦，所以佛利茲為了聽故事的續集，隔天絕對會來報到。

整整一個冬天，佛利茲著實成了比爾的提煤童。隔年比爾的工作換成擠牛奶之後，佛利茲便沒有時間再幫他的忙，他也有自己的牛要擠奶。

父親手邊其實有人可以替我們做這些雜務，但我們一直認為那是我們該做的工作，也是我們對整個家所能做的貢獻，我們從沒想過要別人替我們做。我相信參與家務的確讓我們覺得驕傲，也給了我們甜蜜與溫暖的感動，我們從這些家事中學會家不止是遮風遮雨的地方，它是集合每個人的心血才營造出來的堅韌及舒適的根源。

我們隨時丟煤炭到火上去燒，如果煤炭不夠用，頂多再走一趟去拿。母親規定我們的雜務天黑一定要做完，晚餐的鈴聲一響，我們通常早已準備好要用餐。晚餐是最快樂的時光，我記得南茜・史努堡做的那種好吃又新鮮的香腸、火腿和辣醬，熱呼呼裹著奶油的餅乾沾著自己做的果醬塊，都讓我們吃得津津有味、狼吞虎嚥。我們獲准可以喝一小杯放了很多糖和鮮奶油的咖啡，年紀越小的孩子，杯裡的咖啡分量越少。我還記得幾年後笛恩老喝一杯放了五匙糖、很多水，幾乎沒什麼咖啡粉的咖啡。笛恩說他不喜歡鮮奶油，母親於是給他加塗麵包的奶油。

這些瑣碎的細節，都是比爾真實的成長經歷，也造就了比爾成年後的面貌及想法。他的生活型態就是美國典型的小鎮生活，和一千二百位牛津人的靈魂也是共通的。

我們對團體運動所知不多，也從來沒聽說有人可以「教」你玩遊戲。我們的遊戲都是在玩的當中自己發明出來的，比爾對此尤其在行。他的個頭不大，但總是他那一隊的領袖。我們打棒球依當時的人數即興開始，也玩狐狸打戰、躲貓貓、跟著領袖做、學青蛙跳等數不清的遊戲。

除了鄰居的牧師家外，全牛津鎮就數福克納家的家教最嚴格。母親規定我們上學日就得在吃過晚餐後坐到大廳做功課，直到功課全部好好地做對為止。如果當天在學校被老師處罰，在家裡就得做加倍的功課。

約在這個時候，母親開始要比爾穿鐵衣。不知怎地，比爾一下子駝起背來，母親擔心是不是他的肺出問題，醫生則要比爾穿上矯正用鐵衣。鐵衣腋下用墊片墊住腋窩，後面用鯨骨做成一個支撐架，支撐架中間橫拉了兩條橫帶，用白色的釦環扣住，看起很像束腹甲，只差前面是空的。

鐵衣背後打結的釦環跟他的皮帶位置差不多高，比爾自己也勾得到。母親把帶子反繞釦環往上拉，把結打在他背後二片肩胛骨的中間。每天早上母親幫比爾穿上鐵衣時，他總是抱怨母親綁得太緊（傑克和我當然是站在一旁看著笑），但不管怎麼說，他的駝背真的治好了。

通常騎馬的人在馬背上都會後仰挺直背脊，才不致因長途跋涉時傷到身體。我從沒看過別人的背能挺得像比爾那樣直，騎起馬來能像他那麼穩健。他一輩子保持這種姿勢騎馬，我想母親早就知道駝背不治療的嚴重後果。

小朋友冬天都穿著長袖的內衣，我們還穿上黑色長襪（男女都一樣）。女生夏天也許會換穿白色的長襪，但是冬天一定穿黑色的，黑色長襪是冬天的另一種詮釋。每隔一個春天，母親就把我們的內衣長袖子剪短到彎肘的部分，把褲子剪短到膝蓋，好讓我們在冬夏季節轉換的時候可以繼續穿。我們並不是窮人家，只是習慣不浪費而已。我至今仍相信浪費是一種罪，而且我不確定這種罪能得到赦免。

小男生通常不穿正式襯衫，我們穿有點像女生穿的上衣，外型雖然有點像普通襯衫，但圓邊抓得像荷葉一樣蓬，袖口縮到剛好緊包住手腕。這種襯衫罩在身上是最好用的大口袋，放進一本和打字紙差不多大小的地理課本也不成問題。教科書之外，我們也用這個空間裝寵物、蘋果、桃子等東西。

父親賣掉油廠和冰淇淋廠後，接手經營的老闆把廠裡滿出蓄水池的水抽到我們常去玩的貝利林。有一天，我們突然想到在水管出水口挖一個游泳池的點子，工程完成後，我們的小水塘大約像一張九英呎乘十二英呎的地毯那麼大，中間最深的地方淹到脖子。這個水池對我們來說夠用了，接下來的一整個夏天，我們幾乎每天下午都泡在水池裡。

通常我們在狼吞虎嚥地吃完午餐後，馬上直往貝利林奔去。夏天午後溫度大概華氏九十度（約攝氏三十二點二度），我們沿著沙塵滾滾的南街從樹蔭底跑過，貪圖一點陰涼。之後我們轉到第二街上，經過艾倫・巴利（Ellen Bailey）小姐家後面，先停下來摘一些她種的水果，把荷葉襯衫塞得滿滿的。

這個水池就是比爾在《軍餉》裡描述一個女孩在火車站送走軍官後，走林道經過的水塘；在故事裡，她被哥哥指控偷看他和朋友在水中裸泳。比爾和我都在這個水池裡學會游泳，傑克卻怎麼也摸不著游泳的竅門。

父母親從不必操心我們放假的日子怎麼打發。父親教會我們很多樹林活動的知識，我們會釣魚、打獵及照顧自己，他們唯一的要求是我們吃飯時間一定要準時回到家，如果會遲到，一定要事先報備我們的去處。比爾是老大，天經地義是帶頭者，傑克和我就乖乖地聽命於他，反正我們兩個也不是帶頭的料。我們意外受傷嚴重的情況都不是發生在樹林裡，反而是在前往樹林的途中，或是在組隊遊戲的時候。

在樹林裡，我們常體驗到板栗踩在腳底下爆裂後的剝剝聲。被跳蚤咬是一定難免的，不然就是傑克每年都踩到有毒的長春藤、傑克和我在轉動曲柄時手臂骨折、比爾踢足球撞斷了鼻骨（鼻子中間至今有點突起），或是我在玩棒球時，為了接曲球而滑倒扭傷腳踝。

父親認同古老的習俗：寒氣要一直到復活節過後才會完全從地面上散掉，因此不管天氣如何，復活節那天的主日學下課後，我們一定馬上拉掉鞋子和襪子。老習俗還是有它的道理，我們從沒有因為打赤腳而著涼感冒。

父親大概是從祖父那兒繼承了這個想法。祖父穿衣服是依著日期的推進，慢慢褪去厚重的外衣，一件一件地少穿，慢慢再回到厚衣服。他說他沒辦法預測天氣會怎麼變化，但是他會看日曆。我看過他穿白色襯衫、大衣，戴著一頂有護耳罩的帽子，我想他喜歡穿得暖暖地，免得被冷到。

我們認識的小朋友有些會等不到復活節就趕緊打起赤腳，我們心裡一直很納悶他們怎麼可以不被罵。後來是布爾（Bull）發現了這個答案：他們和我們一樣不該打赤腳，但他們在上學途中把鞋子、襪子脫下來藏在某個地方，傍晚放學回家的路上再穿回去。

我們也試過這一招，但馬上被發現了。有一天晚上我沒洗腳就窩進棉被裡，母親剛好這時候進房間，一看到我的腳底，秘密再也藏不住。從那一天起，父親嚴格規定我們一定要到復活節才准脫掉鞋子。

第九章 學習狩獵

歐德罕家（Oldhams）和我們家中間隔了兩戶人家，她們家有三個女孩，一個男孩。男孩奈德（Ned）和笛恩同年，但是體格還太小，不能和我們一起玩。他的褓姆叫密西（Missy），她和我們的褓姆一樣都是很和善的人，不管我們在玩什麼遊戲，她們總會和奈德、笛恩站在旁邊陪著。

達特（Dot）大概是我的年紀，維多利亞（Victoria，我們都叫她陀琪Tochie）大概是傑克的年紀。陀琪有點男孩氣，挺調皮，我最喜歡她在我們隊上，因為其他的男生都比不上她。艾絲特拉年紀比陀琪大，長得像一尊洋娃娃。

艾絲特拉的個子嬌小，非常漂亮，像個仙女。她從不和我們一起玩，因為她不喜歡弄髒衣服。

大家都感覺艾絲特拉和其他人不同，比爾更是第一次看到她時眼光就被吸住了。我雖然小，但也強烈感覺到她是個女孩，其他的男孩女孩就只是普通的玩伴而已。

比爾為了引起她的注意，開始在人群裡大聲講話，做事情也變得大膽積極。但他越是求表現，他的外表就弄得越髒，全身上下都是汗臭味，艾絲特拉對他一點興趣也沒有。她喜歡看美的事物，我們沒有一個人符合她的標準。一堆女孩在一起時總不忘開玩笑說她是柔弱天使，男孩子則每個都想搶風頭。

我們都有自己的小馬，騎馬對我們來說算稀鬆平常的事，但是艾絲特拉對騎馬一點概念都沒有，似乎也從沒有騎馬的渴望。一天下午，她突然決定騎陀琪的小馬淑女（Lady）來回城裡一趟，那是她唯一一次加入我們的世界。

莉達小姐（Miss Lida）、歐德罕太太把小馬上鞍座後牽到前院來，他們家的小差役扶著艾絲特拉坐到馬背上去。她接過韁繩，小馬便很沉穩地沿著車道走了出去。

我們當時在歐德罕家院子裡玩，沒注意到艾絲特拉正騎馬往鎮上去。十五分鐘後淑女回到院子裡，停在屋子旁邊。艾絲特拉坐在馬背上尖叫大哭，帽子被吹落，扣在頭髮的蝴蝶結上盪來盪去，滿頭捲髮整個散開來。諾莉亞（Nolia）跑出來抓住艾絲特拉的鞍座，將她抱在胳臂裡扶下馬，帶進屋裡去。

我們站在那兒瞠目結舌，眼珠子幾乎彈出來。我們認為並沒有發生什麼大事，不了解艾絲特拉為什麼嚇成那個樣子。我們每次騎馬多半要經過那條路的，從來沒讓淑女驚嚇奔跑過，大概艾絲特拉在鎮上看到了什麼。後來我們才知道，原來只是淑女跑得太快，嚇著了她。比爾十多歲就和艾絲特拉成了情侶，二十歲時他們吹過一陣子，後來她又回到比爾身邊。分手的那一次對他們倆都是段不愉快的插曲。

我記得在歐德罕家的院子還發生過陀琪用曇華梗抽打比爾和伯第．金恩（Buddy King）這件事。

每家院子都用柱椿圍起圍籬，買主買地之後，第一件事通常是架圍籬，圍籬裡面就是私人的地盤，以免別家小孩跑來宣稱這是他的遊戲場，我想這大概是一種十九世紀初的睦鄰政策。每戶人家的前院都由園丁——通常是廚師的兒子——整理得整齊有致。我們的家僕住在後院另外蓋的木屋裡，園丁不跟我們一起玩的時間就做些清理草坪等雜務，這是他夏天的工作。整齊的前院對我們而言並不那麼重要，我們可以在哪裡玩才是我們最在乎的。除了住在街北轉角的普蘭特太太家（Plant's）以外，附近每一家院子都可以隨時讓我們去玩。

金恩一家住我們隔壁，他是卡布蘭德（Cumberland）長老教會的牧師，家裡有三男二女五個小孩。伯第是老么，大概和比爾同年。

歐德罕住在金恩家後面，她們家的前院那天成了我們的遊戲場。他們的院子比我們家和金恩家的更漂亮、更有條不紊，歐德罕太太沿著屋外半圓形走道勻稱地闢出一塊塊的花圃，其中兩塊曇華花圃就在前陽台樓梯下，每年的這個季節都得把曇華梗剪掉。剪的時候曇華梗還是綠色的，很多汁，枝梗和玉蜀黍梗差不多，是玩打仗遊戲的好道具。

拿著曇華梗鞭打別人的腿，梗皮會被打裂開，枝梗很韌但是也很脆，汁馬上被擠出來。被曇華的汁噴到，就像被火燒到一樣刺痛。

那天早上，歐德罕太太才剪修了曇華梗。不知道伯第和比爾到底做了什麼事惹火陀琪，只記得陀琪拿著一束曇華梗猛打他們，一旁大家看到這一幕，馬上一哄而散。

伯第比比爾小一點，又跟我們熟，陀琪於是鎖定他，追著他繞著院子、翻過圍籬打。陀琪追著伯第打的時候，比爾本來有時間可以逃過一劫的，但是他動作不夠快，陀琪的目標突然轉向比爾，在我們家的圍籬邊逮到他。

我們當然全部跑出來看這場好戲。我永遠忘不了比爾的腳又要翻過圍籬，又要躲開陀琪鞭打的驚險景象。比爾脫險後，她又一臉氣呼呼地折回來找我們算帳，但我們只是安靜地站著，有恃無恐地看她一路舉著曇華梗逼近。其實那幾隻枝梗在打完伯第和比爾後就碎得軟趴趴的，在她手裡像條線一樣有氣無力地垂著。她看了看手裡的梗，自己突然笑起來，我們也全部哄堂大笑。

我學騎腳踏車也是在歐德罕家前院，是用陀琪的腳踏車練習的。我們一群人當中，她第一個有自己的腳踏車。

歐德罕少校在聯邦法院工作，年薪六千美金，在鎮上算得上是破天荒的高收入。歐德罕家裡找得到所有你夢寐以求的東西，除了小孩的玩具應有盡有外，少校還有至少一套專屬的高爾夫球桿。所以陀琪有了自己的腳踏車，而我們也就託她的福學會騎腳踏車。

腳踏車是淑女型的，手把和座墊之間沒有橫桿，車身直切下到扣片齒輪。騎的時候，踏板彈個幾下就可以跳到車上去，腳不必抬起來。

歐德罕是牛津第一家拆掉圍籬的，他們家的草坪緩緩下斜到人行道邊，然後坡度驟然下切到大馬路上去。我們輪流騎腳踏車，其他人幫忙把車子推到草坪上，騎的人再順坡滑下，加速衝到大馬路上去。剛開始我們還不會控制腳踏板，車子經常搖搖晃晃地一股腦便直往地上倒，後來技術進步一點兒，才比較少跌倒。

我記得比爾學得很快，他是我們之中第一個學會騎腳踏車的。我想他這種超強的平衡感，也幫助他安然度過第一次世界大戰駕駛卡摩（Camels）戰機的日子。

沒有舖路面的黃土路是我們學騎腳踏車的地方，也是我們玩棒球、踢足球的地方。父親就是在這裡教會我們打曲棍球，陀琪的一把鐵頭球桿還差點削掉伯第的耳朵，也在比爾的脛骨上留下一道永遠的疤痕。陀琪是他們那一隊的隊長，比爾是另一隊的隊長，我們先用撿到的木棒玩了好幾天擊球，陀琪突然想起歐德罕上校的高爾夫球桿，於是拿了他的二號桿當打擊桿。

我們已經先在黃土路上畫了幾條目標線，每條線相隔約一百碼。目標線中間有一塊木頭，每隊都站到目標線後面去。有人負責數到三，然後每個人跑去搶木頭，先搶到的人就可以擊桿把木頭打出去。陀琪和比爾那天同時搶到了木頭，陀琪揮第一桿就打到比爾的脛骨，痛得比爾在旁邊直跳腳。第二桿打到伯第的耳朵和臉頰交接的附近，他的手蓋著受創的耳朵直跑回家去。這件事之後，我們還是可以繼續玩曲棍球的遊戲，但是高爾夫球桿被列為禁用品。

那年秋天，每逢好天氣的週日父親一定帶我們到樹林裡去散步。他非常喜歡樹林，更喜歡打獵，我們也因此逐漸受到他的影響，愛上這項活動。無數次的散步中，他不時回憶起以前打獵的事，這些打獵故事後來片片斷斷地出現在比爾寫的故事中。每一次我讀到比爾寫的那些故事，父親帶著我們三個小毛頭，步履蹣跚地在樹林裡前進的景象就又回到我的眼前。

這些點點滴滴，灌溉著比爾對樹林及打獵的喜愛。他不是貪圖快感濫殺動物的人，也絕不會留下一隻已經被打傷的動物不管。我看過他打下一隻鳥(也許打斷了牠的翅膀)，所以我們一行人只得停留在原地，等他到林裡找到那隻鳥、結束牠的痛苦後，才能繼續去找下一個目標。還有一次他在天黑之前打下一隻鳥，我們遍尋不獲牠的屍體，結果隔天比爾又獨自回到原地，試圖找到牠。

比爾寫的《熊》（The Beer）是我讀過最好的狩獵故事，裡面寫出比爾對這片大樹林透徹的了解。他對打獵的知識，都是秋天和父親在林子裡散步時，慢慢累積出來的，要像比爾一樣對樹林研究得這麼透徹，恐怕得花上一輩子的努力。

父親在家也收集一些以前打獵的紀念品，其中一個豹爪是他在提伯鎮獵到一隻豹子時取下來的，還有一片老鷹的羽毛，那隻老鷹是我們這一地區僅剩的最後一隻。當時那隻老鷹不斷襲擊父親一個朋友的牲畜，朋友因此情商父親幫他把老鷹打下來。父親趴在一片春意盎然的山丘上，趁著老鷹破風直下啄取小羊羔時，一槍在空中把牠打了下來，並留下羽毛做紀念品。他也告訴我們在塔拉哈琪河（Tallahatchie）下游出現最後一匹狼的故事，比爾在尤可那帕陀方郡（Yoknapatawpha country）的描述中就給那條河取了塔拉哈琪這個名字。

父親是在河下游的包伯・肯恩（Bob Cain）家看見那匹狼的。他常去那裡打獵，那一趟本來要去獵松鼠，卻在越過泥濘中的橫木時，正巧看見一匹狼也踏上橫木的對邊。父親在滑溜溜的橫木上火速舉起槍管，在還沒來得及扣扳機前，狼就一溜煙不見了。那是一隻體型相當大的灰狼，這也是密西西比河下游地區最後一次出現狼蹤。

我們的河床裡滿佈了砍下來的橡樹和絲柏樹，這一點和比爾《熊》一書裡描述的情節一樣。待比爾成年後開始獵鹿，那些樹木已經差不多被砍伐殆盡。

我們認識的第一批伐木工人是由斯拉夫切木板工人組成的小隊，他們周遊於各地的威士忌製造廠，替雇主切割橡木桶所需的木條。父親是砍伐工會的成員，工會在提伯河入塔拉哈琪河口有一幢會員俱樂部，他有時會帶我們到那兒去歇歇腳，那兒總有一群切木工人搭著帳棚在切割木板。他們通常只砍下幾種特別的樹木，對我們影響不大。

後來切硬木的工廠開始進駐，導致幾百哩內的木材幾乎被砍伐精光，我們的野外活動因此被迫更深入到密西西比三角洲（The Mississippi Delta）尚未開發的處女林。這片三角洲由我們家附近向西延伸約三十英哩，一片斷崖驟然下切五十英呎接到下面的平原上，平原再延伸五十英哩和河岸交會。就在過了貝茲菲爾

（Batesville）之後的史東將軍木屋附近，比爾第一次出發狩獵鹿、熊和野火雞。

有一條單向的林道穿過這片林地的中央，這裡曾有一隻半大不小的熊被台車的鳴笛嚇得半死，爬到樹上不敢下來。駕駛員只好把台車開到底站後往回開，之後停留在半路上，等熊放膽從樹上爬下來。比爾和伯斯特・凱利考特先生（Mr. Buster Callicot）就是在這條路上開始他們到曼菲斯補充威士忌的旅程，整個旅程中發生了兩件插曲（都記述在《熊》一書中）。伯斯特回來的時候，為他太太帶回一件禮物——一件束腹。他的太太經常依偎在他強壯的胳臂下，陪著他奔波於林道上。這裡就是比爾在《三角洲的秋天》裡描述林地被砍伐後一直向內縮，縮到只剩下三角洲的大樹林。

我們學習狩獵的第一個練習目標是兔子。父親為了給我們上這一課，還特地買了兩隻獵兔犬給我們。有一天比爾帶牠們出去打獵，不幸打死其中一隻，他一路把狗屍體捧回家放到陽台上，回房後難過得把自己鎖在裡面痛哭。那年他大概十四歲，一直到成年後在貝茲菲爾獵鹿前沒再拿過槍。

比爾誤殺獵犬時，我們的家庭醫師是林達先生（Mr. Linder），他在帕諾瑪郡（Panola County）有好幾畝野生農地。他太太去世後，他帶著三男一女搬到我們鎮上來，在鎮南的邊界上買了一幢房子，我們經常在那附近玩，因此認識了他們。

他們家男孩和我們的年紀相仿，女孩的年紀最大，對她的三個弟弟及我們三兄弟都一視同仁，像母親般無微不至地照顧我們，叮嚀我們要小心注意。

傑克對狩獵或樹林一點興趣都沒有，主要原因是他怕遇到有毒的橡樹。比爾和我很早就開始狩獵，起初大部份的活動都和林達兄弟一起在他們家的農場進行。比爾特別喜歡和老二狄威（Dewey）在一起，他誤殺獵兔犬的那天，就是和狄威在一起的。

星期五晚上是整個星期唯一不用做功課的時刻，學期結束前，也只有這天可以去看電影。比爾和狄威常利用這天晚上彼此輪流到對方家去玩，每天在學校他們也一定找時間碰面，做什麼事兩人都黏在一起。父親買了獵兔犬給我們後，比爾和狄威馬上計劃要去打獵。

當天放學後，比爾回家匆匆拿了槍、帶了狗和屋外等著的狄威會合，逕自到林達家附近去狩獵。狄威也拿了他的槍，兩個人開始尋找目標。他們一穿越林達家前面的那條路，獵犬馬上找到一隻兔子。

比爾和狄威匍匐前進，往最近的高地上鑽後，發現獵犬正圍著兔子從附近的水溝向他們趕過來。他們正要跑過去捕捉獵物，被獵犬圍趕的兔子同時從比爾旁邊跳出溝堤，馬上在看到比爾後又縮腳躲回去。狄威跑著過來，獵犬跟著兔子後面跳上了水溝堤，又轉了個身跳下溝裡，追著兔子往樹叢裡跑了約五十英呎，比爾和狄威緊跟在後面。

「注意！牠再跳出來的時候，不要讓牠再跑掉。」狄威喊住走在前面的比爾。語音未落，兔子剛好就從溝堤遠端跳了出來。比爾滑步定位，拿槍瞄準，扣下扳機。跑在最前面的一隻獵兔犬剛好從水溝裡跳出來，子彈於是射進牠的頭，牠連哀叫都沒有，子彈貫穿牠的後腦勺一槍斃命。

比爾丟下槍，抱起狗，開始往回家的方向跑。狄威沒跟比爾一起跑，他看著比爾消失在眼前後，撿起他丟在地上的槍，也自己回家去了。隔天上學的途中，他繞道到我們家來送還比爾的槍。

那是比爾擁有的生平第一把槍，是父親十二歲時送給他的。這原本是父親自己使用的雙槍身艾沙卡（Ithaca），槍身二十八英吋長，大馬士革鋼製造，沒有鎚擊性能。它曾是最上等的槍枝，但我沒有把握它能否承載現在的新式子彈。比爾從這次事件後沒有再使用過那把槍，我順理成章成為槍的主人。它是我擁有的獵鳥槍中最好用的一把，我接手使用這把槍時，它已經比原長度足足短了二英吋，那是約翰叔叔的黑僕裘比（Jobie）使用不當的結果，不但槍的末端炸掉了，同時也炸斷了他自己的腳趾頭。

約有整整一年的時間，比爾一直把這把槍擱在衣櫃裡，直到約翰叔叔來借槍給裘比用，它才再度重見天日。裘比比其他人見多識廣，他會的不只是修剪草坪、種花或搬搬廚房用的木材而已，所以他曾在鐵路局找到一份差事。不幸的是上工沒多久，他的手臂就被火車廂中間聯結的掛鉤夾斷了。事情發生在曼菲斯，他於是就近和約翰叔叔連絡，請約翰叔叔接他回家療養。

他們做了支撐架當裘比的義手，讓他至少可以勝任一些屋內外的雜事。有了這隻義手的幫忙，他可以很流利地推獨輪手推車，也可以使用鋤頭、鏟子、斧頭。後來他開始私藏烈酒，大家可憐他斷了胳臂，每次即使抓到他偷喝威士忌，也總心軟不和他計較。一段時間後他想去狩獵，所以約翰叔叔到我們家借比爾的槍，甚至還帶他一起去打獵。約翰叔叔一路告訴裘比他拿槍的方式太危險，但他沒有把話聽進去。

裘比斷的是左臂，所以他用右手拿槍。他從沒使用過不具鎚擊性能的手槍，約翰叔叔一再解釋這把槍只要子彈裝進去後，就隨時處在射擊狀態，因此除非他已經準備好要射擊，不然手指不要去碰扳機。裘比說：「好！好！知道了。」但是他馬上又去碰保險絲。約翰盯了他好幾次，他才記得保險絲不能亂碰。

他們騎馬出去打獵，獵狗追著獵物去了，他們於是跨下馬背。約翰叔叔望著裘比，裘比正把槍頭頂在他的腳趾上，拇指前後推著保險絲，手指還放在扳機上。

「裘比，我跟你說過，不要玩保險絲。」

「好，好，知道了。」

「槍頭不要指著你的腳趾。」

「好…好。」

已經太遲了，子彈瞬間擊出，打斷他右腳的大姆趾。

約翰叔叔扶裘比上馬，然後騎上自己的馬，二個人往鎮上飛奔。當時他們離鎮上約六英哩，約翰一路問裘比他的大姆趾還好嗎？走了好幾哩路遠，裘比一直說他的腳趾一點感覺也沒有，到達鎮上之前，腳趾才「又有了點感覺」。

槍匠把槍前端的裂口切平整修好了之後，裘比也曾再使用過那把槍。他是獵鶉的好手，而且這把槍很輕，讓他用起來得心應手，不過他倒是再也不敢玩保險絲了。

比爾在他的故事裡多次寫到裘比，其中一篇寫裘比偷藏酒的故事。裘比為此一直不放過比爾，他非常不諒解比爾指控他販賣劣質威士忌的事。

第十章 意外

隔年春天我們造了一架飛機。那時我們已經搬到南街，飛機就是在院子的舊穀倉裡搭起來的。結果組裝完成的飛機太大，我們無法將它搬出穀倉，只好先將它拆開，在穀倉外的屋簷下重新組裝起來。

比爾是在看他那本《美國男孩》的時候想到造飛機的主意。雜誌裡有一張飛機的照片，裡面附有造飛機的指導手冊，我們依照雜誌裡的步驟搭好了飛機，由比爾坐在裡面，米克（Mink）和杜利（Dooley）在後面幫著推。即使米克和杜利使盡全力，飛機也只在離開沙溝堤時稍微飛了一下而已。

這篇有關飛機的報導幾個月前就出現在雜誌裡，比爾讀過後擱在一旁也沒太在意。直到偶然看到母親的那些架豆藤的舊木條，比爾才靈機一動閃過造飛機的念頭。母親這些木條的規格一致，保存狀況良好，數量又多，解決了造飛機的材料問題。即使如此，要用這些綁得整整齊齊的棒子造出飛機來，還真是一項挑戰。

父親的修理工具都放在家中或穀倉裡容易拿到的地方，我們很快找到一把鎯頭、一把鋸子和足夠的釘子，拿了就往舊穀倉鑽。比爾找到那一期《美國男孩》，我們便開始工作。

那架飛機簡直是巨無霸，只為了配合棒子的長度把比例稍微縮小而已。我們照著雜誌裡的圖，敲敲打打地搭造了飛機的骨架，接著我們用麵粉糊塗在舊報紙上，貼在骨架上當飛機的表殼。反正我們曾好幾次用同樣的方法糊風箏，所以為什麼不試試用這種方法來做飛機呢？麵粉加水就可以當漿糊用，快乾又會讓紙變得比較硬一點。我們做的風箏在太陽底下飛了幾次之後，紙會更緊縮一點，飛起來比以前更順，用這種材料來做機翼倒是蠻理想的。

莎莉墨瑞在過程中也幫了我們不少忙。我們發現四個人造一架飛機是最適合的，人太多反而絆手絆腳，人太少又顯得手忙腳亂。不管怎麼算，抬飛機出穀倉時總得四個人一人抬一角才成。兩側的翼樑和主要燃料筒的部份也得要用上二個人才能夠平衡機體，另外還需要一個人來釘牢它們就定位。比爾從頭到尾就只是站在旁邊，唸著《美國男孩》上的指示讓我們照著做。

父親雇用的黑僕對我們已接近成形的飛機非常感興趣，每天傍晚他們一從鎮上回來，餵完馬整頓馬車之後，一定馬上湊到屋簷下，靠在欄杆上看我們組裝飛機，邊看邊讚美我們又前進了一大步。我對他們的印象深刻，比爾在他的故事中也曾寫到關於米克、住在牧場裡的傑西•海茲、誤喝甲醇而喪命的麥羅尼（Mallory）和杜利——黑人都稱他是「獵熊去」——的故事。

還沒完成飛機組裝前，我們老早就找好了試飛的地點，就在我們家後面崖壁的邊上。崖壁直聳在斷面處下降足足十英呎，下面是個大沙溝。比爾說他需要這個落差所形成的自由落體動力，在人力推動飛機後，這個動力可以幫他加速開動飛機。我們都同意他的說法，因為他隨身帶著飛機指南。

比爾坐在飛機裡，黑僕們幫忙把飛機推下崖壁。我們都同意比爾的聲明，發明人有權做處女航，黑僕們也無異議地幫他把飛機推下懸崖。

飛機準備起飛時，麥羅尼和杜利抓著機翼的尾端，米克走在飛機後面扶著機尾平衡飛機，三個人一起把飛機抬到空地上，比爾、傑克、莎莉墨瑞和我在旁邊追著跑。

我們到達崖壁邊的時候，比爾示意他們放下飛機，再一次向我們解釋他的想法，指出他要飛行的方向。他預計黑僕們把他推下去時，飛機會往下俯衝加速度順著沙溝飛行，然後繞回原先的出發點，之後就輪到老二傑克試飛。莎莉墨瑞排第三個，雖然她是女生，但她還是比我大。

比爾在飛機上坐定後，腳上綁了安全帶，手抓著握桿，一切就算準備就緒了。麥羅尼和杜利小心翼翼地抬起飛機前後搖擺，為了使二個人有默契同時放手，他們開始數著：「一、二、三」杜利加上一句，「獵熊去。」

兩個黑僕把飛機搖到最高點後順勢在沙溝上空放手，飛機如原先預期一樣飛了幾英呎，但因為麥羅尼和杜利抬起飛機時，握在機翼上的握環還留在他們的手中，所以我們就眼睜睜地看著比爾倒吊在空中，整架飛機開始四分五裂地在空中撕開，一片片漿過的乾紙片像仙女散花般散滿天空，豆藤棒子也開始迸裂。比爾在整片紙海和木材塊中翻滾著往下掉，以大字形後腦著地的姿勢掉到沙溝裡。

傑西爬到崖壁端緣，俯身問比爾：「你有沒有受傷，梅尼？」

比爾當然沒事，才十英呎的高度，又加上掉在沙堆裡，絕對不可能受傷的。他從飛機的殘骸中鑽了出來，面色沉重地爬到崖壁上與我們會合，我們四個站在那裡，盯著殘破的機骸看了很久，才轉身往回家的路上走。那時大概也是吃晚飯的時間了，黑僕在我們離開後，也隨即離開現場。

那片不起眼的空地在我們的生命裡也占有重要的地位。那是我們放風箏的地方，居然也是蝙蝠狩獵覓食的地方，我想大概是圍著馬糞的小飛蟲把牠們引來的吧。每到春夏兩季的黃昏都看到牠們三五成群、到處竄飛，我們曾經試著用玉米心或泥塊想把牠們打下來，可是從來沒成功過。後來我還曾拿出獵槍，也沒能打到任何一隻，牠們的飛行方式實在沒有規律可循。

比爾很少打架，我記憶所及只有四次。兩次是和伯弟・金恩，地點就在我們家後面的空地上，我甚至記不起原因了。有一次大概是伯弟跳到我背上壓住我，因為我年紀小，比爾於是幫我還擊，那次他打贏了一仗。另一次我記得伯弟是在夜幕低垂後才翻過圍籬進他們家的牧場，比爾也在那時候回家，那一仗伯弟大概打贏了吧！我們打架並不會造成朋友間的不快，通常打完架以後就跟沒事一樣。伯弟和比爾被陀琪用曇華梗鞭打的那一天，他們也是遊戲中同一隊的夥伴，當時他們才剛打過兩次架不久。

佛利茲打過比爾一次，比爾下次馬上討回公道。杜威也和比爾打過一次架，那天里歐・卡洛威（Leo Callaway）才剛和杜威打過架，因為比爾就站在旁邊看，所以杜威開始打比爾。我想他一定是想要找出氣筒，比爾剛好就在旁邊。杜威打完比爾後，兩個人的友誼並沒有因此破裂，沒多久比爾和杜威就又結成聯盟陣容，合力用泡過水的玉米心打亨利・海勒（Henry Hiler），把亨利從林達家的穀倉頂上打得栽下來。

這件事過後金恩家就搬走了，新牧師艾特金森（Atkinson）搬來頂替金恩牧師的位子。新牧師家有一位非常溫和的太太，兩個男孩羅伯特（Robert）和可提斯（Curtis），女孩的名字是瑪格莉特（Margaret），褓姆都管她叫瑪格莉特行動派。事實上，褓姆稱艾特金森家每個人為行動派，但因為兩家走得近，我們很清楚她說的是誰。

艾特金森先生是個大塊頭的好人，通常穿黑色的衣服，只有當他捲著袖子在家裡做些瑣碎雜事的時候才不用領帶和衣領。一天傍晚我和比爾在後院吊單槓，他從後園籬探頭過來看。單槓的作法簡單，只用耐重力的左右鐵架深深地插入地裡去，中間再架上一支橫的鐵條即可，我們就在這架克難單槓上學會了大旋轉、小旋轉和肘磨轉。

做小旋轉時，得先用膝蓋的後窩扣在單槓上前後擺盪，盪到最高點再把腳放掉，運用全身的力道下翻後腳板著地。大旋轉的做法是先坐在橫槓上，往後翻後以膝後窩抓住槓子前後擺盪，直到身體擺直才放腳，下翻著地。肘磨轉與前兩者大相逕庭，不用放掉抓著的橫槓，改把手彎曲到身後，全身鎖在槓上掛著，再向後擺盪到最高點倒翻一圈才算完成一次。有些人的耐力特別強，可以掛在上面一直轉，比爾的耐力比起其他人還算不錯，他和我都挺喜歡這個運動，所以我們決心在家做一支自己的單槓。

家裡沒有現成做橫槓的材料，因此我們利用放學後的時間帶斧頭到樹林裡，砍了一枝小樹的枝幹剝皮後扛回家。穀倉的屋簷下原本就堆著一些沒用完的圍籬樁，我們拿了一支把它樁入地下，和西洋杉上的那個丫形支撐口距離約五英呎。我們把棒子一端架在杉木枝的丫形彎曲處，我扶著棒子的另一端壓在圍籬樁上，讓比爾把它們釘牢。艾特金森先生捲著袖子，雙手交叉靠在後院的圍籬上，站著看我們做單槓。

我們架好單槓已經接近黃昏，比爾決定先做小旋轉，試試單槓好不好用。他先用下巴碰了單槓好幾次，然後用手把身體的重量撐在單槓上，好像看不出什麼不妥的地方，於是他放心地把腳盪過橫槓，勾住倒吊在槓上。

他開始慢慢地來回盪來盪去，單槓依舊穩穩地撐著。他盪得越來越高，現在往後盪的身子幾乎已達了加速的頂點，夠他做最後一次由高處往下的旋轉後，放掉槓子翻身著地。很可惜，比爾沒有機會完成翻身著地的動作，在最後一刻，圍籬樁抽離地面，比爾於是臉朝下被直直拋到空無一物的後院地上。他慘叫一聲，躺在地上沒動。

我嚇了一大跳，以為他摔死了。艾特金森先生在夜色中著急地在圍籬另一邊來回跑著，想打開圍籬門過來看比爾。最後他終於找到門跑過來，馬上抱起比爾直往屋裡跑，我跟在他後面，嚇得臉色蒼白、冷汗直冒，一句話都說不出來。

比爾沒有真的被撞昏，他只是一時痛得無法呼吸，才會躺在地上久久不動。我們進屋前他已經好一點，身體也沒有先前的僵直。我想母親一定多少聽到外面的聲音，知道發生了什麼事，才會站在大門邊開著門等艾特金森先生。艾特金森把比爾放在床上後，比爾已經恢復正常的呼吸，甚至可以站起來。

艾特金森先生一定跟我一樣受到驚嚇，我們進屋後他的臉蒼白得像一張白紙。母親謝謝他抱比爾進來，她那時正在烤蛋糕，所以她請艾特金森先生在飯廳裡坐下，給他切了塊熱騰騰的蛋糕吃，也幫他斟了一杯牛奶。比爾和我也各吃了一塊剛出爐的蛋糕。

傑克當時不在家。只要有時間，他一定泡在約翰・包福羅(Mr. John Buffalo)先生的手槍店裡看他拼裝汽車。比爾雖然對汽車沒有多大興趣，但對手槍就不一樣了，他之前也常在手槍店裡晃。他的故事裡曾寫到約翰先生，約翰被描述成一位有做夢眼神的和尚，喜歡拼造汽車，不時會隨需要發明些零件，而且自己會做零件加工的工作。

傑克從頭到尾都在旁邊跟著看，汽車組裝完成後，居然還真的可以上路，所以傑克和我就坐上約翰先生的車去兜風，為此還吃了父親一頓鞭子。父親是給我們嚇壞了，他一直認為約翰先生和坐他的車兜風的人八成都無法活著回來。祖父後來終於讓鎮上禁止行駛汽車的禁令通過立法，牛津鎮上任何機動車輛都不准上路，因為約翰先生的車嚇走了所有的馬群。法令至今仍記載在書上，因為這條法令從來沒有被廢止過。

牛津人開始買汽車的時候，祖父還不肯把他的錢借給那些有汽車的人。後來他自己卻買了一輛一九一二年的別克（Buick），還雇用傑西・卡羅瑟幫他開車，有自己的車讓他覺得與眾不同。

艾特金森先生自從在單槓斷掉那天抱比爾進屋後，似乎從此特別鍾愛比爾。他常靠到圍籬旁看我們玩耍，甚至邀請比爾去上他教會的主日學課程。某一個週日的下午，他邀比爾和他們全家一道去散步。

比爾說當時他在院子裡，艾特金森先生開門和羅伯特、可提斯、瑪格麗特一道出來，看見他獨自一個人，便問他要不要一起散步。他們五個人沿著雷克街走，在其爾頓（Chilton）轉向往伯尼布蘭琪（Burney Branch）的方向。伯尼布蘭琪是條山間小溪，約有半英呎深，四五英呎寬。

走到小溪邊時，比爾和羅伯特一躍就跳過溪面，艾特金森先生抱著瑪格麗特一起跨過去，只有可提斯孤伶伶地被留在岸邊。艾特金森先生堅持要可提斯自己過河，他相信可提斯只是害怕及缺乏決心而已，所以他決定扶可提斯一把，增加他的信心。

艾特金森先生當時帶著一支杖頭彎曲的棍子，他握住棍子的末端，把彎勾的那一端遞給可提斯握住，要可提斯先往後退再往前彈跳，他會順著這股衝力拉他跳過河。可提斯完全照著指示做，但是當他要往前彈跳的一剎那卻不慎跌倒了，艾特金森先生手中的棍子也因此被彈開。

比爾說艾特金森先生唉呀地歎了一聲，站在那兒想了一下，看了看可提斯。接著他彎身向前跨出一步，用棍子的彎勾鉤住可提斯的脖子，可提斯才剛爬起來，馬上又被鉤住脖子。艾特金森先生一手想把可提斯抓過河的這邊來，可提斯一下子沒站好，整個人又跌倒了。艾特金森先生於是要比爾大步地跑到樹後面把可提斯往外推出去，他會接住可提斯的。

比爾依言把可提斯推出去，艾特金森先生卻因為重心不穩顛了一下，這一下棍子從手裡滑出去飛過他頭的上方，也同時把可提斯彈到伯尼布蘭琪河裡去，可提斯像隻翻白肚的小魚一樣浮在河面上。當時是秋天，天氣有點涼，他們必需趕快回家給可提斯換上乾衣服，免得他著涼。

我們回家時，比爾正坐在前院的樓梯上。他告訴我們下午和艾特金森先生散步所發生的事，母親說如果艾特金森先生心裡有半點畏懼的話，說不定可提斯的頭就保不住了。但比爾認為艾特金森先生心裡沒有半點害怕，否則他也不會採取這種方式。母親認為比爾應該阻止艾特金森先生的行動，但比爾實在想看看艾特金森先生棍子沒拿穩的話，究竟會發生什麼事。

1. 謨德・福克納（Maud Falkner）（摩利一世的太太）抱著她的三子，約翰・威斯利・湯普森・福克納三世（John Wesley Thompson Falkner III），暱稱強西。時為一九〇二年初。

2. 左：威廉・考伯特・福克納（比爾）。
右：謨利・查理斯・福克納（傑克）。一九〇三年左右。

3. 由左至右：比爾、傑克、約翰坐在馬背上，攝於他們在牛津南二街上的第一個家。約一九〇五年。

4. 由左至右：傑克、約翰和比爾，在一家相館拍照，約一九〇五年。

5. 福克納兄弟於一九一〇年。由左至右：傑克、比爾和約翰，站在前面中央的是笛恩。

6. 由左至右：比爾、約翰、莎莉・墨瑞和約翰在牛津玩的照片。一九〇七年。

7. 一九四七年在約翰・福克納家前的團體照，大部份的福克納家族皆在此照片中。由左至右，前排：祖基、笛恩和吉米；第二排：郝蘭得・福克納・威爾肯斯（Holland Falkner Wilkins）、謨德・福克納、J. W. T.福克納二世、他的太太蘇（Sue）；第三排：露希兒・福克納（Lucille Falkner，即桃麗）、她的先生約翰、笛恩的遺霜露易絲（Luise）；和二位家僕咪呢・貝爾（Minnie Bell）和吉恩・哈金斯（Gene Harkins）.

8. 威廉贏得諾貝爾文學獎數月前，和約翰一起拍的合照。那一次威廉到約翰家去拿除草機，菲爾・謨林（Phil Mullen）替他們照下這張兩人成年後唯一的合照，時間是一九四九年。

9. 約翰・福克納於一九五〇年，在牛津歐雷伯書店（Old Rebel Bookstore）慶祝新書《祖基》問世。

10.約翰（中）唸《祖基》給兩個兒子聽。左邊是詹姆士・墨瑞・福克納（James Murry Faulkner，即吉米），右邊是墨瑞・考伯特・福克納（Murry Cuthbert Falkner，即祖基），時間為一九五〇年。吉米決定在姓裡把「u」加回去，和威廉、約翰的拼法一樣。祖基則維持「Falkner」沒有「u」的拼法。

11.吉米、約翰、祖基在牛津散步，一九五〇年。

12. 由左至右：約翰、露希兒（桃麗Dolly）和祖基於一九五〇年。牆上照片是祖母(謨德)為祖基畫的肖像。

13. 約翰和桃麗在牛津家的後院，一九五六年。

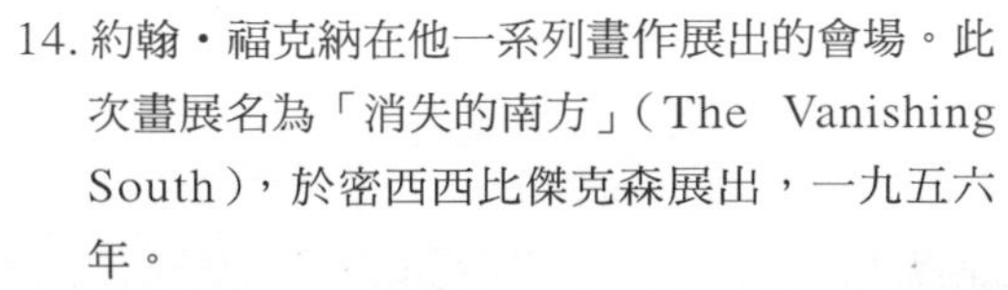

14. 約翰・福克納在他一系列畫作展出的會場。此次畫展名為「消失的南方」(The Vanishing South)，於密西西比傑克森展出，一九五六年。

15. 由左至右：詹姆斯・墨瑞・福克納二世（James Murry Faulkner Jr.，也叫羅斯提Rusty）坐在鞦韆上，威廉・福克納、莎莉・墨菲・威廉、謨德和艾絲特拉・福克納在羅灣橡園，一九五五年。

16.約翰和他的孫子湯姆斯・威斯利・福克納（Thomas Wesley Faulkner，小名伯弟Buddy）看著天空的飛機，一九五八年。

◎所有照片由詹姆士・墨瑞・福克納提供

第十一章 引起騷動的熱汽球

鎮上固定在每年秋天辦一個大型市集。當時用沙、水泥粉和碎石攪拌成混凝土鋪路面還是蠻新的概念，有人叫這種路為泥石路或人工的石頭。鎮上才剛啟用一條鋪上混凝土的路，不過沒人想到廣場也可以鋪上路面，市集仍在黃沙一片的廣場上舉行。

老頭子可倫（Cullen）住在鎮南邊，他是第一個學會這項技術的人。很長一段時間內，這也是他的獨門工夫。他在一九〇九年鋪設第一條路面，目前牛津鎮上某些路段依舊能看到他鋪路後留下的署名：A.B.Cullen 1909。他的兩個兒子加入這項工作後，後來路面署名便改成A.B.Cullen & Sons。

簡克（Jenks）和約翰（John）因為跟可倫的黑僕一起工作，也學會了攪拌混凝土的工夫。他們倆體格壯碩，鏟著沙和入碎石中，使出自己最大的本事拌混凝土。後來他們自己開業，成為混凝土工程承包商。

拌混凝土的沙土都堆在工作場所，方便篩掉粗礪的小石丁。可倫老頭從不喝止我們玩沙，可倫家的另外兩位男孩哈爾（Hal）和麥爾肯也是我們很要好的朋友。每天上學或放學回家的路上，他們總會停在我們家和我們聊天，或是邀請我們到他們家去打獵、釣魚。約翰後來成為比爾打獵的夥伴，常和他跋涉到大樹林裡，甚至到三角洲去。

世紀交替之際，牛津鎮的風情是非常迷人的。那時廣場周邊的店家都是兩層樓的建築，樓上突出來的陽台於是成為樓下的騎樓，是行人遮風避雨躲太陽的地方。走道旁種植榆樹，榆樹枝底下成了夏天乘涼的最佳地點。哥德式建築風格的法院座落在一片八邊形草地的中央，周圍有鐵籬圍繞著。鐵籬的柱杆上掛著鐵環，方便人家栓馬車。

這座法院現在已經加蓋擴大，鐵籬被拆掉，栓馬車的柱杆早已不復見。廣場全部鋪設了路面，有些建築物裝了一片窄窄的鐵皮遮雨棚，大部份的商店也都做起了玻璃櫥窗。榆樹早已被砍個精光，混凝土做的沖水槽也不見了。廣場的面貌改變得相當多，但我仍念念不忘它舊日的模樣。

政府請可倫先生在廣場上蓋二座沖水槽，方便星期六駕車到鎮上來的農夫洗馬匹和餵牲畜，鴿子也常來這裡喝水，找尋農夫餵牲畜掉下來的食物渣。我們常在廣場上設陷阱捉鴿子，用一根綁上細繩的棒子頂住一個盒子，然後趴著等在遠處地面上，一俟鴿子停到盒子下面啄食食物渣，我們馬上拉繩，讓棒子彈開，盒子蓋下來。可倫家男生都很擅長捕捉鴿子，杜威也不賴。

有位鄰居願意付二角五分錢向我們買一隻雛鴿，但是我們從沒成功繁殖過小鴿子。有人告訴我們鴿子只要關上兩個星期便會住下來不會飛走，可惜我們家的鴿子一放出來就跟鴿群飛回鎮上。

主辦單位用遮陽棚搭成一間間展示區，讓農夫在市集中展示他們的得意產品。帳棚依著法院四周的栓柱搭起來，農夫在帳棚裡擺出最上等的玉蜀黍及最大的馬鈴薯，農婦則展示她們精心製作的蛋糕和一瓶瓶果凍與醃漬品。市集通常吸引大批口袋飽飽的人潮，商人都相信這是他們賺大錢的機會。每年的市集一定有一位蛇美女和一位來自伯尼歐（Borneo）的野人，據說這條蛇是一個英國籍探險家用網子抓到的，抓到蛇的那一幕每年一定在帳棚裡現場演出。他們通常在演出前賣力地宣傳，我們瞪大眼睛相信了這樣的把戲，於是付了錢便到裡面去瞧個究竟。帳棚裡有個野人坐在一個木條架上，一雙腳栓在架子旁邊的柱子上，嘴裡啃著散落在四周的骨頭。

會場裡也有各種遊戲：擲套圈的遊戲規則是如果有人成功地將套圈套上有號碼的勾勾，就贏得那項獎品；或者你也可以用十分錢買五片圓板，把圓板丟進地上畫的圓圈之中，也一樣可以領到獎品。這個攤位的主人身手矯捷，圓板一下子便被他丟進圓圈裡；傑克和我試了好幾次，圓板卻只是撒了一地。最後我在一個玩具攤位的抽獎箱裡摸到一只有一塊錢圖樣錶面的手錶。手錶的時間不是很準確，可是對我並沒有太大的影響，因為時間對我們來說還太抽象，和我們所熟知的時間週期對應不上。母親緊盯著我們按時出門上學，我們也很守本份地在天黑前，一定回家幫忙做家事，這才是我們的時間概念。

戴上錶的第一天，我就在玩單槓時不慎撞破手錶的水晶錶面，從口袋拿出手錶的時候又把二支指針弄彎了。我心裡雖然悵然了一下，但沒多久就忘了，時間對我畢竟只是個不痛不癢的觀念而已。

傑克和我對每個路旁的表演都有興趣，但比爾只會偶爾停下來聽聽攤主人拉開嗓門招攬生意，很少像我們那麼興奮。逛市集之前父親會先給我們一點錢帶在身上，比爾對這些錢有自己的用途，而且他每次總會存下一點，買他真正想要的東西。

每週三是學校裡的幼幼日，這天通常不用上學。星期四、星期五再上兩天學，我們就有星期六一整天可以去逛市集。市集通常營業到星期六，這天也是為期一週的市集最高潮的一天，而且當天有汽球升空的表演。我們叫表演者「汽球人」，如果他掉下來的話，我們非得親眼目睹不可。

大家都當這天的表演者是神經接錯線的瘋子，報紙報導他的表演時，總是在他的圖片旁邊放上一個死神騎馬的圖像。我們知道總有一天一定會有人發生意外摔死，所幸大多數汽球人都沒有倒楣到碰上這種惡運。我們認為一個兩腳同時離地的人一定是個大笨蛋，如果他堅持要當個笨蛋，我們也一定要在現場看這種愚蠢行為的後果。

大約早上八點鐘左右，汽球人和他的黑人助手就載著一大疊髒髒的帆布出現在廣場內。汽球人滿口髒話，喃喃抱怨，唸唸有辭地把一大疊帆布丟在廣場上最寬的一角，接著他們搭起一個架子，把一個大袋子的開口撐開來鋪在架子上，然後把大袋子鋪在地上。助手隨即提來一桶五加侖的煤油，並帶來一支沾著煤油的棒子和一支夾熱煤炭的鐵夾。很快地我們看到架子下面升起火苗，隨即汽球人把煤油倒到煤炭上面，火苗瞬間蔓延成一片火焰。

汽球人花了一整天的時間不斷地加著煤炭，裡面充滿熱氣的袋子也越漲越大。

我們整天坐在那兒看，其他小朋友也會跑過來和我們依著一起看，有些甚至把寵物也帶來。大部份的小朋友會偶爾離開到會場上四處晃一下，但是比爾卻非常堅決地寸步不離。我印象中他只有在吃午飯的時間離開一下，匆匆地跑回家再匆匆趕到現場。

袋子裡的熱氣需要將近一整天的時間才能完全充飽，不過架子上倒是早上十點鐘以後就開始出現一個塌塌皺皺的汽球雛型。接著全身沾滿煙燻味及髒兮兮的炭灰，眼睛被火烤得通紅的汽球人從架子下走出來，把繩子丟給我們抓著。繩子約有十二條，是港邊用來繫泊船用的粗繩，連接在特別補強的袋子上。我們抓了繩頭，圍住正在充氣的汽球散開，每個接到繩子的人得一直在那兒站到下午三四點，看著汽球慢慢地膨脹，越來越圓滑有緻，最後飄起來一點，在我們頭頂上搖晃。

大約中午的時候，袋子裡的氣其實已經夠讓一個人站在平滑的帆布篷下，我們看得到他每次加煤油時，從火光中映出來的身影。汽球人大部分的時間都靠在帆布牆上，拿著一瓶酒直往嘴裡倒。離汽球升空的時間越近，他就越頻繁地把酒瓶往嘴裡塞。這種場合通常一瓶酒的鎮定效果是不夠的，所以他的頭會從冰屋狀的圓球中伸出來，叫他的助手再去買一瓶。通常第二瓶酒也很快就被他灌進嘴裡。

下午四點鐘左右，我們開始感受到充飽氣的汽球和我們在拔河。升空的時間差不多了。汽球人最後一次從汽球底下站了出來。他幾乎全身都裹著一層黑鴉鴉的油灰，眼裡反映透紅的火光。雖然如此，他卻比我看過的任何一個人都鎮定。他望著我們，說：「靠近一點。」同時用手勢示意我們往前。

我們一步一步向前往汽球的邊上靠。隨著我們的靠近，一支由兩條繩子緊綁在袋子底端的桿子慢慢升起。我們一直向前，直到桿子上升到人的膝蓋高度時，汽球人先喊停：「抓緊，先不要放掉。」我們全身的肌肉緊張地抓著繩子，目不轉睛地看著他，準備等他最後說好時，馬上一起放掉手中有如百斤重的繩子。

在我們的注視之下，他穿上他的降落傘裝備，將手和腿伸進環帶中扣緊。降落傘則打包在特別的袋子裡，綁在橫桿上垂著，汽球人就坐在這裡和汽球一起升空。降落傘的袋子是用一般雜貨店用的線縫起來的，汽球人從汽球裡跳出來的時候，縫線自己會扯斷。他倒退著循著汽球邊檢查有沒有哪個地方卡住，並且很謹慎地坐上橫桿，做了一下測試。坐定了之後，他伸手向上去抓連到汽球上的繩子，雙手緊握，雙腳有力地站定位，兩眼像準備噴射的火箭，用全世界最悲慘的聲音說：「孩子們，放手讓汽球升空吧！」

我們鬆掉繩子，身體往後一蹬，伸長脖子往上看，用視線追著充滿煙的汽球跑，想看它飛過榆樹後，到底往那個方向飄。一找到風向，全部的小孩馬上朝那個方向開始跑，要到汽球人可能降落的附近去看他跳傘著地——或者是看他跳傘，傘卻沒有打開的慘狀。

比爾通常會指示我們該往哪邊跑，雖然我們也能清楚地看見汽球往哪邊飄，不過我們還是等他指示後才開始跑，因為他對飛行的了解比我們廣泛得多，大部分都是從《美國男孩》雜誌裡讀到的。

每年都追著汽球人跑，但是我們從沒來得及跑到他的降落地點，看他開降落傘降落的樣子，更別說目睹到降落傘出狀況的悲劇。汽球升空速度極快，不一會兒工夫就升得很高，汽球人必需在搖搖晃晃的汽球裡轉身向後扯開裝降落傘的袋子，然後再拉著傘飄下地面著陸。我們邊跑邊往上看，一邊大聲地叫喊，一邊指著越飄越遠的汽球。接著汽球下面出現了一個小黑點，黑點後面隨即出現一束散開的絲帶，降落傘像一朵怒放的花般打開。一看到降落傘打開，我們又開始一陣尖叫，超過一百個人馬上一窩蜂地擁到汽球人可能著陸的地點。

汽球上一沒載人，它馬上倒翻過來，在秋天的天空劃上一道長長的黑尾巴，像水彩般地渲開，通常掉落在汽球人著地不遠的地方。

我們邊跑邊看汽球降落，但是目標仍然鎖定在汽球人身上。我們跑的速度從來沒有一次贏過他降落的速度，他總是早在我們到達之前就已經先著地，我們只能看到他顛顛躓躓地從一堆帶子裡掙脫出來，嘴裡還罵著三字經，這一幕我們倒是每次都趕得上。汽球人當時大概已經醉到不曉得自己在做什麼，一回到地面上後，酒精作用得更猛烈，他大概覺得自己比他的汽球飄得更高。

我記得比爾曾帶我們跑進一處繁茂的樹木裡，那次汽球人降落在那裡。比爾有意幫他解開身上的安全帶，但是汽球人一個手勢示意他可以自己來。我們一跑到他降落的地方，市集的主辦單位就派人駕馬車載他的助手過來接他。他們快速奔馳到他的旁邊，安定他的情緒，讓他乖乖地脫下身上的裝備，然後扶他到馬車裡，趕快在治安人員到場前離開。若是被治安人員抓到，他們一定會以妨礙安寧的罪名被起訴。他的助手留在現場收拾降落傘，把它折好後放著，等汽球人酒醒之後再回來拿。

有一年降落傘正好降落在我們家空地上，汽球把養雞場的屋頂像山洞一樣地包住，而雞群那時才剛上棲木休息。降落傘害得父親誤發了一顆子彈，恰巧打進一頭豬兩隻眼睛的中間。

那天汽球飄離了廣場往天空飛，當時天上沒有一絲風，天空陰沉沉地掛滿烏雲。我們愣了幾秒鐘才發現汽球似乎向著南街我們家的方向飄。等我們跑到南街，汽球人已經降落在家裡的空地上，汽球跟著降落在身後不遠的地方。

我們蜂擁跑回到圍籬旁時，他正步履蹣跚地開罵三字經。當時天色已黑，汽球撞到雞舍屋頂上去，把整個雞舍蓋起來，裡面的雞隻受到驚嚇，四處亂竄並咕咕大叫，有些雞從此不知去向，有些受到驚嚇的雞也在二、三天後才再回到雞舍裡。

汽球人降落的地方正巧在豬舍裡。豬舍單獨建在一大片空地上用圍籬隔開，裡面有幾隻小豬正等著第一道霜降後被屠宰的命運。牠們尖聲大叫，四處奔逃，最後全部擠到遠遠的角落裡去。

父親才剛下班回家，聽到畜舍一片嘈雜後跑出廚房一看，恰巧看到我們三、四十個人推擠著靠在豬舍的圍籬上，汽球人在裡面斜斜倒倒地拉下他身上的安全帶，母雞拉高嗓門啼叫，四處竄飛，小豬們更雪上加霜地使勁大吼，汽球人則是滿嘴髒話。父親大吼地叫汽球人閉嘴的聲音，連在屋裡的母親都聽得到，不過汽球人一點都不在乎，父親馬上衝進屋裡，拿了一把手槍出來。

那是一把科爾特單槍式的自動手槍，鍍銀的槍身，〇點四一口徑，槍身之長極為罕見。當時天色已經昏黑，但每個人仍可以看到它在父親的手裡閃閃發亮，這道亮光跟著父親劃過後院，進到豬舍裡。市集的行政人員才剛抵達，正設法幫汽球人平復情緒、幫著脫下他身上的裝備。幾個行政人員一看大勢不妙趕緊迎向父親，設法讓父親息怒。助手幫汽球人卸下裝備後，便拉著他往馬車的方向去。所有在場的孩子們看著拿槍的父親，個個豎直身子站在那裡沒敢動，眼尾瞄著行政人員跟父親在說些什麼。

馬車裡，汽球人安祥地進入了夢鄉。這時父親火氣也消了許多，尤其聽到他們親口答應願賠償一切損失後，他的怒氣似乎消失殆盡。他們所提的唯一條件，是希望父親能讓這件事情就此過去，不再多做追究。

汽球人的助手起先在大門的附近晃來晃去，父親拿著手槍的樣子讓他不敢靠得太近，好一會兒才敢進到豬舍裡，開始把汽球勾在雞舍的一角拆下來收好。汽球只有這一角勾在雞舍頂，其它的都還攤在豬舍裡。父親後來叫家裡兩個黑僕下去幫忙，於是大夥兒一起把汽球捲起來，抬到馬車上一刻不遲疑地揚長而去。

這時其他追著汽球跑到我們家的小孩都已離開，越來越暗的空地上，只剩下比爾、傑克、我和父親。父親站在那兒手臂下垂，手裡仍握著上膛的手槍。他靜靜地環視四周，看了看塌下的雞舍，白色的雞毛散落在地面上；小豬在豬舍的一角擠成一堆；比爾、傑克和我也差不多擠成一堆而且抱在一起。

就在那片死寂的天空下，一隻小豬走向前湊到父親的背後，抬起牠的豬鼻「嗯」了一聲。父親轉了方向，本能地把槍拿起來對準目標，小豬的腦袋被一槍打穿，當場斃命。父親站在那裡注視著小豬好一會兒，才差我們去找傑西來，叫傑西在豬肉還沒開始腐敗前趕快處理一下。父親轉身大步走回屋裡，手裡的槍映著月光前後擺動著。

我永遠不會忘記三個小毛頭站在那裡瞪大眼睛，在秋意籠罩的夜幕下佇立的一幕。在人煙散盡的空地上，我們看著父親手上那支閃閃發亮的上膛長手槍，他的怒氣已經到達最頂點，卻沒有發洩的對象。那隻豬在他的背後哼叫時，父親的情緒八成已經在瀕臨爆發的臨界點，才會直接把槍拿起來，一顆子彈送到小豬的頭上。

第十二章 耍心機的少男遊戲

這件事過後不久，林達先生一家人搬進鎮裡來，在北二街買了一幢房子。林達的新家對面住著海勒（Hiler）一家人，海勒家面對北街，土地一直延伸到北二街的這一頭，林達家的地則在另一邊。海勒家有二個男孩，兩個人都很壞，林達一家才搬進新居，海勒家的小孩便和林達家的孩子打起架來。他們打得很激烈，可以從路的這一頭打到那一頭去，有點像兩隻素昧平生的小狗以打架劃地盤分高下。有一次范・海勒（Van Hiler）從圍籬外丟了一段管子到林達家的院子裡，杜威馬上翻過圍籬追范，一直追到范家的廚房去。

海勒家的兩個小孩都很自誇，亨利老把他的槍掛在嘴邊，也常說到范隨身帶著刀子。他們倆打架都會耍陰，會用一些丟管子到別人家的院子裡、從人背後丟磚頭，再快速逃跑等下三濫的手段。亨利不像范那麼會耍手段，但是比他更兇，比爾和亨利打過一兩次架，杜威則是根本對他們打架的方式不屑一顧。

林達家有一座由錫片拼成屋頂的大穀倉，中間拼合的地方像山脊，二邊各有屋簷，是打玉蜀黍戰的好地方。林達家還住在鎮外的時候，他們家就滿是一簍簍的玉米到處堆著，每個星期六傍晚我們一定在那裡分成兩隊打玉蜀黍戰，現在海勒家的孩子也一起加入戰局，只是海勒家的小孩通常自己一隊，我們和其他小孩組成另一隊。

有一天杜威偶然發現亨利和范在水桶裡泡了一些玉米心，準備下一次打玉蜀黍戰用。用泡過水的玉米心打玉蜀黍戰是小人的作法，被一支泡水的玉米心打到，感覺跟被一塊碎磚打到沒兩樣。

范把水桶放在馬棚最裡面的角落裡，以為自己溜進穀倉時不會有人看見，沒想到還是被杜威發現了。杜威馬上把這個發現告訴比爾，於是他們倆也用水桶泡玉米心，準備迎戰。下一次打玉蜀黍戰前，比爾和杜威先悄悄到戰場上去把泡水的玉米心藏起來，然後任令亨利和范得意地進行他們的伎倆。

這次的玉蜀黍戰在穀倉屋頂上開打，這裡的屋簷幾乎是平的，屋頂中間高高地突起，所以每一隊在自己的屋簷上看不到對方。每個人就定位後號令一響，兩隊人馬便開始拼命地往中間屋脊方向跑，跑到看見對邊屋脊有人頭冒出來時，趕緊把玉米心瞄準丟出去，之後要馬上轉身跑回自己原先站的屋簷上，因為屋脊附近實在太斜，丟出玉米心之後無法久站。跑回自己的屋簷後，一定要用力煞車才能停下來，然後再拿一些玉米心迎接下一戰。

比爾和杜威已經事先做了計劃：比爾沒照規定跟隊上的人一起在屋簷等待開戰的號令，他低下頭以狗爬式埋伏在屋脊的角落，窺視對方的動靜，對方根本沒想到會有人爬到屋脊邊上去。

在屋頂上打玉蜀黍戰的要訣是眼明手快，每隊人馬要快速接力，因為你根本無法掌握對方到底跑到哪裡了。一顆頭在你的前方冒出來時，你必需即時調整投擲的距離，同時要馬上丟出玉米心，最好一丟就正中目標，因為丟出後你手上就沒有武器，動力也產生了惰性，在還沒能往回跑之前，只能像隻待宰的羔羊般坐以待斃，而那時對方可是全副武裝，準備對你迎頭痛擊。

接力的人通常在一半的路程接手給對方，比爾和杜威於是算準了亨利會在哪裡現身。如果他們可以測知亨利的頭在什麼時候會冒出來，輸贏的規則就要重新定義了。開打的信號響起後，雙方轟隆隆地全往屋脊中間衝，亨利快跑到屋脊上時，比爾大叫：「丟呀！杜威，現在趕快丟。」

杜威的腳往後跨一步頂住，一看到亨利的頭出現在水平線上，便使力地猛用泡過水的玉米心往他身上丟。玉米心打到亨利的印堂，聲音聽起來像是敲在木頭上，杜威一下失去重心，一路跌跌撞撞地滾回到他們的地盤後，順勢滾下屋簷，僵直地癱在地上。

范開始嚎啕大哭，扯著嗓門尖叫。我們爭先恐後地爬下屋簷，繞過穀倉去瞧瞧杜威玉米心的威力。范拔出他的刀子，杜威在他後面跟著跑，把范追到大馬路上去。范站在大馬路上，手拿著刀，開始罵了起來。杜威最後沒理他，又折回亨利掉下來的地方。亨利那時候已經恢復知覺站了起來，他有點昏眩，一臉怒氣沖天的表情。但范已經跑掉了，眼看著我們這一隊聲勢浩大，杜威的人馬只好心不甘情不願地撤退了。

之後我們還是偶爾打打玉蜀黍戰，但我不記得亨利和范曾再參加過。

另外一個同年的男孩佛利茲也住附近，比爾曾計高一籌地打敗過他。佛利茲是我們認識的男孩中最強悍的，他也常常以此自豪，甚至因此找人挑釁打架，以証明他的話不是誇口而已。他和比爾打過架，也用鞭子抽過他。比爾的體型比他小，但對佛利茲而言，體型大小並不算什麼，他跟大他一號的人打過架，也跟小他一號的人交過手，有時候還一次打兩三個人。他打我們的時候，我們會群起反擊，但最後他反倒打起整群人。佛利茲是個不錯的孩子，只是太喜歡打架了。比爾沒跟他打過第二次架，他沒有出手攻擊就巧妙地收服了佛利茲。

佛利茲家住南二街，比我們的舊家還要遠一點，幾乎快接到百利（Bailey）。比爾後來在百利買了一塊地，在那裡終老一生。

那個週六早上，比爾、傑克和我出發往佛利茲的家去，中途我們順便去接艾德．羅（Ed Lowe）。到佛利茲家時，已經有好幾個男生在他們家院子裡，我們馬上湊過去聽他們聊些什麼。我不記得當時院子裡正確的人數，我想大概有一打人吧！林達兄弟也在場，他們家離佛利茲家不遠。討論結果我們決定玩捉迷藏，躲藏範圍遍及附近幾戶人家的前院和後院。

那時每戶人家吃的豬肉都是自己養的，大部份人都在穀倉附近的空地圈出豬舍來養豬。但佛利茲家的豬卻沒有豬舍圈起來，任由豬到處亂跑，並在穀倉入口的一側挖了一塊讓豬打滾的泥地，穀倉的正門後面是一個堆置過冬乾草的地方。堆置場的門那天是開著的，比爾就利用這個地形條件陷害佛利茲，讓他掉到那塊泥地上去。

我不記得第一回合誰當鬼，不過開始玩後沒多久，佛利茲就輪到當鬼。要抓佛利茲很容易，他像塊大木頭，不但步伐笨重，躲的時候也不高竿，所以他老是被抓到，常常連續幾次都由他當鬼。

比爾和佛利茲協議，讓佛利茲抓他當鬼，所以他們兩人可以站在同一陣線抓其他人。正好佛利茲已經連著四五次當鬼，感覺很厭煩了，所以他馬上滿心喜悅地同意這個提議。比爾還特別對佛利茲解釋，這麼一來他不僅可以和其他的人打成平手，也可以好好地要耍我們。佛利茲非常喜歡作弄人，他當然馬上答應了。

比爾告訴他我們全部都躲在穀倉最裡面角落的一堆稻草裡，他只要通過豬打滾的泥地，順著窄窄的走道就可以把大夥兒逼上死角一網打盡。他指點佛利茲爬到穀倉的樓上去，踮著腳尖往乾草棚的門走，一點都不能出聲。到門邊的時候要踮著腳往後站一點，才不會讓其他人看見，然後只要等他的信號就行了。比爾則將從另一邊繞過穀倉，把我們全都趕出來，然後發個信號給佛利茲，他只要往下跳就成了。

佛利茲愛死了這個點子。他爬到穀倉的樓上去，把身體靠貼在乾草棚的門上等著。比爾繞過穀倉到達他告訴佛利茲我們會躲藏的角落，便高聲大喊他看到我們了。我們大夥當然沒躲在那裡，比爾卻拱著雙腳撞著地面，假裝有人在跑，然後叫佛利茲趕快跳。佛利茲從乾草棚的門上縱身直下，下一瞬間他已經掉在泥地裡。我們大家都躲在附近，看到這精采的一幕。

大夥開始拔腿就跑，希望在佛利茲翻臉之前趕快回家，免遭池魚之殃。比爾叫住大夥，一起把困在泥地裡的佛利茲拉出來，牽著全身裹一層黑泥的他回家，再找到麥肯洛依太太來帶他進去。沒有人毛遂自薦留下來幫忙，我們都怕佛利茲發現比爾存心捉弄他之後會失控，不知會怎樣報復我們。

儘管佛利茲喜歡逞強，他還算是本性不錯的孩子。事情過後，他開始對比爾崇拜得五體投地。那年冬天比爾經常帶佛利茲回家，由佛利茲幫比爾提煤炭，比爾則走在他的旁邊講故事。

比爾已不再是小男孩，他的童年時期差不多就在此時告一個段落。那年冬天母親發現比爾開始駝背，於是給比爾穿上鐵衣，這更快速導致他童年生活的終結。他沒有辦法在架住身體的鐵衣內玩一些猛烈打滾的遊戲，但他發覺他可以整天保持得乾乾淨淨地，不一定要弄得髒兮兮的也一樣可以很開心。他學著用閱讀、畫畫之類的活動來排遣自己。最重要的，是他發現艾絲特拉比較喜歡看他乾淨整齊的模樣，有她在旁邊聽他訴說，他更能侃侃而談。從那時候起，他越來越常去她家陪她，跟她聊天或聽她練習話劇裡的對白。艾絲特拉那時已是個優秀的鋼琴手——林達小姐是個音樂老師，每個女兒在她的教導下都彈了一手好琴，尤其艾絲特拉更是其中的佼佼者。

第十三章 輟學與第一份工作

我們的繪畫天賦源自外祖母，之後再由母親遺傳給比爾、我和笛恩，只有傑克是漏網之魚，沒有承襲到這個基因。比爾的寫作天賦則大概是曾祖父老上將的遺傳，老上將在世就是位知名的小說家，他的作品《曼菲斯的白玫瑰》（The White Rose of Memphis）是當時最暢銷的小說，其他作品還有《紅磚小教堂》（The Little Brick Church）、《快步漫遊歐洲》（Rapid Ramblings in Europe）和一齣在百老匯短暫上演過的話劇。一八五一年，他出版了第一本詩集。

外祖母是阿肯薩斯州人，小時候大家都叫她小史威福特（Swift），史威福特的表哥開了一家史威福特包裝公司（Swift Packing Company）。外祖母全家都是浸信會的教徒，外曾祖父又是死硬派，他認為任何沒有實體的創作(像畫圖)根本就是邪惡的化身。有一天他逮到外祖母在畫畫，於是沒收了她的畫和畫筆，並且不准她再碰這些東西。

外祖母有一個屬於自己的黑僕，她的變通方法就是帶了一大袋畫畫的用品，要黑僕在靠近她家的湖上把船划向湖中央去，她自己就坐在船上，漂在湖的中央畫圖。船離岸邊有一大段距離，別人不太看得清楚她在做什麼。

外祖母在一八九〇年得到一份前往義大利修習雕塑課程的獎學金，但是因為必需留在家裡照顧母親而放棄了。事實上是母親反過來要照顧她，那時舅舅雪烏德（Sherwood）已經結婚，有自己的家要照顧，外祖父又拋棄了她，母親因此必需休學(她那時在密西西比女子州立大學唸書)，放棄正在研習的藝術課程，轉而學習速記以便賺一點錢來養她。

我們仍保有一、二幅外祖母的畫，和一尊她用廚房的肥皂刻出來的黑人小男孩釣魚像。她們那時住在泰克薩康納（Texarkana），母親在那兒找到一份秘書的工作，外祖母負責整理家務。母親有一次上班時外祖母正在水槽邊洗碗，等她中午回來吃午飯，卻看見外祖母坐在水槽邊捏著一個小黑人的像，家裡沒有午餐吃，早上的碗盤也沒有洗。原來外祖母早上準備要洗碗的時候把肥皂丟進水裡面，肥皂意外變軟了，她索性坐在水槽邊捏人像，直到母親那天中午回到家，她都沒有站起來過。

我們至今仍保留著外祖母畫的一幅小小的、襯在絨布上的畫。有人付了七十五分錢請她畫那幅畫，但是一直沒有來拿回去。

比爾黑白素描的作品在歐密斯年鑑的青少年版登載過，小弟笛恩也是個藝術家，還曾修習過一門商業藝術的課程。第一次世界大戰結束後，比爾買了一架飛機，笛恩的興趣就此轉移到飛行上，甚至還跑到曼菲斯去學開飛機，自此沒再作過畫。後來一個學生在飛行訓練時碰到他駕駛的飛機，他的飛機在空中像陀螺般打圈後墜地。那是一九三五年，從此我們再也無從估量笛恩在藝術方面會有多大的發展。

母親是外祖母唯一的依靠，父親向她求婚的時候，她惟一的條件是父親必須幫忙照顧外祖母，父親也同意了。兩人在一八九六年結婚，外祖母終其一生都和我們住在一起。她去世時，比爾、傑克和我都不太清楚外祖母發生了什麼事，她從不讓我們看她痛苦的樣子。我們只知道最後一天我們不准進她的房間，然後她就被送往墓園裡去了。

笛恩是在外祖母去世後出生的，所以對外祖母沒有任何印象。但是比爾、傑克（尤其是傑克）和我都無法忘記她對待我們的無比耐心、慈祥和溫柔。我的腦海裡總是呈現她小小的身軀，穿著黑色的洋裝，在星期天趕著上教堂的一幕。她上教堂從不缺席，而且每次都走路去。父親不會吝嗇到不肯派輛馬車送她一程，可是她就是不肯讓父親送她，不曉得是否走路比較符合她信奉的教義，還是因為父親已經供她吃住，她希望可以減輕父親的負擔。以我對外祖母的了解，後者的可能性比較大。

比爾穿鐵衣、戴眼鏡的那一段期間變得越來越愛乾淨，對外表注重得不得了，大家因此給他取了個小名，這個小名跟了他一輩子。比爾愛乾淨的習慣中唯一的特例是他的外套，他捨不得丟掉任一件外套，穿破了還用皮塊補釘縫起來，車線就這樣稀稀落落地掛在外套磨破的地方。我猜他一件外套也沒浪費過，更不可能白放著不穿。

我還記得他開始注意外表的初期對傑克和我玩了個花樣，花言巧語騙傑克和我做了一天的白工。我們可是在工作全部完成以後，才發現比爾甚至連手都沒抬過。

那時我們還住南街，只是搬到對面和祖父比鄰而居。父親經營的五金行，旁邊緊鄰著一座倉庫。因為某種因素，父親決定把一台車的排水管放在家裡的空地上。他有一輛運貨馬車，司機艾藍（Elam）一趟一趟地拉著排水管堆到穀倉外的牆邊，排水管堆得比人還高。後來父親又覺得排水管應該要堆到圍籬邊去，這次他叫比爾、傑克和我去搬。

做這件差事花掉我們大半天的時間，做完回到屋裡後，母親馬上叫大家看看傑克和我。我們看起來像在每根排水管上滾過似地髒得不得了，比爾卻乾淨得可以用一塵不染來形容，身上一絲絲髒痕都找不到，甚至連汗都沒流。傑克和我思索了一下，才恍然大悟他一點事都沒做，連一根管子都沒碰過，所有事都是我們倆做的。不過事情都已經發生了，我們現在發作也無濟於事了。

比爾在這之前剛認識了一個從華特威利（Water Valley）搬來，名叫萊爾夫・馬其特（Ralph Market）的朋友，他的父親是鐵路局的工程師。當時父親剛賣掉馬車出租的生意，並標到標準煤油公司（Standard Oil）的代理權。鄉間每家雜貨店都賣煤油，父親於是必需準備一輛車上架著大口缸的馬車來幫忙送貨。這隻大缸可以容納五百加侖的煤油，父親的黑僕每個星期要趕著到各地去繞一趟補貨，一去就是一整天，我們也曾特別撥出時間和他們走了一趟。

煤油是經鐵路送到牛津的，所以父親的辦公室設在鐵軌旁的卸貨區，辦公室後面就是好幾個大型的煤油貯存槽。父親在鐵路局上班的時候，認識了一些常常開火車經過牛津的技師，其中一位就是約翰・馬其特（John Market）先生，他時常讓我們跟著他坐火車一起上班，稍稍滿足我們對火車的憧憬。有一次約翰從華特威利帶著兒子萊爾夫一起來，萊爾夫在駕駛室裡和比爾會了面，約翰先生便讓他們開著火車轉向走回程。

萊爾夫那天晚上和我們住在一起，隔天比爾再跟他到他家去。隔天他們倆和約翰先生一起坐在駕駛室裡駕著火車走回程，約翰放手讓他們倆一路開回華特威利。從那時候起，萊爾夫偶爾就會跑來找比爾一同開火車回華特威利，就這樣度過好幾個年頭。有時候傑克和我會跑到火車保養場，約翰先生知道我們是福克納家的小孩後，也會讓我們坐進駕駛室裡跟他一起在火車調度場迴轉。我不記得他讓我們碰過他的方向盤，更別提像比爾和萊爾夫一樣真能動手開火車。父親這時候還沒有開始做煤油代理，他代理煤油是在開五金店的前二年，用賣掉房子的錢成立煤油代理公司，我們因此才搬到對街去租房子住。

差不多是這個期間商業農會銀行（The Merchants and Farmers Bank）宣佈破產，祖父於是成立了自己的第一國際銀行（The First National Bank），這家銀行至今仍在牛津營業，比爾一度也在這家銀行做事。

牛津的另一家銀行是牛津銀行（The Bank of Oxford），由史東將軍經營。他和祖父一輩子唱反調，也因此祖父對商業農會銀行的印象較好。商業農會銀行宣佈破產後，祖父依然不願意把錢存到史東將軍的銀行裡去，所以他只好賣掉一些股票，把所有的錢投進去成立另一家銀行。

牛津人都知道祖父耳聾這件事，有些想向祖父的銀行借錢的人，因此轉而成為史東將軍的銀行客戶，銀行後來便將祖父擠出董事局。祖父對此非常不滿，決定把存在自己銀行的錢領出來存到牛津銀行去。終其一生，他從沒原諒第一國際銀行這種不義的行為，他的錢一直只存在牛津銀行裡。

比爾那時已經上高中。他十年級前的學校成績一直名列前茅，十年級後卻突然對學校的教育再也提不起興趣，他的正式教育生涯也在此劃上休止符。

比爾剛上高中的兩年內都是表現突出的運動選手，他打棒球(在棒球隊裡當投手)，也踢橄欖球(打四分後衛)，後來成為頂尖的網球選手（我們家前院就有一個網球場），甚至是打高爾夫球的能手。他在大學裡的舊高爾夫球場打球時，曾經創下一桿進洞的記錄。

我們曾和郝利・史賓的橄欖球隊比賽過一次，比爾打的正是四分後衛。麥克丹尼爾（Mc Daniel）一家從龐托塔克搬到鎮上來，以便他們的小孩將來能在這裡的高中和大學就讀。他家老大叫班哲明（Benjamin），小名叫班尼（Benny），但我們另給他取了個小名叫病貓，因為他老是一副病奄奄的樣子。他的弟弟後來也被叫病貓，不過班尼才是第一隻病貓。病貓是個傳統的鄉下男孩，瘦得像支竹竿，身上到處都是曾在農場做過粗活留下的痕跡。他並不高，但是手臂卻是我所見過最長的。他有很大的抱負，後來在歐密斯唸醫學院。

病貓在高中最後一年和歐密斯唸書期間都踢橄欖球。他的手臂超長卻不靈活，傳球給他就像傳球給一個裝了義肢的人，就算球正好飛向他的手臂，結果也只是向外彈開而已。

我們從不把球傳給他，但當對方球員想要越過他的防衛線時，我曾看過他雙臂橫張衝往後衛區，一次槓倒四個人，連拿球的球員也在倒霉之列。有了這次經驗後，對方球隊打球時乾脆儘量避開他的守衛區。

在我的印象裡病貓只接過一次球，就是剛剛我提到的同一天，我隊對抗郝利・史賓隊。比爾當時仍沒有傳球給他，但郝利・史賓隊有人踢出了球，被他中途攔截到。

那時病貓一看有機可趁，郝利・史賓隊二分衛又往他這邊抄來，他因此拼命地殺出敵陣，跑出重圍，追著已經傳往郝利・史賓球員手中的球跑到另一半的球場。球從球員的上空飛過，一股腦地掉在病貓的手臂窩裡。一切進行得相當順利，美中不足的是病貓當時跑的方向是往郝利・史賓隊球門的方向，而且他自己卻沒發現，不管三七二十一地繼續往前跑。

我們全隊開始緊張大吼，叫病貓趕快掉頭往自己的球門跑。病貓沒有聽到，八成是因為好不容易接到球樂昏了頭。比爾當時是球門守衛，是病貓和郝利・史賓球門之間唯一的球員。他看情勢不對，趕緊把病貓絆倒，免得他一路替別人把球帶進球門。

我們贏了那場比賽，全隊人都褒揚比爾及時阻止了病貓。比爾就是在這個球場上撞斷了鼻子，鼻樑上永遠留下一處凸起。

比爾唸完高中二年級後就不再上學了，父母為此非常不悅，但也無法逼他。他們明白如果比爾決意如此，他們再怎麼勉強也沒用。還好菲爾・史東在往後的兩年間成了指導比爾唸書的良師。

菲爾是耶魯（Yale）大學的研究生，我們社區裡唯一能上那種名校唸書的人。他在他父親創設的史東家族（James Stone and Sons）法律事務所當律師，創設人之一的史東先生有個兒子叫傑克，住在靠近三角洲的查爾斯頓，比爾經常去拜訪他。

史東家有一輛七人座的史都別克（Studebaker）旅行車，菲爾本來裝了滿滿一車書準備給比爾看，後來乾脆把車也給他開。比爾於是每天開車往鄉間裡去，找到了一處僻靜的地方把車停好，便在那裡看起書來，一看就是整整一天。他這樣學會了法文，後來甚至在大學裡教起法文。菲爾的指導讓比爾獲益良多，母親從小刻意培養我們的閱讀興趣，也因他而做了更好的整合，大概也因為這個緣故，母親才開始接受比爾不上學的事實。菲爾為比爾挑的書就差不多是她會給比爾挑的，比爾讀過柏拉圖（Plato）、蘇格拉底（Socrates）、希臘史詩、羅馬史詩、莎士比亞（Shakespeare）之外，也遍讀其他英國作家的作品，以及法國和德國的古典文學。

一九一六年比爾十九歲，父親去找祖父商量比爾的未來，祖父安排他在銀行做事。那一年比爾非常快樂，他起勁地做著他的工作，和艾絲特拉的戀情也一帆風順，讓他認為一份工作、一個太太、一個家也許就是他的未來吧。

也是從這個時候開始，比爾喜歡上極華麗的服飾。他現在每個月都有固定的收入，他把其中一大半都花在打扮上。如果流行緊身長褲，他一定把自己的褲子改得更緊一些；外套流行短的，他一定把自己的改得更短。因為艾絲特拉經常出現在大學辦的舞會裡，他因此開始向那裡進軍。

他甚至為自己買了一套正式場合的晚禮服。那時大部份的學生穿的晚禮服都還是向艾德・比藍德的西裝店(Ed Beanland's Taylor Shop)租的，可是比爾一定要用買的，這也是比爾會有個「公爵」外號的原因。

那時只有二種品牌的西裝有現貨供應，一家是史單普拉斯，一家是郝特・馬克斯。史單普拉斯的西裝標價十七塊錢五十分，晚禮服標價二十五塊；郝特・馬克斯一套西裝的標價二十五塊錢，所以我們當然穿史單普拉斯牌的西裝。

母親經手改過的衣服看起來就像訂做的一樣，比爾因此經常請母親幫他改衣服。比爾也在曼菲斯的菲爾・海利的店（Phil A. Halle´s）開了一個信用帳戶，每隔一段時間和他們結清帳款。菲爾・海利去世後，比爾把店裡所有的衣服全買了下來。

比爾還在銀行上班的那一段時間，曾付了十二塊半向菲爾・海利買了一雙強斯頓・莫菲斯牌的鞋子。那時我們都還穿三塊錢一雙的鞋子，十二塊半的價錢簡直是天價。比爾在第一次世界大戰期間出遠門從軍，我撿了他那些鞋子穿，一直到把它們全穿壞為止。

比爾和我的體型相差不遠，偶爾會借他的衣服或晚禮服給我。我後來長得比他高壯，穿不下他的衣服後，心理一直可惜不能再借他的衣服風騷一下。我的衣服沒有一件比得過比爾的質料，更沒有他的體面。除了鞋子之外，我也不認為那些衣服值得他花那麼多錢去買。他一向告訴我，只有肯花錢買最貴的鞋子，才能買到最好的。

記得有一次比爾買了一套西裝，馬上帶回家請母親幫他把褲管改窄一點。母親改過以後，他覺得還不夠窄，又再改了一次，褲子幾乎要貼在腿上了，他一定得先脫下鞋子褲管才能拉得過。這樣他還嫌不夠窄，還要母親再幫他改得更窄一點。

褲子終於順著比爾的意思改好了。我們冬天都穿高筒靴，褲子的褲管剛好緊套在靴子上頭。他穿上褲子後，整條褲子被肉繃擠得連摺痕都沒有，褲管往裡面摺過的車痕倒是清晰可見，他的膝蓋要彎一下還真不容易。

經常跟我們在一起的黑人席米認為比爾的穿著非常雅緻，只要比爾衣服穿舊了點，或是他穿膩了，席米就想馬上接手。他看到那套西裝後又開始纏著比爾，最後比爾不耐煩，乾脆把那套衣服賣給他。但後來席米反悔不肯要，因為褲子太窄他根本穿不下，他想把衣服退還給比爾，比爾卻不肯接受席米的退貨。後來席米告訴比爾他把西裝賣給艾斯基梅，艾斯基梅可以穿上褲子，但是穿上後就脫不下來了，他也就乾脆一直穿到褲子破掉為止。

在還沒賣掉那套西裝之前，有一次比爾和查理．克拉奇（Charlie Crouch）兩個人一道喝酒。查理在我們鎮上愛喝酒是出名的，每次一定得喝到爛醉如泥才肯罷休。還好他不會發酒瘋打人，所以每個人都還蠻喜歡他。那天晚上，比爾和查理一直在一起，隔天早上，我們才在上學途中遇到正要回家的比爾，頭上戴著昨晚才跟查理交換的帽子，一副很滑稽的模樣。

為了要搭配他的西裝，比爾的帽子帽緣非常地窄。查理的帽子有點像牛仔帽，黑色的帽頂高高地突出，帽緣寬寬的，比爾穿著那套西裝戴牛仔帽的模樣實在有夠好笑。傑克和我站到路邊去，在比爾經過時給他深深地一鞠躬。他連看都沒看我們一眼，嘴裡嘀咕著：「又玩這一套！」

接著我們走到鎮上，看到查理戴著比爾的帽子，走在廣場外圍的人行道上，頭低低地看著水溝。我們知道他在找什麼：他的牙齒。查理每次喝醉一定會吐，然後牙齒就不知去向，所以隔天早上你一定看到他沿著人行道邊走邊找他的牙齒。和往常一樣，查理外套的尾端一定被貼上一張小字條：「請踢我一下。」有些男生知道他又在找牙齒，便偷偷溜上前去貼在他的外套上，這種無聊事每次都有人愛做。傑克和我嗤嗤竊笑，往前走去。

查理的脾氣很好，我們老愛捉弄他，但他從來不生氣。我想他大概認為只要有酒喝，任何代價都是值得的。我們認識他那麼久，他是每喝必醉而且不醉不散。儘管他已經去世，我仍然衷心希望不管他在哪裡，依然能日日飲醉，隔天一大早到處去找牙。如果我在他的國度裡，也一定會幫他一起找。

我們鎮上還有其他幾個醉漢，每當看到他們，我們心裡總會升起一股憐惜之情。對我們而言，他們是老牛津鎮好時光的一部份，令我們回憶起第一次世界大戰前的好日子。我知道比爾對牛津和老查理都是這種情懷，查理對他來說不僅是酒伴而已。

大約這時候，比爾對繪畫的天份開始嶄露頭角，他創作的十二件一系列黑白素描被刊登在歐密斯的年鑑裡。但不久艾絲特拉另外交了一個男朋友，比爾的世界在剎時間粉碎，他從此沒再提過畫筆。

比爾年紀大一點之後曾經有再拿起畫筆的渴望，這時他就會跑去買水彩用品放在身邊，一陣子之後再拿去送給母親，他自己從來沒用過。

一九一八年的春天，艾絲特拉宣佈她和可尼爾．富蘭克林（Cornell Franklin）訂婚的喜訊。可尼爾的祖先來自密西西比的可倫布斯（Columbus），後來到菲律賓去經商，生意頗有起色。婚禮訂在六月，可尼爾一從歐密斯畢業後就馬上舉行，婚後他將帶艾絲特拉前往馬尼拉度蜜月，之後留在馬尼拉和叔叔一起經商。

當時在牛津沒有幾個人會開車，歐德罕有一部可爾．韋特（Cole Eight），他請我開這部車當新娘車，我也答應了。我開車送艾絲特拉去教堂，結婚典禮後又載他們回艾絲特拉家裡宴客。那天晚上我開車送他們到火車站，出發前往馬尼拉。

比爾實在無法留在牛津看艾絲特拉和別人出雙入對，於是離開牛津。菲爾在紐．海溫（New Hawen）幫比爾在書店裡找到了一份差事，書店是他一位朋友叫羅斯小姐（Miss Rawls）或羅林斯小姐（Miss Rawlings）開的，比爾把自己放逐到那裡去，遠遠地離開牛津這個傷心地。在那片陌生的土地上，他一定受了不少苦，他的世界頓時變得像井底之蛙那麼小。數著艾絲特拉結婚的日子，在她的婚禮舉行後，比爾毅然加入皇家飛行戰隊（The Royal Flying Corp.）。

我們四個兄弟一直鍾愛飛行，比爾先去美國辛格那飛隊（The U.S. Signal Corps.）應徵飛行員。當時全美的空軍都是辛格那飛行隊的支部，飛行員在領子上戴著雙旗交叉的徽章。辛格那飛行隊拒絕了比爾，理由是比爾連大學二年級都沒唸完。

當時英國飛行隊迫切需要人手，但比爾申請參加英國飛行隊的訓練課程時，卻因身高不夠而被拒絕。比爾氣得告訴他們他一定會找到別的飛行隊幫他進行飛行訓練，如果英國飛行隊不需要他，德國飛行隊一定會要他。他問部隊的人德國大使館怎麼走，皇家飛行隊的人馬上說：「等一下，請等幾分鐘。」比爾等在外面，那人進辦公室一會兒後便出來告訴他飛行隊要用他了。

他們送比爾去多倫多做坎那可斯（Canucks）戰機飛行的初級訓練課程，坎那可斯和訓練一般機師用的尖尼斯（Jennies）型戰機類似。結業後比爾繼續進行卡摩戰鬥機的飛行訓練，卡摩戰機是有史以來製造最粗糙的飛機，飛機仍用轉軸式引擊，而且左翻轉不能在低於三千英呎以下的高度進行。

比爾還未結束訓練課程前大戰便結束了，英國政府通知比爾和其他學員可以繼續完成課程，他們將有自己的飛機可以進行飛行實習，而且一定拿得到飛行軍官的資格。比爾和其他人都差幾個禮拜就可以結業了，所以大家都留了下來。

最後比爾拿到英國皇家飛行隊副官的資格，證書由喬治R. I.（George R. I.）簽署。我們住在學校宿舍時，比爾把證書裱起來掛在壁爐上方。

第十四章 重回校園

比爾還在紐．海溫時，傑克已經加入海軍陣營。英國飛行隊同意比爾入伍的同時，同意先放他假，讓他在正式報到前有時間回家鄉看看家人。學校畢業後，我隨即在馬斯可．蕭茲（Muscle Shoals）一家麵粉廠工作，比爾回家後，父母親和笛恩開車一路送他到麵粉廠來看我。

傑克和比爾入伍前，我早已離家加入陸軍陣營。雖然當時我只有十六歲，但我撒謊騙軍方我已經十八歲，而且父母都同意我入伍從軍。父母親發現我失蹤後，到處聯絡牛津的徵兵站，終於查到我的去處。父親告訴軍方我實際的年齡，並要求他們先監禁我，等著他來保人。

那個時候我在傑克森（Jackson），軍隊真的把我關起來，直到約翰叔叔的朋友艾爾斯登少校（Major General Hairston）來保釋我回家。後來我對父母親同意比爾和傑克從軍大發牢騷，等我要求到馬斯可・蕭茲的麵粉廠工作後，他們反倒很高興可以甩掉我一陣子。

很多牛津男孩都在那年夏天湧進那個廠工作，學校一位工友的兒子洛伊・道拿森（Roy Donaldson）也在麵粉廠裡做駐廠警察。父親一行人先見到洛伊，洛伊再幫他們找到我。

我是廠裡的計時員，那天我的頭往上一抬，突然就看到洛伊領著比爾走進廠內，比爾還對我眨了眨眼。我們一起走出廠外去看看坐在車子裡的父親、母親和笛恩，不久後便互相道別。

比爾偶爾會從加拿大寫信告訴我訓練營發生的一些趣事。他說他們有時會相約一起穿上自己的外套後站在蓮蓬頭下，一邊沖水一邊互相打肥皂刷對方的外套。外套那樣洗還蠻乾淨的，只是得花上兩三個禮拜才能晾得乾。他還寄給我一張他穿著後補軍官軍服的照片，後補軍官和正式軍官的軍服看起來差不多，較大的不同是候補軍官軍帽上的飾條是白色的。我對帽子上的飾條很有興趣，比爾於是寄了一條給我，我至今仍好好保存著。

他還告訴我常常給他們找麻煩的那個中士的下場。有一天晚上他們偷溜進他的營房裡，趁他還在熟睡的時候，把他裹在毯子裡丟到湖裡頭去了。

比爾在聖誕節前回到家，當時傑克與家裡已經失去聯絡很久，父母親快急瘋了。我們直到隔年的四月才接到傑克稍來的信，信是前一年十月三十一日寫的，他那時在聖・馬歇爾（Saint Michelle）加入香檳鎮的第二工程隊（Second Engineers）。在軍隊裡他中毒過，情況挺嚴重的，寫信時他已痊癒，正要整裝前往亞加尼（Argonne）。後來他又在亞加尼受傷，再跟家裡聯絡上已經是隔年四月的事了。

那一年的聖誕節，母親仍一往如昔地掛上一隻屬於傑克的襪子，聖誕夜過後也不肯拿掉它，更不准我們去碰。傑克次年五月回到家時已經接近深夜，母親才親自倒出襪子裡的禮物。那段時間裡，父親擔心得幾乎快崩潰，但母親一直安慰他：「老兄，你不要再嘀咕了好不好，他會回來的。」

有一段時間父親習慣在他五金行的桌子上放一張比爾的照片，並在照片旁插一支英國國旗；旁邊傑克的照片上，掛的當然是美國國旗。曾祖父在考朋士（Cowpens）和金斯山（Kings Mountain）曾和英軍對過陣，因此祖父一直頑固地認為英國是美國的敵人，他對比爾加入英國軍隊非常不高興，執意要父親拿掉比爾的照片、撤掉桌子上的英國國旗。父親當然不肯依他。

比爾在十二月二十三日搭乘南向的客用火車回家，預定早上十一點鐘抵達。他穿著英國軍官休假時穿的長褲，戴著山姆·布朗尼（Sam Browne）的腰帶，軍服上別著飛行訓練後受階的航空徽章走下了火車。他頭上戴的是只有海外服役的軍人才會戴的帽子，我們管它叫「洋帽」。制服的另一個配備是一支樹林裡散步時用的短杖，以及掛在他胳臂上的防水外套。

那件外套他一直穿到破了才扔掉，扔了後他又去買了一件幾乎一模一樣的外套來穿。比爾下半輩子幾乎只穿防水外套，對其他樣式的外套一概提不起興趣，我想他至少穿破半打以上的防水外套吧！

那天父親親自開車帶我們到火車站去接比爾，我們停在火車站附近，聽到火車鳴笛的聲音才下車，在月台上看著比爾一跛一跛地向我們走來。和比爾寒暄之後，我們擁著他上車，坐定後他才告訴我們發上了什麼事：一群畢業班的學生駕機出去慶祝結訓和受階，結果比爾的卡摩機飛回來時卡在機棚屋頂的中間，飛機的尾巴插在機棚外，還得勞駕他的伙伴拿來梯子讓比爾從機棚裡下機，才會不慎扭傷了腳。

鎮上的退伍軍人一看到比爾的軍裝和軍帽，都紛紛向他行禮致意。比爾的一身裝扮說明他在海外服役過，而他們對海外服役的軍人都特別尊敬。我當時只有十七歲，很喜歡和比爾漫步在廣場上，享受別人向他行禮的那種優越感。

比爾回家後，仍有一陣子天天穿軍服，一方面他是真的喜歡穿軍服，再者也是因為我已經在他服役期間把他和傑克的衣服都穿破了，他其實沒什麼衣服可以換。穿著英國的軍服，戴上飛行訓練結業的徽章，比爾就以這種挺拔的英姿和我出席了幾次牛津鎮上的勝利晚會。他也借軍服給我穿了幾次，我很喜歡自己的軍裝打扮。

四月份我們才有傑克的消息，他正在法國海瑞斯（Hyères）的一家醫院療養。五月他回到家裡，我們圍在傑克旁邊，看著他拆下聖誕襪，拿出裡面的禮物。母親堅信傑克一定會活著回來，她在聖誕節為他準備的禮物，也成為他一定能回來的象徵。那份禮物就放在客廳壁爐架上，早已成為我們生活的一部分。那個炎熱的五月天早上，傑克一邊拆禮物，我們一邊對他點頭微笑。

比爾、傑克和我本來就很親近，第一次世界大戰結束後那幾年，我們比平常更常聚在一起。

比爾最初寫的幾篇故事大約在一九一八至一九一九年冬天的時候面世，是一些關於飛行訓練營裡發生的事，多登載在牛津老鷹報上（The Oxford Eagle）。老鷹報是地方性的報紙，他們常把比爾的故事刊登在第一版。我記得我多麼喜歡讀那些故事，經常問比爾什麼時候再寫一篇新的，他總對我擠擠眼：「再看看吧！」

每次和比爾聊到寫作就沒完沒了，我們一起住在學校宿舍的時候，他經常把我叫到他房裡，把剛完成的故事拿給我看。我不知道老鷹報究竟有沒有付比爾稿酬，但不管怎麼說，他們讓比爾的故事真正付梓了，而且還是刊登在頭版。

大約此時，比爾買了返鄉後的第一件便服，是在曼菲斯的海利商店陳列的一件運動外套。這是我第一次看到運動外套，也是我看過的衣服裡最好看的。比爾從不肯借我試穿這件衣服，事實上，這件衣服幾乎不離他的身。

那件運動外套是用混色毛織斜紋軟呢料做的，有點煙灰色，無肩縫的衣袖在手臂後面打了摺，釦子是皮製的。比爾穿那件外套出席每種場合，他的高爾夫球裝就是那件外套搭配英國軍隊發的長褲，長褲在膝蓋窩有塊皮製的補釘，下面是母親親手為他編織的綠色高爾夫球襪。襪子用厚毛料織成，襪頭往下折後，穿起來剛好蓋在膝蓋下。

大學裡的高爾夫球場才剛蓋好。球場有沙丘果嶺，全部呈大小相同的方形。果嶺是平的，四面圍起來防止雨水沖掉沙子。

比爾發現打高爾夫球的主要竅門在左手肘一定要挺直，他因此自己用一條錫製的火爐管在球桿手握的地方加一塊手圈，以便發球後能在球桿彈到手肘後煞住球桿。他一直反覆練習，嘗試找到最好的發球姿勢，最後他甚至在外套手肘處剪了個洞。我看過他提著一桶練習球，一顆顆地從樹枝間的空隙練習發球，擊球之準令人咋舌。

有一天他在果嶺上露了一手一桿進洞，我們一直到走上果嶺後，才看到球已經在球洞裡。這個洞在一百三十二碼長的果嶺斜坡上，從發球點只能看到一支旗子，打者只能朝著旗子揮桿。球即使打上果嶺也看不到落點，因此必需親自走上果嶺尋找。

比爾把球放到球座上去揮桿，我們看著球直飛到果嶺的邊上落下，消失在果嶺斜坡的另一邊。接著我們一一發球後也走向果嶺，卻無法在斜坡上找到比爾的球，一走上果嶺，才看到球已經在球洞裡。

我們都在一桿進洞的卡片上簽名，讓比爾把卡片寄出去。過了沒多久，禮物不斷地寄回來：他收到十二個高爾夫球、一支刻著「一桿進洞」的煙斗，還有其它不勝枚舉的禮物。

那年夏天我們時常去打高爾夫球，至於比爾有沒有新作，我倒是一點印象都沒有。隔年秋天，他和傑克兩人進入大學就讀。

第一次世界大戰後，政府設計了一套榮民職業訓練課程，很多榮民在唸完高中後就入伍從軍，因此有特別的入學加分可以拿。雖然比爾和傑克都沒唸完高中，但他們可以以退伍軍人的資格申請大學。一九一九年，他們倆正式成為大學新鮮人，傑克唸法律，比爾唸美術。

比爾沒有上正規的學分課程，只挑他有興趣的課程唸，其中一科是法文。他的法文一定學得不錯，才能在後來一兩年裡徒步遊歐洲，還在巴黎住了一陣子，甚至短期在一家法文報社工作過。傑克也會說點法文，但是只限於相當基本的對話。他和比爾用法文對話的時候，二個人雞同鴨講，誰也聽不懂對方在說什麼。我不記得比爾在大學裡還修過哪些其它課程，他大概只唸了二、三個學期就休學了。

比爾得諾貝爾獎前不久，校方有人提案要頒發榮譽學位給比爾，但是被否決掉了。他得獎之後，原來投否決票的那些人又再提出這件案子來討論，其他人發言說：「真是可惜，如果我們現在才頒學位給他，可就真的太遲了！」

父親當時除了經營自己的生意外，也在大學裡擔任秘書，因此比爾在暑假裡有好幾個打工的機會。因為他曾當過木匠的助手，後來父親把他編入大學的粉刷隊裡，比爾還自告奮勇把自己綁在繩子上，粉刷法學院頂端的尖塔。母親知道後要求父親往後替比爾安排工作之前，一定要先徵得她的同意。

大約是一九二〇年的秋天，比爾升官做了郵局局長。大學的校園都有自己的郵局，規模不大，功能就只是方便教授和學生們投寄郵件而已。當時歐密斯大學約有六百位學生、三十五到四十位教授，所有教授和大部份學生都有自己的信箱，只有少數人需要郵件遞送的服務。

郵局的工作量不大，但比爾連這種情形下都沒能把小事做好。如果他正坐在椅子上看書報，就不會站起來招呼站在窗口的客人，他說他才不會花那麼大的勁兒招呼一個花二分錢買郵票的人。

喬治・錫利（George Healy）是紐奧良皮卡恩時報（Time-Picayune）的編輯，我們常和他及查理・唐森德（Charlie Townsend）利用晚間到校園去踢橄欖球。比爾曾借我十一塊錢買了個背面平坦的曼陀鈴，大學名譽校長的兒子布拉南・休姆（Brahnam Hume）則有一把夏威夷弦琴，平常我們把樂器放在郵局裡方便練習。布拉南和我也在主日學的棒球隊裡打球，非週末我們也練球，比爾常常乾脆關起郵局的門，跑去看我們打球。

一位教授寫了一份告狀書，說他只有自己到郵局後面的垃圾筒裡翻才能拿到郵件。他控訴比爾收下整袋的信件後就丟進垃圾筒，根本沒有花時間把信件一一發出去。另一個學生還說因為比爾很少把郵件分發到他的信箱裡，他每次開信箱都要吹一吹裡面厚厚的一層灰塵。這件事過沒多久，比爾就被炒了魷魚。

一九二〇年，秘密運作的大學兄弟會被抓到，比爾和傑克都是會員，他們和其他幾位會員乾脆自首，以保住另外兩個人的學位。

當時的密西西比州州長李・羅素（Lee Russell）年輕時每天從十三英哩外的圖拉（Tula）徒步到牛津上學，而且他平常還必需當侍者打工賺錢存學費。也因為如此，他沒有資格加入大學的兄弟會，這種不公平的待遇，讓他氣得暴跳如雷，發誓有一天他要當上密西西比州的州長，並且廢掉州裡大學所有的兄弟會組織。

他當了州長後，果真一步步地實踐他的誓言。大部份的兄弟會和女生聯誼會被發現後，先後被迫繳回分會設立許可證，只剩下可煙和恩也逸二個會仍秘密舉行聚會活動。

福克納家族一直都是恩也逸的成員，比爾和傑克當然也參加過。他們在鎮上各個會友的家裡輪流聚會：約翰叔叔家、祖父家、歐德將軍家、吉米・史東家、菲爾哥哥家。他們就是在菲爾哥哥家裡被抓的。

當時的榮譽校長是傑恩・包爾斯先生（J. N. Powers）。在休姆校長接任的那一年，他知道恩也逸會暗地秘密運作，便率人到集會地點去抓人。他找了一個學生在吉米・史東家的集會臥底，會後向他回報集會中有什麼人參與，並逐字逐句告訴他集會中大家說了些什麼。包爾斯校長說得很明白，他有証據可以勒令恩也逸的每一個成員退學，但是他想等到証據更充份後才打算這麼做。他承諾如果會員肯供出其他人的姓名，他就可以不予追究。

恩也逸又開了一次會，討論因應計劃。其他在法律學院或美術學院就讀的人都可以把目前修的學分轉到別的學校去，但史賓瑟・伍德和查理・湯森德是高年級醫學院學生，還有兩個禮拜就要畢業了，如果他們現在被勒令退學，勢必要全部重新來過。所以大家決議讓史賓瑟和查理做檢舉人，供出其他成員的名單。名單一位一位的供出，學生一個一個地跟著離開了學校，比爾和傑克也在名單之內。只有查理和史賓瑟留在學校裡，順利在六月間畢業。

次年密西西比校刊社來找比爾，商量如何讓聯誼會再度活躍，比爾想出創立藍鳥保險公司，承保學生課業不被當的業務這個點子。比爾和桑尼・貝爾（Sonny Bell）、路易斯・吉格斯（Louis Jiggets）三個人是董事長——事實上，公司也就只有他們三個人。

他們計算保費的方式，是依各個教授嚴格程度不同而定。有一位英文教授出奇嚴格，他那科的保險一塊錢要付九十分的保費。海明威法官（Hemingway）是法律學院的教務長，他的保費只要十分錢，運動員甚至只需繳五分錢。

海明威法官是歐密斯大學裡極力支持體能運動的教授，他對學生的要求不太嚴格，一個運動選手只要按時上課，課堂上不要打瞌睡，這一科就可以過關，所以每個運動選手都選修法律課。

比爾的公司只開了兩個星期，又被校方視為不法組織，校方甚至威脅要連密西西比校刊社都要一併廢掉。在密西西比A區和M區的校刊社原本已寄出設立申請表的許可證，當地行政單位一知道這件事，馬上停止一切相關的準備事宜，整件案子胎死腹中。

這件事之前，父親和海明威法官一直是很要好的朋友。比爾對海明威法官教學的評價，使他們倆的情誼觸了礁，倆人的交情差一點就此劃下休止符。還好母親和海明威太太一直是橋牌搭擋，兩位太太為了能在星期三下午一起打橋牌，技巧地撫平了雙方的不悅。

比爾擔任郵局局長時買了生平第一部車：福特T型（Ford Model T）車。其實他只買了車子的底盤，自己再在底盤上組造跑車的車身，之後全車再漆上黃色。車子總共花了比爾將近三百塊錢，比爾於是用他郵局的薪水抵押，向祖父的銀行貸款。

有一天晚上大夥兒吃過晚飯，正坐在陽台上休息。那時距比爾買車已經好幾個月，他忽然開口請父親借他一百二十五塊錢，讓他先清償部份銀行債款。我想父親肯借他錢的原因，大概是他對比爾居然能領那麼久死薪水蠻引以為傲的。郵局局長是比爾最後一份領薪水的工作，除了他後來寫電影劇本曾領過週薪外，他不曾再上過班。

那段時間比爾經常打高爾夫球，買車後他開始在車上裝了一皮箱衣服，載了高爾夫球桿便啟程往查爾斯登的傑克・史東家去度週末。他認為查爾斯登的鄉村俱樂部真的很棒，高爾夫球場比鎮上好得太多，再加上傑克先生慷慨地送了比爾一張貴賓卡，又同意讓他住在他家，比爾當然常往那裡跑。

俱樂部裡有位女孩（我猜可能是傑克先生的秘書）對比爾頗有好感，比爾經常會帶點禮物給她，每年聖誕節她一定送比爾一盒手帕，而且盒頂的一兩條手帕一定會繡上比爾名字的縮寫。比爾在聖誕節前六個星期便開始不安，他告訴母親那女孩這會兒一定又埋頭在手帕上繡他的名字。果真聖誕節到時，那盒手帕又按時送來了。

比爾為她做了一本詩集，詩集內容有十來頁，都是親手寫的。每頁的頁緣都有他親手用鉛筆素描的圖案，並用一片紫色的皮革做封面，把所有的詩篇裝訂在一起。比爾拿成品給我看的時候我愛不釋手，於是也給女友做了一本。

比爾一直開著那輛福特，一直到父親要把他的別克賣掉換大車，比爾才和父親換車，由父親把福特車賣掉。那輛別克有三人座的單排座位，車頂蓋可以像敞篷車一樣掀開，四個汽缸，深綠色的烤漆，後來比爾動手把車子改漆成白色的。

雖然比爾因緣不巧沒朝繪畫路上發展，但他一直都喜歡動手漆漆刷刷的。當時大學只有一部艾伯特(Albert)開的卡車可供使用，有一天父親要艾伯特把卡車開過來，說比爾可以幫他在兩邊的門上噴「密西西比大學」的字樣。

艾伯特把大學卡車開來之後，比爾也沒有事先量字體的大小，也不先做字樣的底稿，直接就拿起一小桶金箔油漆蹲到卡車旁，用母親的刷子在二扇門上寫字。作品完成後，看起來就是職業廣告人做出來的水準。

父親坐在陽台上，看著比爾從頭到尾沒花多少時間便完成一切工作。艾伯特駕車離去後，父親說了一句：「真不是蓋的！」

比爾接收別克車之後，便開始他的童軍之旅。牛津當時尚未聽說有童軍隊，所以比爾便自己組了一團。他當過童軍，深深知道沒有童軍生活的孩子們，生命中一定會錯過許多難得的體驗。

比爾很快將童軍隊集結成軍，他花很多時間和他的小童軍在一起，每週他們一定集會，教他們童軍手冊中的童軍守則，並帶他們健行到樹林裡，教他們野外的相關常識。

大學裡有位海德斯頓博士（Dr. Hedleston）就住在離牛津約三英哩的學院山莊（College Hill），他把自己農場池塘邊的場地提供給比爾和童軍們紮營搭帳篷。比爾經常用他的別克或其他找得到的交通工具載著孩子們去露營，有時候恰巧找不到別人可以幫忙，父親也會用他的新別克載整團人員到海德斯頓家的農場去。

不久前，比爾手下的一群童子軍（現在他們都已長大成人）告訴我，他們那時每次露營的高潮就在吃完晚餐後，大家坐在營火旁邊聽比爾講故事。那是比爾讓他們不作怪搗蛋的方式，只要有人不守規則，比爾就命令他晚餐後直接進帳篷，這麼一來，他就聽不到比爾的故事了。

比爾買了一套童子軍長的制服，孩子們要求比爾把飛行訓練徽章繡在那套制服上，比爾卻只肯把它繡在口袋上，他純粹是不想讓小朋友們失望而已。

曾有一位牧師在講道壇上對比爾酗酒的行為大肆批評。事實上，比爾是個相當自律的人，他喝酒的場合大部份都在自己家裡，而且絕少過量喝酒，也不會隱瞞他喝酒的事實。不管外面傳出什麼離譜的謠言，他從不出面否認或澄清，我想他根本不想理那些造謠的人。比爾不喜歡論人是非，他也希望別人能將心比心地尊重他，但一般人都喜歡三姑六婆地亂傳謠言，關於比爾酗酒的事就這樣被渲染開來。

我曾幾次和比爾一道喝過酒，他喝酒的情況較輕鬆隨和，通常不像我那麼挑剔。我通常在鎮上酒館喝酒，但比爾喝酒都在自己家裡頭。拿筆桿的人一定有放下筆的時候，比爾寫完一篇小說或完成一本書時，就有一點自己的時間想放輕鬆做些其它事。

比爾有時會假裝醉酒，事實上他一點也沒事。寫作人大部分時間都得生活在他的幻想世界裡，對他而言，那個世界比他生活的世界更真實。他和他小說中的角色住在一起、成為他們的一員，即使需要經常變換扮演的角色，對他也是易如反掌的事。

我常認為比爾可能是發現了自己的表演天份後，才故意假裝喝醉，好讓別人招呼他。好幾次我已經到農場去工作了，母親還特地來叫我回家料理一下神智不清的比爾。我一進房裡檢查瓶裡剩下的酒，就知道比爾喝下的酒精不足以讓他醉成那副德行。

這種情況下，他通常是先喝個兩三杯，接著倒到床上去木然地瞪著天花板，然後就會有人來搖醒他。他會趁機要求一份特別準備的餐點，只要有人餵他，他就會乖乖地吃。餵他的人一走開，他又會開始瞪著天花板。

每天的現實生活過得煩透時，他就偷偷溜進自己幻想的世界。有時候他會故意喝它個一兩杯假裝喝醉，讓自己有藉口停下手邊的工作。寫作是件頗費勁又很花時間的事，從事寫作花掉的精力，就像生重病被熬得神魂乾枯一樣，所以作家通常會千思百計地找點藉口，好讓自己有時間喘口氣。

我想如果不是作家骨子裡的創作蟲押著他一直寫下去，他大概連提筆都沒興趣。創作靈感通常會一直煩擾著作家，讓人不得安寧，逼得你非得坐下來寫不可。但沒有人可以醉醺醺地寫作，所以比爾會故意淺酌一下，給自己找個藉口暫停他的工作。

有一次艾絲特拉打電話給母親，告訴母親比爾喝得醉醺醺地，她真的拿他沒輒。母親去看比爾，整整兩天的時間，她不斷地餵比爾喝冰茶。一開始茶裡還加一點威士忌，然後威士忌的分量越來越少，到後來只餵比爾喝純茶。最後的十二小時內，比爾就只是不斷地喝茶。母親知道那麼長的時間後，比爾差不多應該酒醒了，所以她拉了一張椅子坐到他的床邊去。

「比利，你是不是該起床工作了?已經休息夠了吧?」她問比爾。

「我起不來，」比爾喃喃地說著。「我喝醉了。」

「如果你真的醉了，你是喝冰茶醉的，」母親這樣說。「你已經足足喝了十二個小時的冰茶了。」

比爾原本瞪著天花板的眼睛移到母親的身上，然後他在床緣坐了起來，用愉快的語調說：「好吧，我想我該起來做點事了。」

他還真的就起床了。

我的意思並不是說比爾從來不喝醉酒。他喜歡喝幾杯，喝起來一杯比一杯更香醇，有時就這樣喝過量了。偶爾他也會發酒瘋哭鬧一下，但比爾如果真像傳言般酗酒無度，他不可能還能夠完成那麼多作品。

比爾有一件與威士忌相關的趣事，發生在一月的某個夜晚。當時溫度計上顯示氣溫是華氏三十多度（攝氏不到五度），外面下著毛毛雨。

菲利斯・林達(Felix Linder，比爾的醫生兼密友)說那天晚上，他突然被敲門聲吵醒。夜已深，壁爐裡的火奄奄一息的，屋子裡很冷，他的房間更冷。他看了看床邊的鐘，指針指著深夜兩點半。

他又拉回棉被緊緊地裹在身上，決定不理會那個敲門聲。但敲門聲不斷地響起，他只得起床，去前門看個究竟。站在門外的是比爾，他身上穿了一條短褲，全身溼漉漉地，顯然剛走了四分之一英哩的路，冒雨從自己家來找他。

「菲利斯，你還有沒有威士忌？」比爾問道。

菲利斯想了一下。「有，」他說。「我大概還有半瓶。」

「可不可以把那半瓶給我？」

「當然沒問題。先進來再說吧。」

「我整身都是溼的，」比爾說。「會把你的地弄溼的。」

菲利斯把比爾留在門口，逕自回屋子裡拿出那半瓶威士忌，遞給比爾。「你不需要一支雨傘、外套或隨便什麼可以遮雨的東西？」

「不必了，」比爾回答。「反正我也已經全溼了。」

比爾轉身，菲利斯看著他穿過院子，朝自己家的方向走回去。然後他回到臥室，鑽進被窩裡。

幾分鐘後，又有人來敲門。他起床去應門，站在門外的比爾看起來比剛才更溼，手上還拿著那半瓶威士忌。「你有沒有一個袋子可以讓我裝這半瓶威士忌提回家？」比爾問。

菲利斯拿了一個袋子給他，比爾把威士忌放進去後，才真正提著離開了。

另一件事發生在夏天，比爾那天和笛恩逗留在曼菲斯的機場閒晃，他剛飛行回來，笛恩也已經交代好例行的飛行任務。正是太陽下山的時間，大夥剛剛收工，結束忙碌的一天。

他們把飛機推到機棚裡去，然後走出來坐在滑動樓梯和機棚之間約三英呎寬的長草坪上。草坪上有一片擋風牆，一直延伸到機場邊的盡頭。他們靠在擋風牆上並排坐著，中間放著一瓶威士忌。

幾杯黃湯下肚後，笛恩開始脫掉鞋子。不管在任何地點或任何狀況下，笛思都習慣把鞋子脫下來。笛恩參加過歐密斯的棒球隊，夏天時也在鎮上自組的棒球隊裡打球，甚至在附近的城鎮或公家組的棒球隊裡都參一腳。每次只要球賽打熱了，他就會脫掉他的鞋子。有時候他會玩玩襪子裡的腳丫子，不過通常他都是連襪子也一起脫掉。天氣暖和時，他就只光著腳丫子打高爾夫球，而且幾乎每次都打赤腳回家。

那天他又在機場脫掉鞋子，比爾也一樣打著赤腳。時間差不多是美國航空（American Airlines）傍晚那班飛機降落的時間，他們坐在那裡看著飛機出現在天空，然後看著它著陸滑行。

坐著坐著，他們都覺得有點餓了，於是決定進城去吃點東西。他們帶著那瓶威士忌去到鎮上，把車停在第二街上皮鮑第旅館附近的停車場裡，準備晚上就在皮鮑第用餐。下車後，他們手裡拿著威士忌酒瓶就往街尾走，身上還是那副打赤腳捲袖子，粗活工人剛下工的模樣。他們在第二街和友聯街口轉入友聯街，順著街尾的方向走向兩條街的中間的皮鮑第。

突然間，笛恩停下腳步，站在人行道上說：「皮鮑第旅館不會讓我們帶威士忌進去的。」

「進去之前先把它藏起來不就得了，」比爾回答他。

他們開始找一個藏酒的地方。

旅館入口附近的暗角或路旁的電線桿旁都算合適，但比爾不贊成把威士忌藏在這兩個地方，他認為地方太暗了，待會兒搞不好連自己都找不到原來藏酒的地點。最後他們決定把威士忌藏在第二街和友聯街十字路口的那盞路燈下。

那裡的照明不錯，半公尺遠就可以看到威士忌酒瓶。比爾認為那裡不會妨礙到別人，也比較安全，因為沒有人會開車直接從路燈下面通過，而且通常交通流量也都往另外一邊去。放好酒瓶之後，他們便到皮鮑第去用晚餐。

我很懷疑他們穿成這樣，怎麼可能被允許進去用餐。也許餐廳的人認識比爾吧！

另一次也是在曼菲斯，比爾也是光腳、沒有穿西裝和外套，便到鎮南的一家賭場去，結果當然又是被擋在門外。賭場的主人被請了出來，一看是比爾，馬上把自己的外套和領帶脫下來借給他，比爾才能順利地進賭場去。不過他還是打赤腳進去的，因為賭場的入場規定從沒寫到要著鞋子和襪子。

牧師竭盡所能地收集比爾喝酒的糗事，作為他在講壇上批評的材料。他向鎮上的人鼓吹比爾不夠資格做童子軍長，應該馬上撤他的職。也約在這個時候，比爾在鎮上主教派教堂裡發起訂定男童軍活動日的提議。比爾的童軍團要求他唸童軍守則給他們聽，比爾順大家的意照做。那天他的童軍團每個人都出席，比爾穿了長袍站在講壇上唸守則。有些上牧師主日學課程的小孩也是比爾手下的童子軍，那天也全部出席去聽比爾唸童軍守則，或許牧師正是為此對比爾懷恨在心。

牧師後來真的如願撤掉比爾童子軍長的職位，比爾不得不放棄辛苦經營的童軍團。牧師認為他只是克盡職守，但即使他不費吹灰之力馬上找到頂替比爾的人選，此舉仍讓男童軍團就此解散，在鎮上消失了好幾年。

這件事過後不久，比爾在郵局被炒了魷魚，他也真正開始用心寫作。他出版的第一本書是詩選，叫《大理石牧神》（The Marble Faun），由菲爾・史東出錢讓這本書付梓，總共印了一千本，不過我懷疑有沒有賣掉五十本。剩下的書連外箱都沒拆，菲爾直接把它們原封不動堆到老家閣樓上放著，就在往卡利基・希爾（College Hill）路上的鐵軌對面。

當比爾其它的作品陸續出版，並且逐漸受到大家的青睞後，很多人開始打聽比爾其他的出版品。他們發現比爾寫過《大理石牧神》，便極力在市面上尋找這本詩集的蹤跡，一本叫價到七十塊錢。後來史東的舊家被燒毀，堆積在閣樓裡的書也跟著付之一炬，菲爾在那場大火裡損失了約九百五十本書。不過他也救出了十來本書吧，其中一本最近在紐約的拍賣會上以六百元的高價成交。

菲爾·史東和母親一開始就對比爾很有信心，沒有人曾像菲爾那樣大力提攜、幫助比爾。如果他真的想把救出來的十來本詩集拿出來拍賣，我真心希望他能賣到最好的價錢。

第十五章 在文壇嶄露頭角

比爾被郵局炒魷魚後，父親在校園裡幫他多找了些零工做，其中有一份工作是在發電廠裡看管燒熱水鍋爐的爐火。比爾說他在那裡寫了他最棒的作品《當我躺著等死》（As I Lay Dying）。對他而言，那是一個絕佳的寫作環境，暖和、安靜、不受打擾。他利用每次鏟煤炭進鍋爐的空檔寫作，聽著那台大型舊發電機發出來的低沉聲音，感覺既舒暢又安全。

不久比爾到了紐奧良，在那裡寫了《蚊子》（Mosquitoes）這本書。這本書寫得並不算很好，但卻是自馬克吐溫（Mark Twain）以來牛皮吹得最大的一本書，尤其是關於羊和空威士忌瓶的那一段。

羅克．布萊德福特（Roark Bradford）是皮卡恩時報（Times - Picayune）的專

欄主編，他以每週十塊錢的價碼請比爾撰稿，發表於報上的專欄版裡。通常他固定每週把錢先交給比爾，讓他在寫稿之際生活能有個著落。

比爾替布萊德寫了許多文章，其中一篇是他寫過的故事中最令人咋舌的。故事寫一個黑人想盡辦法要回到非洲，卻弄錯方向，順了密西西比河往大西洋去。就在他划船渡河後，他殺死一隻在非洲被視為危險的野牛，結果自己反而被牛主人殺掉了。

比爾接下來把《撒特雷斯》（Sartoris）賣給郝柯特（Harcourt），這本書裡大部份的故事都取材自家族中發生的事。他拿了郝柯特的訂金後，決定先到歐洲進行一趟徒步旅行，以貨輪侍者的身份從紐奧良上船到義大利，再翻越阿爾卑斯山進入法國，並在一家法國報社找到工作。後來當他知道自己又賣掉一本書，也拿到和上一本書同樣數目的訂金後，他馬上辭掉工作到倫敦待了好幾個禮拜，然後取道倫敦回家。

比爾這次沒有打工，不過還是窩在最便宜的船艙裡，蓄了滿臉鬍子，橫越大西洋回來，身上都是船艙的臭味。他一進門，母親忍不住說：「拜託！比利，先去洗澡吧！」

比爾從歐洲回來時，我們全家都住在大學提供給父親的宿舍裡。我那時已經結婚，但還一邊在上學，和父親、母親、太太和第一個兒子吉米住在一起。其實本來我已經和朋友計劃一起到德州達拉斯一個大盤雜貨商處工作，但父親捨不得他的寶貝孫子，所以說服我留在牛津繼續唸書。

我們住在樓上比爾房間的對面。那時傑克已經離家多年，在聯邦調查局做事，笛恩則還在上學，住在家裡。

比爾回家一年內寫的故事多是短篇的。他知道我很喜歡《撒特雷斯》那本書，更喜歡他所寫一些天方夜譚式的故事，所以他每寫好一篇小說，一定會先叫我去他房裡讀一讀。我記得最清楚的是其中二篇故事，比爾坐在一旁抽著煙斗，等我看完故事後發表評語：第一篇是關於蘇格蘭人麥克・雷格林斯比斯（Mac. Wriglingthbeath）（差不多就這個音吧，那個名字挺難唸的），他把自己關在戰機裡，天真地認為這樣他就有資格做飛行員，領到薪餉。第二則故事叫《轉一下》（Turn About）。

有一回比爾叫我進他房裡，當時衣櫥門正好開著，他站在衣櫥前，在門上釘的一張紙條上寫東西。我湊上前去，從肩後瞄瞄他在做什麼：他在檢查幾篇已經寄出去的作品記錄。

比爾在衣櫥門後面釘著一張打字紙，紙上畫著好幾個欄框，框裡畫著一條條像帳冊簿裡的橫線，最左邊的那個框裡寫著每篇故事的名字。剩下的頁面一個大框分成二欄，框的最上方寫著投稿單位的名字——郵報、卡利兒、大西洋月刊、史開伯拿等等。他每寄一篇稿件給報社，便把寄出的日期記在框內左邊的欄位；稿件被退回來時，把退回的日期寫在右邊。他用這種方式避免把同一篇故事重覆投稿到同一個單位。

那一張紙已經幾乎寫滿了，看起來他起碼已經寫了五、六十篇故事寄出去。《避風港》（Sanctuary）刊登出來後，郵報寫信向比爾道歉，請比爾不要對社方曾退過他稿件一事耿耿於懷。他們向比爾保證，只要比爾願意再投稿，他們一定把稿件放在他指定的版面上，並且願意以一千塊的價錢購買一篇文章。比爾收信後，陸續寄給他們六十篇文章！

比爾在家寫短篇故事的空檔又開始出門打獵，史東將軍邀他到密西西比三角洲貝茲菲爾附近的狩獵小屋打鹿和獵熊。貝茲菲爾離牛津只有三十英哩，但是跋踄到那裡約需走一百五十英哩的路，再換上二次的火車後才能到達。那裏的路面都還未鋪設好，冬天甚至沒辦法開車到達。

獵人先搭火車到貝茲維爾的火車站，然後改乘一輛滿載補給品的車到狩獵小屋去。補給車通常在一星期前就上路，廚師老艾德（Old Add）和他的助手可提斯跟著補給車先到營地去把東西安排就緒，再趕回貝茲菲爾火車站去等打獵專車進站。

笛恩對狩獵的酷愛，更甚於我們家族中任一個人。從高中開始，他就常利用下課後的一點時間匆忙帶狗出去打獵，有時候到天色全暗才肯回家。我看過他用點二二的槍打中一隻鵪鶉的翅膀，不過他倒沒有「獵」過松鼠，他通常直接一槍打在松鼠的腳上，讓松鼠失去平衡掉到樹下，笛恩再用他來福槍的槍背弄斷松鼠的脖子，他說這種方式讓松鼠肉不致因接觸子彈而破壞味道。

比爾要出門打熊獵鹿，笛恩當然很有興趣。他煩著比爾，要比爾告訴他都用什麼槍。比爾說他通常用來福槍獵鹿。笛恩又纏著問用什麼槍打熊，比爾說他如果在樹林裡遇到熊，他才不想浪費時間先丟掉槍才能拔腿逃命。

比爾幾篇最好的短篇小說都取材自這些打獵的經歷，《熊》是其中的一篇。另一篇是有關一位印地安人約翰・百斯吉特（John Basket）和那個打嗝小男孩的故事（那個小男孩就是比爾）。他們必需要帶小男孩回貝茲菲爾鎮上，才能找到人幫他停止打嗝。

比爾住在家裡的期間每年一定去打獵，他順著林木被砍伐的路線往裡深入，最後一次的打獵之旅更深入到雅族城（Yazoo City）附近還未遭受破壞的三角洲，情節就跟《三角洲的秋天》（Delta Autumn）裡描述的艾克・麥考斯林（Ike Mccaslin）

打獵之旅差不多。

比爾曾為了獵一隻雄鹿而弄得滿身是血，也曾獵殺過一頭熊。雖然他把自己的打獵功夫發揮得淋漓盡致，但因為他是個寫作的人，鎮上的人難免以一種異樣的眼光看待他，其他的獵人甚至懷疑他們能否和比爾相處，但很快地，他們發現情況跟預想的完全不同。

對比爾而言，他只要可以加入打獵的行列就已經心滿意足了，壓根沒想過要要求特別的待遇。一開始，獵隊分派他去站最遠最不可能找到目標的獵點，這是新人必經的階段。他二話不說地接受了這樣的安排，每天直挺挺地站在那兒直到隊友傍晚過來找他一起回去。比爾結束打獵生活前對樹林的一切瞭若指掌，能在林裡輕鬆地來去自如，他成了獵隊裡最年長的隊員，有一年還做了獵隊的領隊。

比爾另一篇較好的故事是《有斑點的馬》（Spotted Horses），他敘述的情節確實曾在可倫郡（Calhoun County）的比茲伯羅（Pittsboro）發生過。約翰叔叔當時正從事競選活動，比爾用叔叔特別為競選買的福特T型車載他到處去宣傳拉票。約翰在任代理法官期間就曾競選連任失利，這次又再度捲土重來。不過他競選從沒當選過，在密西西比鎮上沒有當過競選幹事是很難當選的，這就是政治的玩法。

有一天約翰叔叔的造勢活動在比茲伯羅進行，他們大夥於是決定在當地找一家旅店過夜。比爾那天傍晚坐在民宿前的陽台上，看見幾個人牽著一群身上有斑點的小馬到鎮上，小馬身上全部被綁上有刺的鐵絲。他們把小馬栓在民宿對面的空地上，準備隔天早上把牠們拍賣掉，一隻馬的價錢從五塊開始往上喊。

情節發展的跟比爾故事裡的描述一樣，隔天他們把小馬拍賣掉後，錢往口袋裡一放，拍拍屁股便走人。買主要去牽小馬時，有個人把廄門打開，一群小馬全像五彩碎紙般四散往各個方向跑，有一隻小馬還往民宿走廊盡頭跑，跑進玄關後才調頭往外跑出去。剛好比爾站在民宿的走廊上看到這一幕，第二天他和約翰叔叔一回家就馬上告訴我們這件事。

比爾那時也常受邀參加牛津鎮在鄉間各地舉辦的舞會。他從未在舞會上跳過舞，只喜歡坐在威士忌酒缸的旁邊，拿著錫杯偶爾喝上幾口，其他時間就只是靜靜地坐在那兒看人跳舞聊天。

除了送威士忌酒的人來補貨外，那種場合很少看到比爾站起來。威士忌酒多得喝不完、要賣也賣不掉，他才會起身請鄰座客人一起和幫忙把酒喝完。威士忌通常倒放在長條椅上靠牆的酒槽裡，旁邊放著很多錫杯，這些通常是為舞會特別安排的標準擺設。

舞會上常聽到大家在談論比爾。他們說比爾就只坐在那缸酒旁邊，手裡拿著杯子，對著坐在旁邊或打他前面走過的人點頭微笑。沒有人記得他曾一直舀酒缸裡的酒，他也從沒因為喝醉酒和人打架過——通常威士忌快喝光前，總有人會為最後一杯而開打。

有人告訴我他曾經和另一個人打架而殃及比爾，把他撞倒在地上，他對此極感愧疚。當時他和另一個人花了好一番工夫才把比爾從地板上扶起來，坐到遠一點另一張不會被波及到的椅子上去。

比爾在舞會上的所見所聞，後來一一被細膩地描述在他的書裡。舞會上的人在看過比爾的書後，私下都議論紛紛：有些人看到自己的翻版在書裡出現，也有些人一直猜測書中的哪個角色代表哪一個人。他們無法理解書中的角色不一定對應真實世界裡的人，每個角色可能是作者認識的千百個真人的縮影及綜合體。

近一九二〇年尾，比爾的書開始逐漸暢銷；同一年，他也結了婚。艾絲特拉和她的第一任夫婿離婚，回到家鄉又和比爾重敘前緣，不久之後，他們便相偕到卡利基山莊，由韓德斯登博士（Dr. Hedleston）在一間小教堂為他們主持婚禮。

艾絲特拉的首次婚姻並不如意，她從遠東帶了兩個小孩和一個中國女僕回來。可尼爾仍然留在香港，後來搬到馬尼拉去。日軍佔領期間，可尼爾擔任國際協調事務會理事長，二次大戰結束後才回到維吉尼亞，幾年前在那裡去世。

艾絲特拉育有一子一女——墨爾康與維多利亞，她的女僕把女孩的名字叫成艾絲特拉妹妹的名字裘裘，這讓我們聯想到陀琪名字的由來，我們還挺喜歡的。比爾和艾絲特拉結婚後，她們整家人便住進比爾家，比爾也把小孩子視如己出。後來他和艾絲特拉也生了一個女兒吉兒。

我一直不認為可尼爾是艾絲特拉心儀的對象。她一直深愛著比爾，但比爾的前景那麼不看好，他甚至連高中都沒畢業就輟學了，相形之下，更凸顯出歐密斯畢業生可尼爾家族企業的背景和錦繡前程。這種情況下，她的父母只好出手干預艾絲特拉的婚事了。不管如何，比爾他們那時的感受，我想我不便多做批評。

艾絲特拉和比爾婚後暫住在艾瑪·米克小姐（Miss Elmer Meek）的出租公寓。艾瑪是頭一個管密西西比大學（The University of Missisipi）叫「歐密斯」（Ole Miss）的人，這個名字本來是農莊上農工對女主人的稱呼，字外之義則是母校（Alma Mater）的意思。Alma Mater代表著愛與真摯，尊敬與敬畏，不管是上過密西西比大學的學生或外人，大家都知道歐密斯就是密西西比大學。

艾瑪小姐仍保存了一些比爾早期小說的手稿。比爾有一次用一頁手稿當鏢靶，拿來和墨爾康玩飛鏢遊戲，他把紙片釘在樹幹上，結果整張紙被飛鏢扎得千瘡百孔。艾瑪小姐把那張紙保留了下來，後來市政府募集比爾生前有紀念性質的遺物時，她把這張手稿捐了出去。前不久我還在市立博物館看到那張紙片，紙上有比爾小小的題字。

比爾有一天到祖父開辦的銀行去辦事，當時的董事長裘・帕克斯（Joe Parks）好奇地問比爾為什麼他的字寫得那麼小，比爾告訴他是因為他所剩的墨水不多，他已經習慣用僅剩的墨水盡其所能地寫出更多的字。

比爾和艾絲特拉在艾瑪小姐的公寓裡只住了很短的時間，比爾一拿到另一本書的訂金，便馬上買了一幢自己的房子。新房子原本是老巴利的土地，就在牛津西南方的舊泰勒路上，剛好在我們童年去樹林游泳走的那一條路上，轉個彎去偷摘人家水果的地方。

我現在住的地方和比爾家只相隔約〇點二五英哩，中間除了我的農場和蘿絲・布朗的牧場外，沒有其它建物或住家。樹上的葉子掉光後，我可以直接看到他們家的屋頂。我曾經習慣性地沿著家裡牧場的小徑走到比爾家去。

那幢房子是比爾在牛津鎮唯一的一幢房子，他也從沒想過再買一幢。起初買的土地佔地約十四英畝，後來他又在旁邊買了另一塊地，在上面蓋起了馬棚，裡面總有一、兩匹馬配鞍銜轡，隨時準備上路。那就是比爾終老之處。

房子是二層樓高的舊殖民式建築，正面中央的二支大圓柱是相當好認的特徵。

房子在美國內戰前就蓋好了，比爾買的時候根本沒有水電可以用，後來還是他自己接的水電。

艾蓮．貝利小姐（Miss Ellen Bailey）去世後，她住在加菲維爾（Caffeeville）的家人繼承了房子，租給了一對來自卡利基山莊的克勞德．安德森夫婦使用。安德森夫婦每天開著卡車來回農地間，他們養了一些雞、好幾頭乳牛，除了賣牛奶之外，也賣些奶油和蛋之類的食品。比爾到加菲維爾去送訂金表示要購地時，安德森夫婦其實不想放棄那幢房子，但比爾非常堅持他一定要住那裡。

水電以外，房子裡外還有許多地方需要整修。比爾當時沒有錢可以雇用專門的工匠修理房子，只好自己動手，只多雇了一個人幫忙。他先把房子抬高，並在房底下墊上新的橫木。電線的拉線工程和排水系統的裝設必需找有經驗的人，他因此找了個師父來做工程，但是要求師父雇用他做助手，一來省錢，二來也順便當學徒學些技術。他幫著師父整修屋頂(房子實在需要換一個新的屋頂)，自己完成了大部份的粉刷工作。

比爾的助手叫羅斯提．派德森，平常專門幫人油漆房子。他每回上工前都會先喝一點酒，背後口袋裡的酒瓶裡也一定有一些威士忌。他和比爾常一邊粉刷，一邊喝上兩口羅斯提的威士忌，喝完後比爾會回家拿自己的威士忌出來繼續喝。

粉刷工作結束後，比爾又回到房子底下去為橫木加一點功夫，羅斯提也跟著下去幫比爾。他們工作一會兒後，就在房子底下坐著喝起酒來。羅斯提不收在房子底下放橫木的工錢，他說那是他最有樂趣的時候，根本不算是工作。每次比爾要他幫忙做些事，他一定會把這件事再提一次，目的只是提醒比爾他有過這樣的承諾。

比爾後來又在房子裡多隔了幾間房間，加了一、兩套浴室及一個後廳。他在家裡加了一個餵鳥的水盆，在陽台上疊磚砌一道牆，除此之外，就沒有別的整修工程。其實他再也不需要自己動手了，他已經有能力付得起大筆的工程費用。

比爾把《避風港》賣給電影界後，才拿到生平第一筆大錢。在那之前，有一段時間他不怎麼講話，很擔心沒有錢用。那一陣子我常穿過樹林到他家裡去探望他，好幾次都在走上沙溝堤後，才正巧看到他在後院鋸木塊。我順手幫他拿著鋸子，拆掉鋸子的螺釘後幫他把木塊搬進屋裡去，他總會感謝我幫他的忙，但是很少再多說什麼，我想他的心裡一定是五味雜陳吧。

《避風港》出版後賣得不錯，電影公司又買了拍攝的使用權，比爾才真正解除了一向拮据的經濟窘況。他有時會沒有錢用，但總有另一筆錢馬上會進帳。他賺了好幾筆大錢，花掉了一些，去世時留下了一筆。比爾大概是我認識的人當中最會花錢的，他會留下這麼多錢的原因，大概是他後來進帳的速度比他花錢快得多。

賺到大筆錢後，他對一些大筆支出開始毫不考慮，飛機（笛恩發生意外時所駕的飛機）、帆船和一隻叫大強的賽馬（比爾買下這匹馬沒多久，便將牠改名為鐵嘴）都花了他不少錢。

賣馬的人把大強廉價賣給比爾的真正原因，是因為那匹馬實在太強悍了，一開跑後便很難讓牠停下來或改變方向，套在它嘴上的馬銜，就跟一隻水泥柱鋸沒兩樣。賣馬的人當然不會事先告訴比爾這些狀況，他留了些功課給比爾，讓他自己去找答案。

比爾決定買下大強的同時，他也在阿伯肯比與菲基的店（Abercrombie & Fitch）買了一套英國製附有馬鐙鐵的騎馬裝備。我絕對忘不了比爾穿著俊俏的騎馬裝，第一次騎在大強背上的模樣。他把馬鞍放在馬背上後坐上去，大強正站在車道上，頭朝著外面的大馬路。比爾費了好大功夫才讓大強開始跑，牠往前猛衝了十七英哩路，一路不歇地跑到泰勒家去——還好比爾很順利地讓牠再往回程跑。

第十六章 進軍好萊塢

比爾第一本真正的暢銷書是《避風港》。他告訴我他以前的書沒辦法贏得大眾的欣賞，所以他決定寫一個迎合大眾口味的故事。有一天他坐著想他能在書裡放什麼可惡的情節時，想到了一個男生用玉蜀黍心丟女孩的故事。

電影公司買下《避風港》的使用權，聘請比爾將它改編成電影劇本。比爾接受了這份工作，買了一部福特T型旅行車，帶著艾絲特拉、吉兒、吉兒的褓姆和家丁傑克・奧利佛（Jack Oliver）一起準備去加州的電影公司上班。那天他們把行李先堆到車子裡去，準備隔天早上一大早出發。比爾當晚打電話給我，希望我能來他家過一夜。

我起初不知道他為什麼打電話給我，只知道那是他第一次到加州為電影公司工作，也許他對即將來臨的一切不太適應吧。那晚我們整夜在玩西洋棋，並沒有多談什麼，或許他只是想在離家前和親人聚一聚。隔天一早我們一道吃早餐，他們隨即啟程出發。他的第一份合約週薪六百元，為期六個禮拜；六週後換新合約，薪水增加到每週八百元。比爾在加州待了約一年，回來時傑克和吉兒的褓姆沒有跟著一起回來，他們兩人從此定居加州。

傑克・奧利佛跟了比爾一陣子，也有意追隨比爾當作家。他經常把所寫的作品拿出來請比爾指教，只是他的肚子裡沒有墨水，根本寫不出什麼像樣的東西來，不知道比爾為什麼要作弄他。

傑克和吉兒的褓姆決定在加州定居時，比爾先幫他們找到工作，一切安排妥當之後才離開。他認識幾個當地家庭，所以幫傑克找到家丁的工作，幫褓姆找到照顧小孩的工作。吉兒的褓姆名叫馬安溫（Mc Ewin），吉兒每次都大舌頭喊成馬安份褓姆（Ma Tewin）。她叫比爾「巴比」（Pappy），因此便把兩個名字湊在一起，唸成「巴比・馬安份」。她以前常和褓姆在廚房裡吃白蘿蔔芽澆糖蜜，配上玉米麵包的早餐。吉兒非常喜歡這個吃法，還因為吃太多把牙齒都黏上糖蜜，張嘴只看得到牙齦。

比爾在接下來的十年內大部份長住加州，一九三二年父親去世時他就在那裡和克拉克・蓋博（Clark Gable）、道格・席爾（Doug Shearer）在加特利拿島（Catalina Island）獵獅，我們根本聯絡不上他。雙方連絡上之後，他馬上趕回家裡，遺憾的是那時父親的遺體已經下葬了。

比爾後來和他們兩位又出去打了一次獵，這次他們到沙漠去。抵達沙漠的那天早上，他們在一位老人的小屋前停下來，試圖說動老人當他們的嚮導。比爾說他們一進老人家，就聞到老人爐子上的咖啡香。老人請他們喝咖啡，於是他們坐下來喝了幾杯。

離開前，比爾對老人的咖啡讚不絕口，說這是他此生品嚐過最好的咖啡，並問他調製這種咖啡的秘密。老人家告訴他要煮出好咖啡不難，只要抓兩把咖啡粉進爐裡，煮的時候火候一定要夠，就這樣而已。

一九三三年比爾買了一架卡賓・瓦可（Cabin Waco）型的飛機，算得上是當時速度最快的飛機。牛津當時沒有那麼大一塊地方可以當這架飛機的停機坪，比爾因此借中南航空公司（Mid —South Airways）的停機坪，把飛機停在曼菲斯市立機場裡。佛能・翁萊（Vernon Omlie）是中南航空的老闆兼總經理，他是個頂尖的飛行員，第一次世界大戰期間學會飛行後就一直從事相關的工作，比爾一向很仰慕他。

笛恩決心要學開飛機時，比爾就是送他到曼菲斯和佛能一起上飛行訓練課。我們四兄弟都有一股飛行的熱勁，也都會開飛機。比爾和傑克開飛機純粹是為了娛樂，笛恩和我則必需靠飛行過日子。

比爾在一九一八年拿到飛行訓練結業的勳章後，對飛行一直保持高度的興趣。飛行員在一九三〇年代仍不多見，大部份的飛行員口袋都是空的，營生極不容易。許多比爾不認識的飛行員飛到牛津後總會設法和比爾接頭，希望比爾能讓他們借宿一夜，至少能有張床睡個好覺。因此每次有飛機飛進來，比爾總會去接機，載飛行員回家休息。

第一次世界大戰剛結束那段期間只需五千塊就可以買一部尖尼，載一個乘客做五分鐘的飛行可以收取二十五塊錢，而且飛機裡一次可以坐上二名乘客。飛行前的講習課一個小時另收五十塊，跳一次降落傘的價碼可以喊價到五百塊，飛機和降落傘當時成為鄉間市集裡非常搶手的生意噱頭，光在鄉間巡演就可以好好賺上一筆。

可惜好景不常，跳傘的價碼不久就跌到一次五十塊錢，一部尖尼也只值五百塊錢。在經濟蕭條期間，光靠飛行已經沒有辦法填飽肚子，我們這些還在飛行的人純粹因為自己的興趣而繼續苦撐下去。

我想比爾在皇家飛行隊一定表現傑出，甚至被視為相當有潛力的飛行員，才能有機會飛卡摩機型的飛機。一九三〇年代他又開始駕飛機時其實技術早已生疏許多，他總說自己從不是一個好的飛行員，但我認為他是我見過的飛行員之中飛得極好、最熟知地形、最會找目標的人。他載笛恩和我出去飛行時，我們只要給他標上目標的地圖，他就可以確實告訴我們當時飛機的位置。

在飛行方面，比爾掌握到最重要的精髓——飛行中途如果發生意外，絕對要能全身而退。他開OX5型飛機大致順利，可是每次自己開瓦可到陌生的地方時，就一定會發生一點小意外，通常不是機翼尾端被撞掉，就是機輪爆胎。

笛恩是個飛行高手，從未出過意外，唯一的一次意外，讓他連命都賠了進去。那次並不是笛恩的失誤，但他做了一件不該做的事情——他讓學生操作飛機，飛機上當時還有別的乘客。幸運之神不再眷顧笛恩，我、比爾和傑克僥倖還有好運護身。

比爾和笛恩或佛能在一起才開瓦可，其它時間幾乎不碰它。他們倆去世後我接掌了中南航空公司的經營，比爾常會來開開我們的瓦可（那架瓦可是我們賣給中南航空公司的），但他總要我陪他一起出去飛，他不願單獨一個人開瓦可出去。

比爾的瓦可編號為13413。母親起初對這個數字有點不安，她說號碼裡有太多13的組合，實在不太吉祥。笛恩當它是笑話，他告訴母親數字跟飛機性能一點也扯不上關係，但笛恩就是在這架飛機裡失事死亡的。

笛恩或我常飛回牛津，我們習慣在越過鎮上的時候先低空飛過母親的房子上空，暗示她我們已經到了，等會兒請開車到空地上去接我們。空地在鎮南，離鎮上有好幾英哩遠，那時候已經大到可以容納一架瓦可飛機降落。自從笛恩意外失事後，母親不准我再飛過她房子的上空，好幾年的時間內，我都只能飛到鎮外去著陸，然後再搭車回家。她當然知道我是怎麼回牛津的，但我們都刻意避談飛機這兩個字。後來有一次母親說她自己真的很笨，我們沒飛過她房子的上空，她怎麼知道要去接我們。她知道無論如何我們都會駕飛機回家，與其如此，她倒寧願我們先給她一個暗示。那次之後，我才又開始做低空飛行。

傑克那時在聯邦調查局工作，他買了一輛墨努古培（Monocoupe）的飛機，經常往鄉下飛。比爾還是開著他的OX5卡緬戴爾（Commandaire），從牛津的機場起飛。

比爾覺得第一次世界大戰用的機型還是比較順手，他的那架卡緬戴爾和他受訓時的卡努克機類似，使用的動力都是來自OX5型的引擎。OX5型引擎的有九十匹馬力，由於政府在戰時簽的卡努克戰機製造合約到戰後仍未期滿，大量製造好的引擎於是堆積在機場的停機坪內，最後被拍賣給得標的廠商，很多家航空公司便是衝著這些引擎開張營業。

比爾一向帶著大塊頭的黑人喬治・麥可艾溫（George McEwin）一道飛，他是吉兒褓姆的一位親戚。傑克・奧利佛決定留在加州後，喬治便接下傑克的工作，擔任比爾的家丁。喬治對寫作沒啥興趣，對飛行卻相當的熱中，比爾給他買了一頂頭盔、一副護目鏡，飛到哪兒都帶著他一起。

不管他們是否出去飛行，喬治一天到晚都戴著那頂頭盔和護目鏡。比爾開玩笑說他每天都是那一身打扮來上工，藉以提醒比爾他們兩個隨時可以出去飛行，其它的事先暫擱一旁回來再做就行了。

舊型飛機沒有自動啟動裝置，飛行員必需非常用力轉動機前的頂槓，以帶動曲柄轉動發動飛機。在寒冷刺骨的早上，這是件非常費勁的事情。我沒看過其他人像喬治那麼孔武有力，能抓著頂槓猛力一搖就搖到極點，至少足夠帶動引擎轉五分鐘。比爾說喬治可以搖一次就啟動飛機，飛機起飛後至少可以撐到飛往曼菲斯一半的路程，才會又噗噗地咳嗽起來。

比爾經常駕著那架卡緬戴爾來回曼菲斯之間。荷馬先生（Mr. Holmes）當時是機場的經理，因為比爾的飛機機型太舊，他讓比爾降落在市立機場裡。他抱怨比爾和喬治駕飛機降落在他的機場時，夾在輪子上的雜草或玉米葉總是直往地面掉——

那是他們半路上偶爾在空地上歇腳時夾到的。

曼菲斯機場是新成立的機場，荷馬先生認為新機場是蓋給新型飛機用的，比爾和喬治的飛機會破壞整體的景觀。比爾不在意，他和喬治專飛到派克管理的那條跑道上去降落。那條跑道是第一次世界大戰期間擔任飛機修理工作的技師查理・法斯特（Charlie Fast）開的維修站，原本是大戰期間的基礎飛行訓練中心，現在只剩下一個停機坪和一條草皮的降落道，來維修的飛機派克照單全收。

雖然《避風港》為比爾賺進不少錢，也讓他受到大眾的肯定，但卻使父親覺得非常沮喪。父親無法讀那一類的文章，他甚至一度企圖阻止這本書繼續發行，希望它在市面上消失。他說如果比爾還要繼續寫書，應該寫些西部的故事。父親只喜歡描寫西部的故事，他有幾套嵐・葛瑞（Zane Grey）、詹姆斯・奧利佛・可伍德（James Oliver Curwood）等作家的藏書。

母親說：「老兄，你就隨他去吧！他寫他該寫的東西。」

比爾的名聲終於傳到牛津，大家都知道他的進帳可觀，每個人都去書店找他的書。大部份人希望比爾送他們書，這樣他們可以不必花錢購買。他們無法了解作者也總共只收到十本書，而且大部份的書會被經紀人轉寄到國外去。他們天真地認為既然是作者自己寫的書，當然可以要幾本就有幾本，建議他們去書店買書反而惹他們生氣，認為你壓根兒就是小氣不想送書才講這種話。

母親對比爾的作品非常引以為傲，我剛開始寫作時，她也是這種心情。她會特別把我們寫的書放在前廳的一張桌子上，讓每個進門的人一眼就看到。漸漸地桌子上的書一本接一本地消失了，甚至翻譯成他國語言的版本也難逃此劫(比爾有一本日文的翻譯本被人拿走)，母親從此把我們的書搬進臥室的衣櫃內鎖起來，不再放在客人拿得到的地方。

比爾是個很溫和、會把自己的心掏出來的人，只不過他平常會表現出強硬的模樣，藉以隱藏內心的感覺。一個作家創作出作品後，作品對他的意義是比自己的小孩還更親近及私密的，就像一個小孩的誕生。

他的創作和他自己是劃上等號的，別人批評他的作品，也等於是在批評他。比爾的耳朵完全不接收他人惡意的中傷，他甚至會拒絕和別人談論自己的作品，但這一切只是為了保護自己不受傷害。我剛開始提筆寫作，他就叮嚀我不要看別人寫的評論，當時他並沒有多解釋原因，現在我才知道他的想法。

我每天早上到母親家去陪她喝咖啡，比爾往往也恰巧在場，他通常在那個場合告訴母親和我新故事大致的情節發展。在那裡比爾第一次告訴我成為作家的先決條件，就是臉皮一定要非常厚。這或許也說明為什麼他面對大眾時，總是會罩上那層保護罩——他的臉皮太薄，沒有辦法承受別人像針尖般刺過來的批評。比爾每寄出一篇稿子後，就會自動把整篇故事擱在腦後，絕不會再把它翻出來看。他告訴我不要浪費時間重寫文章，那段時間大可用來寫一些新的東西。他寫下故事後，也不許自己或任何人下評語。

他有時甚至會反過頭來捉弄這些批評他的書評家。他的名字在報刊上的曝光率逐漸升高後，越來越多所謂的「書評家」開始評論他的書，也有一些書迷會寄信索取比爾的親筆簽名照片。比爾不勝其擾，於是捏造了叫一個歐尼士・真心(Earnest Trueheart，取你我都是真心之意)的虛構人物充當他的私人秘書，在自己照片的臉上用粗筆橫向簽上歐尼士・真心的名字。他把照片寄出去後，也帶來幾張給母親和我瞧瞧。歐尼士・真心幾乎變成我們生活中真實的人物，雖然這件事對別人而言也許一點趣味也沒有。

有一天記者來訪問比爾，比爾在受訪的過程中開玩笑地說自己是黑奴和鱷魚異種交配生下來的。後來那位記者在報導中竟真的引述那句話，從此比爾便下定決心，對報紙或任何人對他的評論一概不予理會。

比爾帶著艾絲特拉和吉兒在加州住了約一年，原本以為可以從加州的所得稅中扣除這一趟旅行的花費，沒想到不僅未能如願，還被加州和密西西比兩州雙重課稅。比爾去找過密西西比的稅務單位理論，向他們證明他的稅在發薪前就被加州政府扣走了，密西西比的稅務單位卻不理會他的陳情，他們說只要他是密西西比的公民，不管在那裡賺了多少錢，都必須要繳所得稅。

當時好萊塢每週付他一千二百美元薪水，我想都不敢想自己能賺到那種數目的大錢，更別提要怎麼花它，我實在搞不懂他怎麼沒想到要存點錢。比爾向我解釋他在加州的房租一個月五百五十元時，我叫了出來：「天啊！你為什麼不住到帳篷裡去？」比爾說電影圈的人不會讓他這麼做的，導演拍一部電影所費不貲，別人總得看到一些真憑實據後才願意投資啊。每個月五百五十元付給作家的房租費用，幾乎是電影製作費中的標準報銷項目。

我問比爾加油站和雜貨店裡做事的人究竟住在哪裡呢？他說就住在他的隔壁。我又問那裡一般職員的薪資水準，他回說和牛津差不多。但這種情況下一般職員怎麼付得起那麼高的房租呢？比爾說他們付不起，他之所以要付那麼高的房租，是因為他在電影界工作。在加州，房東一定要知道你的工作地點後才肯租房子給你，更以你服務的單位來計算你的房租。

比爾不喜歡加州，更討厭電影圈，他抱怨那裡的每樣東西都為了做秀而被吹噓誇大，那裡的花太大又沒有香氣，所有房子前面都是圖案式的窗戶，後面都有個二間房大的停車棚。

雖然比爾不是很喜歡加州，但為了賺錢，他還是必需回那裡工作。得到諾貝爾獎之前比爾的書並不算暢銷，批評他作品的人比買書的人多。他通常帶著一筆可以維持一陣子生活的錢從加州回來，錢用完之後便開始負債，然後他又得再回加州待上好一陣子，才能賺夠錢還債。

有一天他問起我的書銷售狀況如何，我告訴他後，他回說他的書從來沒賣得那麼好過。他的書在市場裡大概賣個五、六千本以後銷售量就會停滯下來。他得諾貝爾獎時市面上幾乎看不到他的書，他付梓過的書連一本單行本都找不到。

一直到比爾過世十年前，他都和我一樣還用記帳的方式買東西，牛津人在這方面對我們非常寬待。我們開帳戶前會先向店家解釋我們不能每三十天和他們結清帳款，也許有時候我們有錢可以一次付清，但有時候卻可能必須等六個月甚至更久才能拿得到版稅。

這種交易方式能被接受，老實說我們心裡著實鬆了一口氣。我們不希望未結清帳款前讓店家有心理上的壓力，更不希望我們的生活因此受到影響，幸好鎮上的店家相信我們一定會有下一筆進帳，我們也真的從沒辜負他們的期望。有時我們的帳款足足拖了一年才結清，但從沒有人因此對我們煩個沒完。他們說我們是黃金，只是黃金太重，滾進來的速度慢了點而已。

一九五〇年之後，比爾的經濟情況大幅改善，生活不再像以往那麼拮据。有天下了一陣冰雹後，保險公司寄了一張支票給比爾，上面列的是給他整修冰雹打壞屋頂的修理費。比爾把支票退了回去，寫了張紙條告訴保險公司，說他認為冰雹沒有把屋頂打壞得那麼嚴重。

比爾一從加州回來，通常第一件事就是把帳單清出來，把支票一一開好，結清賒欠的帳款。有一次他把小抽屜裡全部帳單拿了出來，帳單都還封得好好的，他於是開始一一拆開，一邊寫著支票。

他拆到一封艾利爾特木材公司（Elliott Lumber Company）寄來的一百九十四塊錢的帳單，裡面附了張紙條，拜託他有錢的時候趕快和他們結清帳款。比爾開了張支票寄給他們，幾天後巴可斯特・艾利爾特（Baxter Elliott）又把支票寄了回來，還附了張紙條說：「老兄，拜託！這項帳款你四年前已經付清了。」

第二次大戰時我受了傷，在醫院療養了兩年多。那一段時間我住家裡，固定回醫院複診，一個禮拜回曼菲斯的軍隊報到一次。有一天我恰巧碰到比爾，他要我到加州去幫他的忙，我沒答應，告訴他我寧願留在牛津勒緊褲帶，也不想住到另一個地方去。他說他不怪我這麼說，他自己也感同身受，如果他可以選擇的話，他也要留在牛津，不想遠走他鄉。

之後我開始畫畫，比爾說他願意付我五百塊錢，請我把他書中的二幕情景畫在他書房的牆面上。我用水彩先畫樣給他看，可是就一直沒機會在他的牆上重畫一次。我還保留著那兩幅水彩畫，一幅是挑自《熊》，另一幅是《紅葉》（Red Leaves）裡的杜恩（Doom）和他的狗坐在輪船的前艀板上，他的手下和奴隸在船下兩側拉著船走了十二英哩路的鏡頭。

第十七章 富足的農場生活

笛恩十一月意外死亡，佛能．翁萊次年夏天去世，他們服務的中南航空一時多了兩個缺。因為比爾在中南航空有相當的影響力，我成為優先接任佛能職務的人選。中南航空的業務主要是提供學生飛行的講解課程，兼辦證照及一切和飛行相關的事務，同時也擁有瓦可飛機的代理權。在中南任職的那段時間，我經常穿著一身沾滿棉絮的衣服由克拉可斯．戴爾（Clarks dale）起飛。比爾只要人在曼菲斯，他一定撥空來看看我，有時甚至特地跑來。

有一天他走進我的辦公室，拿了一張面額二萬伍仟元的支票給我看。他才剛把《打不敗的人》（The Unvanquished）賣給電影公司，想用這筆錢買一座農場。比爾說他一直想擁有一座自己的農場，問我如果他買了農場，我願不願意回家幫他經營。

我告訴比爾我對農務一竅不通，他說我們一起學著做呀。他最想養的是騾子，想種很多穀物來餵牠們。那時是經濟蕭條期，少有人有錢搭飛機，靠飛行過日子也已經成為過去，於是告訴他我想到他的農場工作。

搬回牛津後，我開始四處找農場，終於在比突（Beat Two）找到一個蠻中意的地方。農場離鎮上十七英哩，有山有谷之外，中間還有一條小溪蜿蜒約半英哩長，看起來蠻適合養牲畜的。比爾也和我一起去看過，兩個人都同意這是個好地方，於是他買下那座農場。

事實上，比爾不只在那裡找到農場，更找到他故事中的角色——住在山裡的人。山裡的人用自己種的玉米釀威士忌，但不知道什麼原因，這種釀法竟成為別人招徠生意的法寶。當地人利用選舉極力反對生意人這種令人不齒的行為，雙方好不容易才平息了這場爭執。但後來我們所住的小溪對面還是發生了流血衝突，導因是雙方為學校區域的劃分爭執不下。

笛恩的太太是比突人，她的妹婿第一次參選後便離開比突到傑克森去。他參選時每天天剛亮就馬不停蹄地到處拜票，一直要到晚上九點後才能歇腳休息。選舉結束後，他發誓這輩子絕不會在比突再參加任何選舉活動。

我試著說服比爾不要養騾子，改養牛。約翰叔叔也認為密西西比不是適合養騾子的地方，這裡的土地不含石灰質，對動物骨骼的發育不好，就算騾子真能養得肥肥大大，也一定會變成懶惰的肥油桶。比爾聽不進我們的話，他堅持對牛一點興趣也沒有，他要養母雛馬，要替他們蓋廄舍。不得已之下，我們只好聽比爾的。

比爾首先買了十二匹母雛馬和一隻西班牙公驢強（John）。公驢站起來比一個大人還高，黑僕馬上替牠取個外號叫大人物，他們都很怕牠，事實上牠溫和得像條狗。比爾要我們用磚砌一道八英呎高的牆壁當作它的畜欄，這樣一來牠看不見外面，才不會被外頭的風吹草動弄得緊張兮兮的。

農場下坡附近有一塊不小的平地需要開墾，比爾因為不希望母雛馬的體力過度負荷，不小心把肚子裡的小騾子流掉，所以他乾脆買了台佛森（Fordson）牌的二手牽引車做整地的工作。牽引車的性能不錯，我們就這樣開始種玉米餵母雛馬，轉眼就過了一個冬天。

種玉米的空地本來長滿柳樹的小枝，我們必須先把這些枝梗清除乾淨。我們駕著牽引車一次次地輾過空地，讓牽引車中間的除草機把柳樹枝從肥沃的下坡地整株拔起，有些柳樹的根已經在地下佈成網狀，像一個秤籃那麼大。我們每整理完一片地，便種上一大片玉米田。

比爾買下農場後，我們全家就搬進農場裡，他自己則還住在鎮上，每天抽空到農場來看一下。有時他會開飛機盤旋在農場的上空，好好欣賞一下我們血汗的成果，同時研究接下來要怎麼開發這一大片農場，他蠻享受這種成就感的。

艾絲特拉從不陪比爾一起上農場，吉兒反倒是一逮到機會就跟著來。比爾通常把吉兒留在屋裡跟桃麗一起，然後不管我當時在哪裡上工，就自己跑到農場裡來找我。

吉兒十歲多前每次來農場就窩在廚房裡幫桃麗打雜，因此學會了一堆烹飪技巧，還曾經以自製的醃製品參加區健會的比賽並且得獎。

比爾請我接管農場時，就聲明交給我全權負責經營，他只告訴我他希望的藍圖，剩下的部分完全讓我自行發揮，唯一的要求是要好好照顧他那群母雛馬。我們先用牽引機把整片農場翻過一遍，而且只用黑人和騾子耕作穀物，那種程度的勞動不算太費力，對牲畜也是很好的運動。

六月一日過後，那塊種玉米的下坡地變得非常酷熱。尤其是早上十一點到下午三點之間，埋頭在一片高到蓋過肚子的玉米田裡工作，對母雛馬來說有點負荷不了，就連黑僕也耐不住高溫，工作情緒相當低迷。

我乾脆重排作息時間表，好充份利用一天中最適合勞動的時段。我改在早上兩點半起床，先到前陽台上吹響祖基的童子軍號角叫醒所有黑僕，稍後與他們在穀倉會合餵牲畜，再利用馬兒吃飼料的空檔回屋裡用早餐。再回到穀倉時，馬兒已經吃飽可以準備上鞍出發，我們騎著馬到田裡去，搶在天色未亮之前就著微曦在一排排穀物間埋頭耕作。十一點準時收工，回屋裡用餐休息，避開一天中最熱的時段，下午三點後才又回田裡工作到天黑。

就這樣，我們完成了很多工作，把穀物種得肥碩健美，也讓比爾心滿意足。不過他心裡一直希望自己的農場能與眾不同，所以他不斷地想嘗試種些不同的東西。

有一天他蠻早就到了農場，當時我們才剛耕完一塊地，恰巧又有人牽了一匹雛馬要和我們的公驢配種，我於是要大夥兒提早回畜棚準備配種的事，順便休息到三點後再回田裡工作。

看見我們一夥人回來，桃麗馬上把午餐擺上桌。恰巧比爾這時開車載吉兒來到大屋外，桃麗於是拉開嗓門大叫：「進來一起吃午飯呀！比爾。」

「午飯？」比爾說。「幫幫忙！我才剛吃過早餐！妳知不知道現在幾點鐘？」

「完全沒概念。」桃麗回答。

比爾說：「現在九點都還不到。」

那天比爾沒有坐下來吃桃麗做的午餐，不過吉兒倒是吃了。吃飯時間比爾獨自在外面的陽台上，一等我們吃過飯，他馬上叫桃麗。

「妳來看看，」他說。

農場的大屋每年夏季太陽直射進屋，陽光越過屋裡的地板，爬到半面牆的高度。陽台上有一排紗窗，每片紗窗釘在一塊二乘四的框板上，每隔三英呎寬釘一片。比爾利用一扇紗窗映在陽台地板上的影子為中心點，劃了一個放射狀的圖形，在每條線的尾端劃上時間的刻度。

「妳看，」比爾對著桃麗說。「妳的鐘在這裡，以後妳就知道時間了。」

我們並沒太在意比爾畫的那個鐘，不管怎麼說，九點鐘距離我們吃早餐也有六個小時，大家差不多都餓了。我們下一餐在二點鐘吃，田裡幹活的時候我們一天吃四餐，早個二小時或晚個二小時吃實在沒什麼差別。

桃麗倒真的不時就到陽台上看看那個鐘的時間，試試比爾的話是不是真的有道理。每天掃陽台的時候，她都必需畫大字型掃字，自然也會磨損比爾所留下的時間刻度，我們搬回鎮上時，比爾留下來的刻度依然隱約可見。我們指著刻度給黑僕看時，他們個個看得傻愣愣的，心想比爾究竟如何知道這些線該怎麼畫的。

我們習慣睡在有圍紗窗的那塊陽台上過夏天，比爾也想跟我們睡那裡，所以他買了一床席夢思推床，請人搬到陽台上去。但他從沒和我們在那裡睡過一晚，後來我們乾脆全睡到他的席夢思床上去，反正床放著也是白放著。我們的廚師奈特（Nat）剛生了個小嬰兒，因為太小不能單獨留在家裡，桃麗便告訴她把小琳達一起帶來上工，就放在比爾的推床上。

鎮上有個黑人鞋匠叫蓋特・布恩（Gate Boone），比爾認為他對馬匹很拿手，買農場的母馬和西班牙公驢時都帶著他一起，後來甚至雇他幫忙照料騾子和馬匹，讓他和其他黑僕住在一起。

黑僕對蓋特的印象不佳，蓋特對馬匹的知識他們也不放在眼裡。私下聊天時，蓋特經常成為他們之間的笑柄，不過他們也機靈，沒讓比爾撞見他們在取笑他。蓋特瞞天過海矇蔽了比爾，黑僕們也不想把真相對比爾明講，他們知道時機到時，比爾自然會明白一切，而且就算他知道了一切，那也不干他們的事。

我也知道蓋特耍了比爾，但是比爾似乎很看重他，因此我也不便干涉。如果比爾高興，他要僱幾個像蓋特這樣的人都是他的事，我們順其自然，大家好歹相安無事。

蓋特幫比爾挑的第一批母雛馬中，有一隻鐵灰色、個性很溫馴的雛馬叫范妮，大腹便便的就快要生產了。一個月後，牠產下我們格林菲爾農場（Greenfield Farm）的第一匹小馬。

小馬生下來沒有尾巴，一直長不大，體型比雪特蘭種的小馬還小。那匹小馬根本不值得比爾把牠養在畜欄裡，除了給孩子們當寵物外，那匹小馬別無用途。從鎮上一起和我搬進農場的羅依・巴特勒（Roy Butler）給小馬取了個「傑克兔」的名字。我們搬回鎮上時，把傑克兔留在農場裡沒有帶走。

有一天比爾帶蓋特到一戶人家去，那人因為提供自己的地給人做水庫，結果飽受眾人抨擊。那天他們買下他畜欄裡全部的十匹馬，其中的一匹母馬叫席拉，性情很好，後來我們發現牠的年齡太大，不適合再生小馬後，索性就把牠當成代步工具。另有一匹馬是淡褐色鬣毛和白色尾巴，臉上有一道鋸齒形火焰狀的花紋，我沒看過那麼俊美的馬。但牠的性情非常暴戾，看到東西就亂踢，根本沒人治得了牠，黑僕時常說牠一身的「野脾氣」。

牠發起脾氣來有如閃電，閃電因此成了牠的名字。好幾次我試著騎到牠的背上去，有一次我剛躍上馬背，牠一不高興便往附近一輛從鎮上開出來的可口可樂卡車衝，撞倒剛從駕駛座上爬下來的卡車司機，司機氣得揚言一定要讓比爾吃官司。從那次以後，我們再也不敢把閃電當代步工具用。

包伯有時會不上鞍就騎到閃電的背上去，有一次剛好被桃麗撞見，把他狠狠訓了一頓，不准他那樣騎馬。可口可樂事件後，比爾對閃電的鍾愛大不如昔，他要我們用閃電下田幹活——畢竟讓一匹馬閒在他的農場裡當老大，也不是他樂見的。

我們把閃電牽到農地上，架上犛具後交給傑姆士（奈特的先生，他對馬挺有一套）。傑姆士讓牠工作了半個小時，然後閃電又開始耍脾氣，不肯再前進一步，還猛踢著犛具想要掙脫它。我們很擔心牠會傷害自己，萬一踢到拉在後面的犛，牠的腳筋鐵定會踢斷變成跛腳馬。

比爾站在一旁，指使我鞭打牠幾下，在牠變成跛腳馬之前讓牠靜下來。我折了一枝柳樹枝，趁牠抬腿後踢時打牠的前腳，沒想到牠竟生氣地要向我撲來。我們實在治不住牠，越打牠牠反抗得越激烈。

比爾最後開口了：「算了，放棄吧！牠不耕作就算了，勉強也沒用，萬一牠流產，我們反而得不償失。照這樣看，牠生的小馬準比皮革更強韌，比牠更加倍強悍。」

我們合力制住它，用繩子把牠的腳尖朝裡綁起來，再把繩頭扣到牠的鼻環上。送牠回牧場後，我們才解開牠的繩子。

奈德叔叔本來住在比爾家的後院，比爾買了農場後，他要求也要住到農場裡去，所以比爾讓他搬過去負責管理穀倉、餵牲畜、擠牛奶等比較輕鬆的工作。奈德叔叔卻不這麼安份守己，他每件事都想軋一腳，而且喜歡發號施令，那天閃電在田裡發脾氣的時候，他也在場。

「主人，」他說。「你父親以前的馬群都是我負責照顧的，你這匹馬也可以交給我處理。依我看，其他人對馬根本一竅不通。」

「你有把握不會受傷？」比爾問。

「馬會踢傷我？主人，我對馬可是無所不知的。」奈德叔叔回答。

奈德叔叔的年紀已經很大了，他從曾祖父時代就一直在我們家做僕役的工作。父親和約翰叔叔都記得他們還住雷普利時，奈德叔叔就出現在生活裡。經過了這些日子，他人也老了，無法再找到一份穩定的工作，於是到牛津來投靠父親。

父親先收留他在家裡，後來幫他找到了幾份零工做。父親去世後，比爾接手照顧奈德叔叔，先讓他住到自己家的後院，然後又隨他的意讓他和一位叫艾拉（Ella）的黑婦一起搬到農場去，奈德叔叔說艾拉是他的女伴。

奈德叔叔喜歡擁有自己的東西，他自己的那頭牛寄放在比爾的畜欄裡，每天自己帶著到農場去放牧。後來他又要求在農場上圍一塊自己的牧地，這麼一來他就可以讓自己的牛在自己的牧地上吃草。不過這一次比爾終於站出來講話，他告訴奈德叔叔我們每個人都忙得不得了，沒時間再另外圍一片牧地給他，他只好繼續讓牛養在我們的牧場裡。

奈德叔叔不喜歡比爾的決定，但他不會和「主人」爭論，不過好幾天他硬是把牛拴在屋後的樹上，沒牽他的牛到牧場上吃草。直到乳牛的奶水開始滴答地流下來，他只得又把牠帶回牧場，但每天晚上仍牽回自己的小屋去擠奶。

比爾早對我說過，奈德叔叔愛怎麼做就隨他去吧。有時他想跟我們一起上工，我們就給他一匹母雛馬、一副犛具，帶著他到田裡去。可是他每次臨時想要回去擠牛奶，就會拍拍屁股走人，只告訴我他要回屋裡一下。他脫隊其實我也很高興，因為他老是不停地唸著比爾不圍塊牧地給他，而且每次總是講到義憤填膺，情緒激動。

奈德叔叔自己排時間表，也弄亂了桃麗做事的次序。他替自己的牛擠奶不打緊，他也會幫我們把牛擠好奶，然後把牛奶送回屋裡給桃麗，也不管桃麗手邊正忙著別的事，一定要桃麗馬上把桶裡的牛奶倒出來，並把桶子洗乾淨讓他帶回去。他堅持桃麗要照著他的意思做事，這樣他隔天早上就不必再走一趟拿桶子，可以直接上穀倉去擠牛奶。

故事的高潮在一天下午的三點鐘左右。那天奈德叔叔又提著牛奶來，桃麗和兩個黑婦正在廚房裡忙著醃製食物。奈德叔叔要桃麗把爐子空出來燒點開水洗牛奶桶，桃麗把牛奶倒出來之後，把桶子丟還給奈德叔叔，說：「你自己洗吧！」

當時有一些黑僕正在附近屋外做事，看到這一幕後，忍不住全躲到穀倉後面笑成一團。廚房裡的兩位黑婦也趕快走到外面去，免得讓桃麗看見他們在偷笑。從那時起，我開始自己擠牛奶——反正我也很喜歡和牛攪和在一塊兒。

這件事情發生後，奈德叔叔好長一段時間沒上我們這邊屋裡來。他依舊固定到福利社去領食物配給，但從沒再提起過牛或擠牛奶的事。他再次到我們大屋裡，是因為他雞舍裡最好的一隻公雞不見了。我們都養新罕布夏紅雞，奈德叔叔一看到我們雞舍裡的公雞就堅持說他的公雞他最清楚，那隻是他的公雞準沒錯。

桃麗又再一次攆走了奈德叔叔，這次她沒有丟東西在他身上，只是緊跟在奈德叔叔後面看著他走，奈德叔叔嘴裡唸唸有辭，摸著鼻子離開了。

比爾把閃電給奈德叔叔時，我質問他知不知道自己在做什麼。比爾說奈德叔叔很瞭解馬性，不會出事的。

奈德叔叔開口向比爾要閃電，用意其實是為了耕作他自己的那一片馬鈴薯田。他在自己木屋後面的林子裡找了一小塊地方，先找我幫他把犛架到牽引機上，再央傑姆士和芮基（Renzi）幫他把閃電架上鞍具，然後牽著閃電消失在他的木屋後面。

半個小時後，閃電奔出林子，兩顆眼珠充滿野性，後面的犛拖在路上，一路像放鞭炮般地辟啪作響。閃電跑到大屋空地外的大門邊才停下來，我們圍住牠，把韁卸下，把牠的鞍具也拿掉，然後牽到空地上留給黑僕照料後，我馬上點燈直奔林子裡去找奈德叔叔。我在閃電剛剛奔來的路上遇到奈德叔叔，他一手摀著大腿，滿身灰塵一跛一跛地走向我，幸好看來沒有受傷。

他告訴我閃電原來在馬鈴薯田裡工作得好好的，不一會兒突然野性大發。為了怕閃電跑掉，奈德叔叔只得丟下一邊的韁繩，緊抓著另一邊，試圖讓閃電繞著圓圈跑，等牠跑累停下來。閃電就是不依他，牠拖著奈德叔叔在田裡到處亂跑，直到掙脫了韁繩為止。奈德叔叔最後看到閃電時，牠正往林子外的道路奔出去，韁具像鞭子般抽打著土地。他緊追在閃電後面，擔心只要一個不小心，牠的腳一定會被後面拉著的韁打斷。

我告訴他閃電沒事。「感謝主！」他說，然後加了一句，「主人應該早知道那是匹野馬，不該把它給我的，害我現在這副德行！」

隔天比爾到農場來時，奈德叔叔故意在他面前假裝跛得很嚴重。比爾問我怎麼一回事，我告訴他事情的始末後，他暴跳如雷地責罵奈德叔叔怎麼可以用閃電犛田，接著砲火轟向我這邊，責罵我沒有制止奈德叔叔。

「比爾，這完全不是我的意思」我說。

「你告訴我這樣做的，主人。」奈德叔叔接著說。

「我沒有說你可以這樣做，」比爾說。「那是你自己想出來的餿主意。」

「可是你不是說我愛做就去做的嗎！」

比爾轉身走開，走了近二十英呎後停下來，原地站了一會兒又走回來。我們都還站在原處等著聽比爾怎麼說。

「下一次你要犛田時，找個黑僕幫你把范妮牽出去。以後你就用牠犛田，聽到了嗎？」

「是，主人。」奈德叔叔說。

既然比爾認為蓋特對馬真的很有一套，他索性給他一個農場顧問的職位。比爾會問蓋特什麼地點適合那一類穀物，以及什麼時候播種最好等問題。蓋特大致能掌握比爾的想法，完全依比爾的想法提建議。比爾對蓋特越來越倚重，蓋特的建議他都欣然同意，最後他決定把蓋特留在農場裡當我的全職顧問，並安排他跟傑姆士住在一起。

比爾既然要我諮詢蓋特的意見，我就照著做。我對農場的經營知識實在比蓋特強得多，事實上，任何一個沒耕過田的人都比他懂得多，蓋特從沒在他鎮東的那塊沙丘地上種出什麼東西來，而我靠自學和鄰居的指導，卻種出那一區最漂亮的玉米田。

黑僕都說蓋特會去當鞋匠，原因大概是他光靠耕田賺的錢根本養活不了一家子人。他起初在自家穀倉幫人家做馬蹄鐵，後來在往尤可那的路上租了一個地方做生意，比爾就是在那裡找到蓋特的，他當時需要找個人幫他釘馬蹄鐵。

比爾騎著馬到蓋特那裡去，在蓋特燒馬蹄鐵時停在旁邊聊天，有時一坐就是一個早上。蓋特不時點頭同意比爾所說的每件事，比爾因此認為他對馬匹和耕作的事情無所不知。

即使我是比蓋特更稱職的農夫，我沒有那份機靈可以隨時應付比爾。我有時會為了農事和比爾起爭執，最後他一定去找蓋特出來擺平。蓋特有時也會同意我的做法(當然是比爾不在場時)，有一天他卻和我唱起了反調。他心想比爾讓他擺佈得服服貼貼的，他現在應該可以直接替比爾做決定了。

當時我們已經犛完一塊地，正要過溪去開闢另一塊地。我先讓黑僕帶著他們的犛過去看看接下來要進行的工作，待我過溪時，我看到蓋特正向我走來。我們一同走上空地，站在田地邊上打量著。

「我們會把這裡弄得沙塵滿天飛的。」他說。

「那我們到另一塊地上去看看。」我回答。

「不用了，」他說。「我們就整這塊地。」

我轉頭看了看蓋特。

他站在那兒，眼睛往上吊地看著我。

蓋特眉毛的邊上有個像官階的疤橫掛在他的前額兩邊，幾乎連線到底，是當時還在農場工作的麥克．法謨(Mac Farmer)開槍射擊他的頭部時留下來的。麥克當時使用的是一支點四一口徑的德林手槍，子彈在他的前額上裂成兩半，一半左一半右地留下很深的傷痕。

我繼續看著那道疤痕，一分鐘都不能再忍受。我開始往屋子的方向走，半路上遇到拿著聾正要渡溪的黑僕，正朝蓋特站的方向走去。蓋特仍站在原地，一點也沒有要跟我回去的意思，他的頭像隻鸚鵡轉頭的姿勢定在那裡，眼睛死盯著我的背影。

其中一個黑人問我：「約翰先生，接下來你要我們做什麼？」

「我回來之前，什麼事都不必做。」

他們看著我走過，然後我聽到其中一個人說：「蓋特，要命就快跑呀！」

「我的槍在哪裡？」都還沒走到前陽台的梯階，我便對著桃麗大吼。

「你要槍幹什麼？」

「我要把蓋特・布恩宰了！」我說。

桃麗一晃眼馬上不見了，我站在梯階上等了好一會兒，正不耐煩想自己進去拿槍的時候，她正好拿著槍走了出來。

奈特那時正在廚房裡做飯，我轉身要離開屋子的時候，正看到她抄在我的前面朝小溪的方向跑，正準備渡過小溪。我跟著她後面飛快地追上去。

等我回到蓋特先前所站的地方時，他已不見蹤影。黑僕們正犛著田，奈特在一旁，雙手疊握放在圍裙前，像一個小女人那樣地站著。

「蓋特在哪裡？」我一邊走近一邊叫著。

「他走了。」一個黑僕回答我。

「往哪個方向去？」我問。

黑僕伸出手指著經過農場旁的那條路，那條路接到通往牛津的碎石子路。所有黑人都停下工作。

「他不會再回來了，約翰先生。」桑・馬丁（Son Martin）說。

「主人不知道會怎麼說？」奈德叔叔說。

「說什麼？」

「你用槍嚇走了蓋特這檔子事！」

「你怎麼知道我拿了一把槍？」我問(當時我把手槍放在口袋裡)。

「不然你到屋裡去做什麼？主人不知道會怎麼說？」

「我真希望你的主人也在這裡，」我說。「我好把他們倆一塊兒解決。你們這群黑仔還不趕快回去工作！」

「是，先生。」他們回應著，並回到農地裡，繼續在暖暖的太陽底下耕作。然後我聽到麥克說：「如果他真的想開槍打蓋特，打他的頭是白費工夫的。我開槍打過他，子彈打不穿他的腦袋。」

黑僕們大笑起來，我也跟著笑了。笑開了之後，我才沒那麼生氣。

稍後我到處看了一下，奈特已經離開了，回屋裡用午餐時，她正在廚房裡唱著歌，桃麗也忙著她自己的家事。我把手槍放好，對桃麗說：「我回到空地時，他已經早跑了。」

「我知道，」桃麗說。「我差奈特趕在你前面叫他快跑。」

我說：「哼！」

我的語氣聽起來很像父親偶爾對母親說相同話時的語調。

蓋特沒敢再回來和我們一起住，他有時會陪比爾來，但每次總是緊跟在比爾身邊，比爾離開時，他也一定跟著離開。比爾隻字不提我和蓋特之間發生的事，但我們討論農事時，他也從沒再要我先問問蓋特。

事情過後不久，蓋特就沒有再和比爾繼續合作。桑・馬丁（Son Martin）是比蓋特更稱職的鞋匠，他接手照料我們的馬匹。至於馬匹所需的醫療照顧，就由傑姆士負責。傑姆士和桑都比蓋特優秀，蓋特唯一擅長的技倆，大概就是玩弄比爾吧！

第十八章 農場裡的國慶大會

農場第一次慶祝開國紀念日那一次，比爾決定舉辦年度烤肉大會。我們事先挖了一個坑，在裡面點燃煤炭，接著不斷地加木塊，幾天後我們就有一床赤紅的炭床可以用。炭床大概有三英呎高，我們在七月三日宰了一頭牛，架在炭床的烤架上開始烤。

比爾進進出出地檢查我們的進度，瞧瞧我們用的柴火好不好，要不就是指導我們烤架要如何搭設——他的人生也到每件事都想插上一腳的階段了。七月三日早上，他乾脆開始全程參與我們的準備工作。

一整天他都留在炭炕旁調著塗肉的醬料，指導黑僕什麼時候該把肉轉一下。比爾非常擅長這類工作，他所調的醬汁散發出來的香味，這天就吸引了一些住得較近的客人。

我們邀請的客人黑人、白人都有，但住在我們家隔壁的吉米・巴弟・史密斯（Jim Buddy Smith）叔叔、奧斯卡・巴漢（Oscar Parham）叔叔、我們農場裡的老潘恩・威爾森（Payne Wilson）卻在盛會開始的前一天就先過來一探究竟，他們說他們在一哩外就聞到香味了。

我們請客人先到農場福利社坐坐，喝點自己帶來的威士忌，吃一點我們準備的沙丁魚、餅乾和罐頭鮭魚，比爾還差黑僕拿些馬鈴薯放在炭床邊烤。我們那天吃掉的食物份量，比起隔天毫不遜色。比爾徹夜未眠，整晚忙著在烤肉上塗醬汁，偶爾也和客人一道嚐各種點心，隔天早上他退出烹調的工作，交給奈德叔叔接手。

七月四日早上大約八點鐘左右，我們和一些早到的白人客人到史密斯的小屋裡，圍坐在客人帶來的一桶威士忌旁。小屋裡面多的是箱子可以坐，上面又有個屋頂擋著太陽，四面的牆把小屋圍得精緻小巧，是個喝威士忌談天的絕佳地點。羅尼・巴克斯（Lonny Parks）先生也在場，我們喝的就是他帶來的威士忌。

談著談著，我們進入一個較有深度的話題。羅尼試著要表達他的看法，但他說的話前不搭後，於是他又再試了一次，第二次也沒能講得清楚，所以他沒講完就放棄了。他轉頭看著比爾，「我現在沒辦法講，」他說，「我的假牙沒裝上。」他往口袋裡摸了摸，以證明他出門時真的忘記把自己的假牙帶出來。比爾等他摸了半天才說：「羅尼先生，我是你的話，我可一點都不擔心。我有滿口的牙，也沒辦法像你講得那麼精采。」

他講的也對。後來我們還是請羅尼先生重覆講了好幾次後，才聽得懂他的意思。比爾那天很晚回去，我們的白人客人也留得很晚，大部份的黑人客人甚至留到更晚。天暗之後來了更多客人，當時我們還剩下很多烤肉，熱騰騰地在烤架上烤著，所以我讓客人盡興地享受烤肉。

福利社還是開著，我必需在那裡招呼客人。我在沙丘上放了個燈，光線散射成一片，把樓梯前那一塊地方照得明亮如晝。肉烤好後，客人就會端著肉往炭坑上方的沙丘走，到福利社取飲料。

我們為客人準備了可口可樂和蘇打水加冰塊，客人吃多了烤肉，一定需要喝點東西。我打開飲料一瓶一瓶地遞出去，客人接了之後就走到前陽台的樓梯那裡去喝，福利社才不致於擠得水洩不通。不一會兒，有位客人拿出一支口琴，在樓梯那邊吹了起來。

吹口琴的客人拿出口琴後，第一件事是先在手腕上敲一敲，把裡頭的髒東西敲乾淨。然後他用嘴順著口琴一字滑過，先拿拿音準。所有的黑僕都停下手邊的事，凝神專注地聽著。

他開始吹起一首獵狐狸的歌，其他人依著曲調哼，模擬著歌曲中狗叫的聲音。聽得出他們正順著小徑尋尋覓覓，最後把狐狸包圍到樹上去。

第一個黑僕吹完之後，另一個就從他手裡接過口琴，吹起一首火車組曲，用口琴維妙維肖地摹擬火車啟動、行進和鳴笛的聲音。接著一位從賽普洛斯溪（Cypress Creek）另一頭來的黑人搶過口琴，開始吹起一首藍調「傑克・歐戴蒙（Jack O'Diamonds）」。所有的黑人坐得比先前更挺直，一個個情不自禁開始用腳打起了拍子。沒多久工夫，大夥兒便跟著節拍拍起了手。

我們的牽引機後面勾了一個運輸用的滑車，滑車約三英呎寬、四英吋長，底部有輪子，就擺在樓梯的前面。我用它搬東西到福利社後，就把它留在那兒，打算下次隨時要用時一拉就可以走。

那個黑人繼續吹著那首「傑克・歐戴蒙」。有個黑人聽著聽著，突然間就跳到滑車上跳起舞來，嘴裡還一邊唸著歌辭。他一直舞到滑動車的一頭，驟然伸手往空中一甩，接著馬上再旋轉身體舞到另一頭。他的鼻子哼著打呼聲，頭往後一甩，看起來活像韁繩要鞭在騾子身上時，騾子的頭往後傾的模樣。

他一個人演著二個角色，一個是把韁繩鞭在騾子身上的他自己，另一個則是不斷甩著頭往後仰，不讓別人拉韁繩的騾子。旁邊看的人開懷大笑，掌聲不斷，氣氛比先前更熱烈、更投入。突然另一個黑人跳上舞台，把原先台上的人推下去，然後自己隨著音樂的節奏，即興表演起抓韁繩駕馭騾子的情形。接著另一個黑人又跳上滑動車，表演從畜棚裡把騾子牽到田裡，並給牠架聲具的動作。又有一個人上去接他的表演，開始在玉米田裡做整地的工作，他右腳交叉到左腳的前面，伸到滑動車的邊上，像掃地似地沿著板子的邊緣掃過——他們在滑動車上闢出一片三乘四英呎大的玉米田。

場內氣氛正熱到最高點，鬧哄哄的人群外圍突然傳來一陣嘈雜的聲音，一個黑僕告訴我有個白人客人在調戲他們的婦女。我過去找到那個喝得醉醺醺，正想把一個黑婦從人群中拉出去的人渣，一把把他揪到大門外，警告他馬上滾蛋，不准再回來。

這件小插曲掃了大夥的興，沒多久黑人就三兩成群地離開了。臨去之前，他們靜靜地揮別夜空，謝謝比爾和我熱情的招待，我們就這樣結束了瘋狂的一夜。

同年晚夏的某一天，我真的狠狠地對比爾發了一趟脾氣。他對我說了些不太中聽的話，我雖然沒有對他說出我的不快，但他知道我生他的氣。

那次我們正在農場上看我種的農作物。我們這一帶所有的前輩都說我種出全比突地區最健碩、最肥美的作物，我當然很樂意帶比爾一道去看看。當我們正望著整片作物時，他突然說：「嗯，約翰，」他說，「你耕作的這片田地我沒得挑剔。」

他那種讚美的語氣，相對於我所付出的努力，以及我們眼前這一片肥美的農作物，根本就不成比例。我想他大概真的是找不出一點可以挑剔的地方吧，問題是他站在全拉法葉區最豐碩的農作物面前，居然只是輕描淡寫地說了一句「沒得挑剔。」

我轉身離開，回到福利社前的樓梯坐下，比爾自己留在田裡。稍晚我吹號角召集大家吃午餐，他聽了根本沒進屋，直接回穀倉開車走了。

下一回比爾再到農場的時候，我們都已經忘了那件事。事情沒發展到那麼糟的地步，那是我倆一生中經營得最出色的一片田地，我想比爾也知道這一點，至少鄰居都是這麼告訴他的。也許他怕我會得意忘形才那麼說的吧！如果他太讚美我的成就，也許我反而會變得太驕傲，或者發生任何疏忽鬆懈的情況。我倒不敢有一絲懈怠，那年秋天我們大豐收，把穀倉裝得滿滿的。

大宗物價隨著時間上漲，我們付給大盤的價格當然也比以前高出許多，因此我將福利社裡所有貨品的價格隨之調高。我們的福利社裡有各式各樣農田裡需要的東西：牲畜的飼料、煙草、衣服、犛田工具等。下一次比爾到農場來時，我告訴他我的作法，他卻堅持要我把價錢再標回來。他認為物價上揚並不是黑僕們的錯，他不想讓他們因此承受更多經濟壓力，因為這無異是對他們的懲罰。

農地上有一座貯存木材的大倉庫，由於倉庫年代久遠，有一些地方都已經爛得不像話了，所以我們決定把它拆掉。那些木材釘在一起使用了那麼久，要把它們撬開真是件費力的事，比爾在場看我們拆倉庫，意外發現每塊木材上都有編號。

這個地方好長一段時間都是老裘（Joe Parks）的地盤，這個倉庫也一定是老裘的傑作，於是我們去問老裘大倉庫的由來。老裘說他在世紀之交雇用了一群中歐來的切木工人，才一起把倉庫蓋起來的。

老裘先告訴他們所需的倉庫大小，那群人便出發前往河下游去砍木材。一個禮拜後他們運著一車車切割好的木片回來，每一片木頭上都標了號碼，釘的位置也標示得清清楚楚。大倉庫沒花多少時間就蓋好了，十二乘十二的板塊架成天花板，上面再架個屋頂，木製的栓嵌入四方主樑的橫木固定。木製的栓是整座穀倉唯一有固定作用的地方，五十年後的我們拆掉一根橫木，倉庫居然只稍微往下塌了一點，整個結構依然完好無缺。

比爾看著我們一步步地拆掉倉庫，整件工程足足花了兩天的時間——我想蓋倉庫至少也要花相同的時間吧。後來比爾把這件事也寫入他的故事中，故事裡的人物幾乎像創作一件藝術品般把一支支木材栓到四面牆上，完成後的倉庫異常堅固，屹立百年依然不墜不毀。

比爾那段時間賺錢像喝水一樣容易，所以他想買什麼就買什麼。獵鳥的季節又快到了，於是他買了一全套達克斯巴（Duxbak）的獵裝。達克斯巴克的服裝都是防水質料做的，獵季開始那天又熱得像夏天一樣，比爾早上出門時甚至必需在外套裡面穿上一件吸水汗衫來吸汗。

他告訴我他想在外面打一天獵，要我們在事先約好的地點等他。他已經拿到新槍，正背在他的胳臂彎下。那是支艾艾莎卡手槍，整把槍以比爾的身形、重量和手臂的長度特別訂製，槍托扣板機的地方也是特別依他手掌的尺寸量製，槍托上有一片刻上他名字的銀板，槍裡的自動發射器也能自動退彈殼。在經濟那麼不景氣的時代，那支槍居然花了比爾將近四百五十塊錢！

那支槍目前由包伯在使用。他有很長一段時間都和比爾一起打獵，比爾去世後，艾絲特拉把槍送給他當紀念。

那天早上我們出發不久，比爾便脫下他那件達克斯巴的外套，請吉米拿著。幾分鐘後那件汗衫也被脫了下來，祖基把汗衫綁在脖子上。他身上已經沒有衣服可以脫了，我們因而被迫打道回府，那天的打獵活動就此告一段落。

我事先已經為比爾找了幾個鳥群比較多的獵區，但我們連第一區都沒到達就無功折返。農地多年來掌控在聯邦土地銀行的手裡，整片地沒有哨兵巡邏，鳥群已幾乎被掃射一空。我們自己成立警哨站，勉強才留下一些鳥供自己打獵用。比爾訂了一個規定，要我們在每一區都留下一些鳥，等隔年獵季再打。我們個個謹記在心，每次打完固定數目就收工，也嚴格阻止其他獵人到我們這一區獵鳥。

有一次比爾又到林裡打獵，身邊還帶著郝利斯・萊特爾（Horace Lyttel）送他的撒特獵犬。郝利斯是《林間小溪》（Field and Stream）雜誌手槍版的編輯，和比爾在韋特・古克（Whit Cook）家結識。韋特在肯恩郡（Coontown）附近有一片私人的狩獵保護區，萊特爾先生不定期會從紐約飛到那裡住個一、兩天。他一向把他的獵犬留在韋特家，打獵騎的馬就在當地租，他每次只需帶把槍來就行了。

比爾也經常到韋特先生家，有一次恰巧就在那裡遇見萊特爾先生，得到萊特爾先生送的狗和一支銀色狗哨。狗哨吹出的音頻很高，常人聽不到那種聲音，只有狗才聽得到。

比爾帶著那隻狗和銀色狗哨一出現在農場，我的眼睛頓時為之一亮。老實說，我從來沒見過那麼美的一隻狗——即使後來我們發現那隻狗只適合做秀，對打獵是一竅不通。那隻狗八成是被訓練成只會捉關在鳥籠裡面的鳥，鳥籠還是每隔幾碼就得放一個。不管牠有沒有找到獵物，牠每幾百碼就會給我們一次訊號。最後，牠在附近的一塊山脊上往下衝，往另一邊的山裡消失了。

比爾拿出那支不會發出聲音的狗哨開始吹，但狗沒理會主人的召喚，躲在對面久久不現身。比爾越來越生氣，哨子也跟著越吹越用力，這真是我此生見過最滑稽的一幕了：比爾滿臉通紅，頭髮根根怒髮衝冠，每次吹哨子都用力到墊起腳跟、全身拉直——妙的是你根本聽不到任何聲音。

包伯和祖基憋不住了，趕緊躲進山溝裡捧腹大笑。雖然那隻狗沒回來，但是比爾每吹一次哨子，牠倒是會嚎叫一聲回應。其實比爾真的吹得太用力了，狗耳朵根本承受不了那麼高頻的聲音。最後比爾終於放棄吹哨子的方法，我們攀過山脊抓到狗後一道返家。

回家的路上，比爾還是氣呼呼的。包伯和祖基特意走在我們後面，一來避免比爾看到他們憋著不敢笑的彆扭樣，再者他們也可以時不時地彎腰偷笑。最後我們看到比爾的腮幫子也鼓起來抽動著，我們知道他自己也在笑他自己，所有人乾脆全部停下來，笑個人仰馬翻。

比爾的艾莎卡用了一陣子後，他覺得槍托不太適合他，於是不知打哪兒找了一塊胡桃木，削薄做了個像來福槍的新槍托。我從沒看過短槍配這種槍托，不過這個槍托也沒用多久，比爾很快又換回原來的槍托。

比爾喜歡坐在壁爐前面，想像著他穿獵裝打獵的情景。那個有點老舊的大壁爐，一旁牆上掛了好幾支獵鹿用的來福槍和獎牌，每樣東西都足以喚醒他某一段狩獵的記憶，可真是他神遊的好地方。他有各式各樣打獵用的夾克和手套，最後他甚至給自己買了一支點二七的獵象手槍。

我認為比爾對談論打獵的熱衷程度，其實不下於他對打獵本身的熱愛。他常會順道到打獵夥伴的工作地點去逗留聊天，一聊個把小時，之後他反倒又開始按捺不住，迫不及待地想趕回樹林裡去打獵。不過隨著年紀越來越大，他倒是越來越少實際去狩獵了。

獵象槍送到以後，他迫不及待地說服我們陪他到河下游去試槍。這件事發生在第二次世界大戰後不久，跟我們同行的還有一位剛退伍的男孩，他帶了自己的軍用槍去。那種槍當時幾乎可以透過任何運動器材雜誌訂購，大約十八塊錢一把。他們一抵達河邊，比爾和男孩便一屁股坐在河岸上，瞄準對岸的蘆葦射擊，比爾什麼都沒射中，那個男孩倒是一槍射中了目標。

比爾說：「讓我試試你的槍。」

男孩回答：「沒問題。」

他們交換槍枝後，比爾又瞄準一株蘆葦開槍，那支舊軍用槍居然射中了。

「我想跟你換這支槍。」比爾說。

男孩回答：「好啊。」

比爾於是用那支全新的獵象槍換了那把只值十八塊錢的軍用槍，原因只是他第一次用那把槍就把蘆葦射成了兩半。兩個人都很滿意這樁交易。

我把這件事告訴一位看過那把獵象槍的朋友，他垂涎那把槍很久了。「我的老天爺！用一個月的薪水跟他買那支槍我都願意。」然後他加了一句：「比爾一向都是這樣的嗎？」

在農場生活兩年後，比爾的錢也差不多花完了，我只好搬回鎮上，在美國公共事業促進局找了份工作。我離開農場後，比爾對農場的興緻也突然大幅降溫，不再像以往一樣常往農場鑽。他在鎮上找了些黑人到農場裡去幫忙後，也就半放手讓黑人隨他們的意思經營他的農場，有些黑人到現在還住在農場裡。

奈德叔叔在我搬回鎮上後不久也跟著搬回來，那時比爾後院的木屋已經有人住，所以比爾在下坡地附近替他租了一間小屋子，繼續照顧他。

錢用完後，比爾收拾行李，再度隻身前往加州。一段時間後，他又腰纏萬貫回到牛津，把大筆大筆的錢往農場裡丟，但態度始終不像從前那麼熱衷。農場裡的牽引機已經舊得不能再用，於是他買了一台新的。另外，他挖了一條排水溝，橫跨過下坡農田的中央，以修正普斯卡斯小溪（Puss Cuss Creek）的流向及流量，並順便修了一條新的橋跨過小溪。工程進行時，他來來去去地看挖水溝的進度及蓋橋的情況，但並沒有再做耕田的打算。耕田與否，就留給黑僕們自己看著辦。灌木籬上及田野間還有幾個地方找得到鳥群，我偶爾會瞧見他開著吉普車，帶著槍和狗從廣場上經過，準備到農場去打一天獵。

奈德叔叔搬回鎮上後，在牛津只住了一兩年就搬走了。他一直渴望能搬回雷普利去渡過餘年，所以比爾送他回去，把他安頓在一間房子裡，為他安排往後生活所需，甚至雇了一個人固定去探望他，並按時寫報告寄回牛津給比爾。

奈德叔叔幾年後在家裡自然死亡，比爾去了一趟雷普利，料理奈德叔叔的後事，把他葬在老上將和其他福克納家族安葬的同一塊墓地裡。

第十九章　我的寫作生涯

雖然機械不是比爾的專長，但因為他很喜歡在自己院子摸東摸西的，為此他買了許多不同用途的工具。他甚至買了一台席爾斯・羅巴克的園藝牽引機來整理花園，機器送到的時候，他像個小男孩般興奮，不准任何人碰它。

牽引機送到時，他的繼子麥克・佛蘭克林（Mac Franklin）也在家。機器被送到他家那個沒有圍欄、地面鋪磚頭的後陽台，艾絲特拉、家丁和廚師都過來幫他把包裝機器的大箱子撬開，木板條卸下之後，比爾便要所有人站到旁邊去。

木板箱裡有本組合指南，比爾看著冊子，一塊一塊地把機器拼裝成形，加滿汽油和機油後，才看到一張潤滑零件的加油表。箱子裡沒有附送加潤滑油的油槍，他於是到鎮上去買了一支加油站使用的最好油槍，起碼花掉二十五到三十塊錢。他把潤滑油倒入油槍，對照著加油表在牽引機內加足潤滑油後，一切準備就緒，機器隨時可以啟用了。

麥克後來告訴我那天的情況：那天引擎第一次發動就順利點火成功，但當時比爾已經先把檔推上去，所以機器馬上往客房的後牆開上去。這架牽引機的引擎有四匹馬力，裝置在那種尺寸的機器上算是夠有力的了。麥克發誓他絕沒有誇大其詞，當時比爾坐在牽引機上，機器在書房走道外的紗門上爬了半道牆高，比爾只好奮力地把機器從另一個方向開下陽台，最後終於找到了排檔桿，把它打在停車檔上。

好不容易把機器停上後，比爾什麼話都沒說，只是下來看看機器，確定沒有什麼地方被破壞，接著就把它開進花園裡，架上犂具開始犂地。

之後的一段時間，比爾一個接一個地幾乎買齊了所有可以加掛在這台牽引機上的配件，不過大部份的配件他其實都沒用過。他買來掛在牽引機上的除草機是像耙稻草用的鐮刀齒型鐵耙，他就用這台除草機整理他的草皮，除過草的院子和剛收割的稻田沒有兩樣。

買牽引機之前他本來已經有一具很不錯的除草機，可是比爾把它賣掉了。他說他們用不上二台除草機，他們不多不少也只有一個院子而已。

他通常自己除草，因為他不讓別人碰他那台寶貝機器。我記得有一回我和比爾一起坐在院子裡聊天，吉兒向我們坐的地方走過來。「老爹！」她叫著，「拜託你把草皮修剪一下好不好？你自己答應過的！明天我就要辦派對了，總不能客人都來了，你還開著那台機器在這裡窮攪和吧！」

「好，好。」比爾回答著，一邊從椅子上站起來，到貯藏室裡把除草機拿了出來。

我跟在比爾後面，想幫他開動除草機，但比爾卻顧自拿出潤滑油槍到處上油，拿出螺絲鉗把所有的螺絲鎖緊，我只好在一旁等著。比爾很擅長使用鋸子和鑿刀，但看起來他對汽缸和火星塞不太內行。等他完全滿意，工具也整齊地放回原處後，他才拖著牽引機到院子裡去。

我在前陽台上坐了一會兒，看著他走上走下地穿梭在貯藏室和牽引機的犛耙間。吉兒站在我旁邊看比爾在草坪上來回了幾趟，確定他真的說話算話後，才心滿意足地轉身進屋去。

有一次我好不容易說服比爾把除草機借給我用，不過後來我把除草機放在家裡太久沒還他，他不大高興，還親自跑來我家把除草機要了回去。菲爾・謨林（Phil Mullen）是當時牛津地區報紙的經營者，他那天恰巧從我家經過，順手就拿起相機要進院子幫我們照相。他先問比爾可不可以照相，比爾同意之後就往旁邊挪了一下。菲爾說：「別走！我給你們兩個人照一張合照。」

「哦，我以為你要照牽引機。」比爾回答，同時又靠回來站到我的旁邊。那一張相片是我們長大後唯一的合照。

在此我也必需談談自己的寫作生涯，因為這層關係，後來我才會和比爾走得這麼近。我相信我對比爾的了解不亞於任何人，但你愛一個人不單是因為他的優點，同時也必需能包容他的缺點。比爾就像任一個平凡人一樣，他身上同時有各種優點和缺點，即使在他去世前幾年我們曾有爭執，但我從未懷疑我們是一對相親相愛的兄弟。不管他現在在哪裡，這個事實將隨他入土。

我是在經營農場的期間開始提筆寫作的。剛開始只是因為我常編故事給我的小兒子祖基聽，這些故事後來彙集成冊，以《祖基》為名出版。

我一直寫著這類短篇故事，但沒有人願意替我發表。有一天母親站出來替我說話，要比爾許諾幫我在寫作事業上發展。她打電話找我，叫我把寫過的故事拿到比爾家的院子裡給他看，他正在院子裡等著。

我挑了兩篇我認為最好的拿去。

我去的時候，比爾正坐在院子裡看書。我一看到他，就知道他心裡老大不情願，只是因為母親的緣故，他才違背自己的意願幫助我。他告訴我把作品擺著，然後又重新坐下來，兩眼直瞪著前方，陷入一片沉思之中。

我把作品放在他椅子的扶手上，便起身離去。

一直到母親再三催促之前，我沒有再回去找過比爾。下一次再去，比爾一如往常地坐在院子裡，我也在他旁邊拉了一張椅子坐下。

「週六晚報會買這兩篇故事。」比爾說。

我口若懸河，滔滔不絕地說個不停。

「你停下來聽我說好嗎，」他說。「你這一趟不就是為了這件事來的？」

我告訴他：「是啊！」

「那你得讓我說話啊！我當然可以用我的名義和你一起投稿，稿件一定賣得出去，但這對你不會有什麼幫助。九成的錢會進我的帳戶裡，而下次你仍必需靠自己重新開始。你自己把稿子寄過去，他們會收的。」

他停了下來，又重新坐在那裡，雙眼直視前方。我知道他講完了，於是我離開他回家去。

郵報退了我的稿件，為此我又去找了比爾一趟。我沒見過他那麼生氣過，他那時在業界已頗負盛名，對自己的眼光自信得不得了，但週六晚報似乎不這麼認同，比爾因此惱怒不已。

我跑到母親家去，告訴她整件事情的原委。她又去找了比爾，這次比爾幫我把稿件寄出去。

「一篇故事要不是一針見血、旨意明確，就是鬆散離題，」他說。「你完成故事之後，只管把它寄出去，人家肯收當然很好，如果他們把稿子退回來，那也算了，再繼續寫你的。記住不要白浪費時間重寫，那只會消耗你更多的腦力。把原來的故事用到你的新故事裡去。」

「沒有人能幫你推銷短篇故事。但長篇小說又是另一回事了，你如果寫一本小說，我一定想辦法幫你出版，這點我做得到。」

我聽比爾的話，寫了一本《工作的人》（Men Working），這本書讓我被炒了魷魚。

美國公共事業促進局正積極地發展組織，母親的遠房外甥，也是莎莉・墨瑞的先生包伯・威廉斯（Bob Williams）當時是牛津的郡長，也是公共事業促進局的負責人。母親去拜訪他，他安排我當牛津籌劃案的工程師，我因此在促進局工作了約一年半的時間。比爾給了我寫小說的點子後，我便以促進局為背景寫了一本小說，書出版沒多久，我就被炒魷魚了。

比爾雖然幫我推銷了那本書，但他也把我退稿的那兩篇故事情節用到他的小說裡去。那些故事在可萊葉雜誌（Colliers）刊出，但我很懷疑他究竟有沒有發現自己故事的題材來自我的小說。母親當然挺身為我說話，但他向母親聲明這絕對不是剽竊文章。我心知肚明，也從來沒有怪罪過他的作法。也是那一次機會，他告訴我每個作家多少都會偷一點別人的創作。

母親在雜誌上看到那篇文章時非常生氣，馬上打電話告訴我。我每篇故事都先拿給她看過，所以她早就看過我那兩篇故事的手稿。

我通常每天早上都到母親家去喝咖啡，和她聊一會兒天後再進城去拿郵件。那時還沒有郵差直接送郵件到家的服務，不過對我來說反正無所謂，因為我很喜歡走路。母親就住在我家到城裡的半路上，所以我常順道到她家去坐坐，有時恰巧比爾也在，我們三個人就一起喝咖啡聊天。

這天早上我一進門，她馬上遞給我可萊葉雜誌，問了一句：「你看過沒有？」

「嗯啊……有。」我支支吾吾地回答。

「裘西（我的小名），那麼你……」她說。

「媽，比爾沒有剽竊我的故事，作家寫的故事只能從自己的腦袋裡創作出來。他也許要花四十年的時間，一點一滴地寫成一本書。有時候他甚至要找到結尾的靈感，才能肯定自己寫的東西真的可以集成書。對他而言，他只知道他突然有一剎那的靈感可以寫成一篇故事，他才不會仔細記下靈感的來源。所謂的作品，是他對所見所聞產生的感覺，這些感覺留在他的腦海裡，直到有一天能夠全部聚集起來，融合成他書裡的故事。」

母親已經在廚房裡來來回回地走了好一會兒，聽完我的話後，她終於坐了下來。「裘西，比爾老早以前也這樣告訴過我，可是他當時用的是『剽竊』這個字眼。他說任一個作家一定會從別人那兒偷一點創作，變成是自己的。」

比爾用「剽竊」這個字眼有點自打嘴巴，他那樣說固然把自己的道德標準提高了，但也很容易讓自己陷於不仁不義中，因為他自己就誤觸了這條禁忌。比爾一向對自己的要求比對任何人都嚴格，他犯了這個錯，實在沒有推託的藉口。

最後我說服了母親，但是她對此仍心存介蒂。她覺得她應該為此事負責，因為是她要比爾看看我寫的東西，他才有機會看我那兩篇小說。

後來比爾才告訴我他不喜歡看別人手稿的原因。他看過的東西都會存在他的記憶裡，等到感覺成熟後，可能就轉化成筆下的故事，寫完後居然就有人要告他剽竊文章。他以同樣的說詞建議我千萬不要看別人的手稿，我把他的話牢記在心。事實上，作家怎麼樣都沒有立場看別人的手稿，因為即使他喜歡，他也不能買那篇故事。手稿只能給肯出錢的買主看，而不是給另一個作家看的。

我的書完稿後，我拿去給比爾看。

「這是什麼？」他問。

「你答應過只要我寫完一本書你就幫我賣，就是這本了。」

「我不會看裡面的內容。」

「嗯，」我回答。

「我會把書寄給出版社，可是我會告訴他我沒讀過這本書的內容。」他說。

「好，」我回答他。

我把手稿遞給他後離去。母親也許跟比爾提過可萊葉雜誌的事，即使我努力要她忘記這件事，她八成憋不住又把這件事拿出來重提。

一個月後，比爾留話給母親找我。比爾不肯打電話，我也不接電話，我們只有借重母親的傳達，做為我們唯一溝通的方式。頂多有時候我們兩個恰巧都在鎮上廣場相遇，我們才會駐足聊一下。

接到母親的電話後，我去比爾家找他。他正在書房裡，我的手稿擺在書桌上。他遞給我一封他的出版商寄來的信，上面說我的作品不像比爾的有後座力，要把我的作品退回來。比爾對他們的做法很不滿，因為他曾告訴出版商若不喜歡這部作品，就請直接把它轉寄到紐約的經紀人那裡。這下可好，他得自己再跑一趟，把它寄出去。

他不嫌麻煩又跑了一趟去寄書。一個月後經紀人回話，請我先潤飾書中的某些情節，以便更完整呈現其中某一個登場人物後，他們會考慮出版這本書。比爾請他們把手稿寄回來，我依他們的意思提筆潤飾了一番之後，又寄回去給他們。

經紀人把我的作品賣給郝克特・布雷斯（Harcourt Brace），拿了伍百元的訂金後，寫了一封信給我，希望我能跑一趟紐約，他們想要多了解我。這種突如其來的要求，讓我只得又去找比爾。我怕死了紐約(現在也一樣)，不管哪個大都會都給我一種莫名的恐懼感，對我而言，那些城市都大得不得了，又住了太多人。

「我真的得去走一趟嗎？」我問。

「如果你的經紀人都這樣說了，你最好跑一趟。」比爾說。

「我哪來的錢付這筆費用？」

「寫信告訴他們啊。如果他們要你跑這一趟，請他們先寄車馬費過來。」

我照著比爾的建議，寫了封信給他們，他們回信問我需要多少錢。

我又跑去問比爾：「去紐約一趟，要花多少錢？」比爾想了一下說：「請他們寄一百塊給你。等等，一百二十五塊好了。」

我回信告訴他們我需要多少錢，不久之後錢就寄來了。然後我又去問比爾：

「到紐約後，怎麼到經紀人那裡？」

「很簡單，」他說。「我畫張地圖給你。」

我們原本站在他的後院裡，這會兒我們轉身進屋往書房走去。他在書桌旁坐下，拿出一張草稿紙和一支筆，我站在他後面，斜側從他的肩後看他畫地圖。

比爾畫了很多像筆記本的平行線，從紙張上端以規律的間隔延伸下去。然後他畫了一些像帳冊裡的直線，最後由紙張的左上角畫一道斜線斜到右下角去。

「橫線條是街道，」他說，用筆指著線條。「街道是東西向的排列。直線條是大道，大道是南北走向的。」他在紙張上畫了個箭號，寫了「N」在箭頭下。「斜的這一條是百老匯。帶著這張地圖，你絕對很容易就找到你要去的地方。」

他盯著地圖看了一會兒。「在路上，不要問任何人怎麼走，你講話的速度太慢，才剛開口說請問，對方可能已經走了半哩遠。而且紐約市也沒有人說英國腔的英文。」他又盯著地圖再看了一會兒，然後他撕了地圖丟進字紙簍裡去。「你想去那裡，攔一輛計程車不就得了，告訴司機你要去的目的地，他就會送你去。」

我第一次就是這樣去紐約的。

我謝過比爾給了我這些寶貴的建議後離去。去紐約前，我到母親家去了一趟。

「比爾究竟為了什麼事情不高興？」我說。「他幫我賣了書，好不容易可以甩掉一顆燙手山芋，為什麼還這麼悶悶不樂？」

比爾在幫我畫地圖時，舉止顯得有點唐突。

「你的書拿到了伍百塊錢的訂金，」母親說。「他的書頂多只拿到四百塊！」

我到紐約時，依比爾的建議招了一部計程車到經紀人那裡，然後再到郝克特去。在郝克特時，我的姓怎麼拼的問題被提出來討論。

我的姓裡本來應該有個「u」字的。我們來自提伯鎮的東北角，曾祖父初次來到那個鎮上時，那裡還有另一戶姓福克納的人家，但曾祖父不喜歡他們。知道曾祖父來自提伯鎮的鄰居，都會問他跟那一家福克納是否有親戚關係。曾祖父一直向鄰居強調兩家福克納一點關係都沒有，甚至對他們問話中帶著點我們兩家有關係的語氣都很不高興，乾脆把我們姓裡面的「u」拿掉，好理直氣壯地證明兩家真的不可能有親戚關係。

比爾開始寫作時，每個人都以為他的姓裡面有個「u」字。他覺得糾正每個人實在麻煩，倒不如自己改一下拼法要省事得多，所以他又把「u」放回姓氏裡面。

我寄書的手稿上用的是全名約翰・W・T・福克納三世，郝克特問我是否同意他們把「u」拼在我的姓裡面。他們認為藉助比爾的名氣並不會幫我的書增加銷量，但是如果我的姓和比爾一樣，也許多少會吸引一些逛書店的人多看我的書幾眼，所以他們打算利用這個賣點做宣傳廣告。

我說不管他們用什麼名字、怎麼拼我的姓都無所謂，只要書賣得出去就行了。最後我們決定把「u」放回姓裡頭，中間名字的縮寫和最後的三世都去掉不用。從那時候起，我就一直沿用約翰・福克納這個名字至今。

我很篤定地認為，以比爾弟弟的身份賣書，至少剛開始對書的銷售一定有很大的助力。放「u」回姓裡的另一個好處是，別人還沒有瞄見郵件時，我就能捷足先登拿到自己的郵件。因為鎮上有三個人名字都叫約翰・W・T・福克納，只要是寄給約翰・W・T・福克納的信，一定都會先被放到約翰叔叔的信箱裡。約翰叔叔拆他的信件時，總會連我的也一起拆開，每次等我拿到信時，信封上總是寫著「拆錯了」，署名「J・W・T・F」。姓裡面拼上「u」之後，他們便把郵件直接送到我的信箱，我挺喜歡這種感覺的。

我已經有了第一本書，在可萊葉爾雜誌也刊出好幾篇故事，比爾因此偶爾會和我聊聊寫作方面的話題。有一次他堅定地告訴我，要我完全不要理會書評家任何批評的文章。比爾說他從來不看評論，那些人自己就是成不了氣候的作家，才會千方百計地寫些負面的評論做為報復，以為把一個作家的作品攻擊得體無完膚，便可以證明自己的寫作技巧比作家更高明。

比爾也告訴我出版社一定會把手稿退回來，要你潤飾後才肯採用你的作品，目的只是為了讓你了解他們對作品懂得比你多。比爾說他們這樣做也沒錯，畢竟是他們花錢買書的版權。

比爾告訴我另外一個重點，他說小說中一定要有矛盾或衝突的情節，而且大部份人最喜歡讀的，莫過於兩個男人爭著和同一個女人上床的情節。

大約這時候，比爾訂下了一個規則。他說我們倆最好能有個協議，約定彼此互不干涉或牽扯到對方的創作，並且不對任何第三者提到有關對方作品的隻字片語。我告訴他他在寫作這一行資歷比我深，應該比我更知道這一點，既然他這麼建議，我當然只有虛心接受。

我們在有生之年一直信守這個協定。曾有人願意付我相當的酬勞，要我針對比爾的書寫評論，但我絕不接受這種誘惑。我肯定比爾一定也曾經有過這種機會，但他也選擇不接受。一直有人不斷嘗試想說動母親和我提筆寫關於比爾的評論，不但我自己堅守承諾，母親也一樣。

母親相當以比爾為傲，所以她也尊重他的意願。我們有時也和別人談比爾，甚至是我們三個人之間的談話，也都會成為別人批評文章裡的題材，所以我在十多年前就決定，如果比爾先我過世，我一定要寫一本能真正呈現比爾的書。

第二十章 天倫之愛

比爾對我們一家人慷慨大方，他把自己定位成隨時可以提供協助的角色。不管替他做過多久事的黑人，只要他們覺得比爾有照顧他的義務，比爾一概義不容辭，凱莉褓姆和奈德叔叔就是這種情況。

褓姆的確曾經是家裡很重要的成員，她把生命中最寶貴的光陰獻給我們，而且忠貞不二地追隨著福克納家族。當她年紀老邁，無法再靠自己賺錢生活後，比爾和母親接納她，當自己人一樣照顧。凱莉褓姆有任何需要就會去找母親或比爾，他們會盡最大的力量幫助她。比爾負擔褓姆餘年大部份的生活費，儘量讓她的生活過得舒適。

褓姆住在郝羅，約離母親家四分之一英哩遠。比爾把她安置在一幢有兩側廂房的公寓裡，還安排了一位住在樓上的女士每天去探望她。天氣不錯的話，她會定時到母親家串門子，如果她太久沒去看母親，母親或比爾就會到她的地方去看看她。

有一次褓姆從母親家回來，卻在她公寓門前的馬路上被車撞倒了。她的鄰居目睹那場意外，馬上找到母親，讓母親趕去看她。鄰居把褓姆扶到她的公寓裡，母親到的時候她已經躺在床上休息，神智還很清楚，但因為受到驚嚇而心神不安，顯得非常柔弱。

母親叫了一輛救護車，並陪她一起到醫院去。褓姆粗糙黝黑的手緊緊地握著母親的手，彷彿在驚嚇過度後，終於找到一條可以依靠的臂膀。

醫院的護士準備將褓姆的衣服脫下來檢查傷勢，但她不讓護士動手，只肯讓母親幫她脫衣服。母親說她從沒見過一個女人穿那麼多條襯裙，也沒見過一個女人脫掉衣服後像她那麼瘦弱。母親試圖說服褓姆一定要讓醫生徹底檢查，好一番工夫後，褓姆終於答應讓醫生做檢查，條件是母親得留在旁邊陪她。

還好褓姆的傷勢沒有大礙，不過因為她的年紀太大，身體又那麼瘦弱，導致她驚嚇過度。對一位像她那樣的老婦而言，即使皮肉擦傷也是相當嚴重的。

醫生們一邊檢查，一邊安慰著褓姆。一等褓姆的情緒安定下來之後，母親馬上溜出去打電話給比爾。比爾立刻趕到醫院去看褓姆，他交代醫生們儘管視需要讓褓姆住院，醫療費用他會打點。

褓姆最後終於擺脫這次意外的陰影，由比爾陪著回到她的住處。比爾和隔壁鄰居商量，請她以後要更常去探望她，如果褓姆有任何需要或喜歡什麼東西，也一定要讓他知道，他會馬上去辦。

褓姆休息一陣子之後，又可以到處走動，她偶爾會像往常一樣去看看母親(當然是她覺得有體力走上四分之一英哩的路時才去)，但畢竟比以前更少出門，母親和比爾因此會固定去看看她。意外過後幾年，我搬到比突去幫比爾經營農場，褓姆突然在那時候去世了，當時比爾剛好住在家裡。

奪走褓姆生命的不是病痛，純粹是因為自然的老化。她是在自己床上沉睡中斷氣的，隔天早上鄰居去看她時，還以為褓姆在睡覺。

比爾把褓姆瘦弱的身軀送到殯儀館去，幫她選了一具棺木，處置妥當後移靈到他自己家的壁爐前停柩一天一夜，第三天出殯。比爾在我們家族墓園裡為她挑了一塊墓地，她的朋友聚集在比爾家準備為她送葬。比爾親自在她的棺木前唸祭詞，隨後一家人跟著靈車送棺木到墓地下葬，並在墳前立了一個碑。

一家人之中，比爾對母親最好，母親答應比爾可以送她東西時，他一定馬上買來送。母親活到八十九歲去世，她一生是個非常獨立的人，最自豪的是她可以以賣畫維生的能耐。

比爾經常把錢存入母親帳戶，但她通常不去碰那些錢。每年一月比爾要報稅時，一定幫母親一併申報所得稅。每隔一段時間，他就會到母親常去的雜貨店裡押個一百塊，以支付母親買東西的費用，並要店主在一百塊抵扣完後稍個信給他，好再送錢過去。他也會視情況適時幫助我們，我們需要錢時他一定伸出援手。

比爾尤其對小黛安(笛恩的女兒)特別好。他對笛恩的意外一直耿耿於懷，亟欲彌補，所以他一肩擔負起照顧笛恩後代的責任。笛恩去世四個月後黛安才出生，幾年後笛恩的遺孀再婚，並帶著小黛安隨夫婿搬到里特・羅可（Little Rock）去。比爾一路資助黛安完成公立學校的學業及歐密斯唸大學的費用，還教導她管理自己的財物——失去了父親庇蔭，她遲早要知道怎麼運用自己手邊的錢。

黛安離家唸大學前夕，比爾把她叫到家裡來，倆個人坐下來一起列出各項可能的支出，算出一學年度學雜費總金額後，他如數給了黛安那筆錢，由她自己支配花費。四年的大學生活裡，黛安把錢控制得好好的，沒聽過她因為缺錢回來找比爾，甚至最後一年在歐洲唸書時也不曾出過任何問題。

黛安唸三年級時就告訴比爾她想去日內瓦大學唸四年級，比爾不但同意了，還給了她一筆夠花的錢。六月份學校考完試後，她馬上坐船從紐約出發到歐密斯在奧比尼（Aubigny）設立的法語學校，唸為期六個禮拜的暑期課程。黛安和一位從牛津同去的女孩一起寄宿在一個法國家庭裡，在家裡只講法文，定期寫法文信給比爾，比爾也用法文回信給她，兩人通信蠻勤的。接著她進入日內瓦大學唸四年級，學成歸國後就和住在傑克森的強・麥洛德（Jon Mallard）陷入熱戀。

黛安的婚禮比照吉兒的模式，比爾先在家裡辦派對宣佈喜訊，比爾、黛安和強一同站在陽台的階梯上，比爾向拿著香檳站在院子裡的其他家人介紹這位新成員。比爾說他雖然對黛安選的這位年輕人並不熟悉，也還無法看出他究竟有多好，但他對黛安的眼光絕對有信心，他也很高興強能成為福克納家的一份子。比爾講完後，我們共同舉杯為他們倆祝福。

黛安的婚禮在主教派的教堂舉行，比爾挽著她的手臂進入教堂，然後親手把她交給強。比爾的遺囑裡也留下一點錢給黛安做預備金，萬一將來她的婚姻有變化，至少有一筆錢可以應急。我想黛安永遠不需要動用那筆錢，我們已逐漸了解她夫婿的為人，深信黛安不會看錯人——比爾當初不也是這麼說的。

我們幾個兄弟都有點頑固，只是比爾的頑固程度似乎更甚，有時幾乎和一頭騾子沒什麼兩樣。他說到做到，既不解釋原因，事後也不會再多談。即使有時他說的話或決定的事在我們看來不見得恰當，我們也不會多費唇舌爭辯或要求他改變主意。每個人都有做決定的權利，我知道有時自己的想法在他人眼中同樣不值一提。

比爾從不試圖用他的主觀想法影響我們，對他我們也持相同的態度，縱使意見相左，我們也不讓手足間的情感因此受到影響。他和一般人一樣會犯錯，但是瑕不掩瑜，他性格中光明美好的一面所散發出來的光芒，足以讓我們忘記他的缺點。

比爾還有另一個特色，他的反應比一般人都快，而且具有高度的幽默感。比爾可以把雙方爭執不下的論點轉化成笑料，或者讓對方接不了話，他依當時談話的對象採取不同的行動，極少有人說得過他。

只有母親能讓比爾聚精會神地聽她說話，比爾從不反駁，如果他沒能把母親的論點轉成笑料收場，他就只站在那裡聽她說。母親的體型比比爾小，比爾遺傳到她的體型和特質，他看人時那種具穿透力的眼神和母親一模一樣。

父親、母親和比爾的瞳孔都深到幾乎成黑色，但父親看人的眼神頂多讓你覺得有點刺眼，母親和比爾的眼神足以讓你覺得有如芒刺在背，似乎他們已經透視到你的內在，看到你內心真正的想法。

比爾的對話中有許多笑料，有一次我們住在大學的校舍裡，校舍後院有一座網球場。有一天我們正坐在前陽台上，有一隻松鼠爬到繫球網的柱子上，正猶豫著是否要踏上球網爬到對邊去。笛恩注意到這件事，比爾坐在笛恩身旁的台階上，順著他的目光也看到這一幕。

「我很納悶為什麼那隻松鼠一直看著那個結，不曉得牠想幹什麼？」笛恩說。

「牠在檢查那個結是不是夠牢固，牠才放得下心跨過那個網子啊。」比爾回答。

一點也沒錯，那隻松鼠仔細端詳考慮了很久，終於順著網子爬到對邊去。

一九一二年時，李・羅素（Lee Russell）當選為密西西比州長。羅素先生是我們的鄰居，也是祖父、約翰叔叔的法律事務所合夥人，約翰叔叔還是他的競選總幹事。

我們另一家鄰居卡特（Carter）就住羅素家對面，他們不喜歡羅素一家人。因為祖父和約翰叔叔在法律事務所的合作關係，我們和羅素先生家有密切的往來，因此咪妮・卡特小姐（Ms. Minnie Carter）在競選活動中一直趁機找比爾、傑克和我的碴。那時我們都還在上高中，其實根本不到投票的年齡，她這麼做實在沒有道理，但她似乎一見到我們，就會聯想到李・羅素一家人。

計票結果顯示羅素先生贏了這一場選戰，隔天早上比爾、傑克和我仍舊照常經過卡特家去上學，不巧遇到正在院子裡整理花卉的卡特小姐。她先是抬頭看了一下，一發現是我們，馬上就戴著園藝手套、手裡拿著毛巾就站了起來。我們很客氣地跟她打了招呼。

「羅素先生都當選州長了，我想這下子你們福克納一家一定迫不及待要坐花車遊行市街了！」她說話的語氣酸溜溜的，把她對羅素家的憎恨全發洩在我們身上。

「夫人，才不是這麼一回事呢，」比爾反駁，「我們這麼委曲求全，還不是為了讓你們這些沒有投票給他的人能早日出人頭地！」

見風轉舵、強詞瞎耗是卡特小姐一貫的技倆，可是這次她只注視了我們一會兒，我們沒理會她，繼續往學校的方向走。我看過好幾次比爾真的就這樣讓人無言以對。

我們認識卡特一家人太久了，雖然兩家有過短暫的衝突，但這些不愉快沒多久也煙消雲散了，兩家很快又恢復以往友好的態度。我們三兄弟有一段時間常借用他們家的前陽台開舞會，那片陽台本來就是平滑的水泥地，只要再上一點地板蠟，就是一片溜滑絕佳的舞池。卡特家有一台留聲機，每當我們在那裡挽著女伴，可提娜・卡特（Katrina Carter）就會把音樂盒從大廳推到外面陽台上，讓我們放音樂跳舞。

選舉後不久，我們又開始在卡特小姐家的陽台上跳起舞來。卡特小姐總是熱忱歡迎福克納家的小伙子到她家去，她很高興看到我們用她的陽台盡情玩樂。那個時候的牛津人還維持傳統英式風度，即使選舉的仇恨也不致對社交生活產生太多負面的影響。

比爾一向自力更生，是我認識的人當中最獨立的人，我沒見過他向任何一個人開口要求幫忙。

他的第一個小孩僅在世上活了五天便過世了，短暫的生命，還不足以在週遭親人的心中留下深刻的印象，傑克和我甚至連一眼都沒有見過她。她的名字叫艾拉巴瑪，是依巴瑪姑姑的字命名的。

艾絲特拉產後仍躺在床上無法出門，所以只有比爾自己出席小巴瑪的葬禮。他認為她只活了五天，在大家的腦海中都只有記憶而已，因此沒有必要舉行正式的葬禮。她的遺體放在一具小小的棺木裡，比爾把棺木放在他的大腿上，一路送她到墓園裡去安葬。

傑克和我一直到下一次回家探望母親時，才從母親口中知道這件事。比爾叮嚀母親不要寫信告訴我們小巴瑪夭折的事，他不想打亂我們的生活步調。

我曾多次引用比爾說過的話，其中有兩段話經常浮現在我心頭，我認為最能表達比爾的想法。在美國經濟蕭條時期，當時公共事業促進局把一批批住在山上的農民送進城裡，由政府單位發給他們救濟金和食物，比爾對這種作法非常不以為然。

他說：「如果農民們能夠分開站，彼此無法靠在另一個人的身上(意指農民們能獨立自主，自立更生)，他們的疾病也許會治得好(他們就不會成為社會的負擔)。」他希望農民能重回農場，過以前自給自足的日子。不管對別人或自己，比爾都以獨立自足的價值觀為最高標準。

比爾說過的另一段話不只在我們的小鎮造成轟動，影響力更橫掃全國各地。比爾說工會是人類最後的一道防線（Our last frontier is our labor unions.）。幾年後在一堂歷史課上，我又再度聽到我的教授講同樣的話，我問教授那句話究竟是什麼意思。

他說他所謂的防線，指的是人類可開拓的自然資源的極限。人類因渴望短期間致富而在這片土地上向西拓荒，當處女地和原始資源沿著太平洋岸一一被開發殆盡之後，人類終究會往唯一還未發掘的寶庫中探究——那就是人類本身。這位教授的研究對象正是「人類」，他把身邊有相同理念的人分組，要加入組織的人需繳交入會費，每個月還要交月費才能維持會員資格。

在那之後不久，有一天我問比爾他那句話是否就是教授解釋的意思，他說：「完全正確！」

第二十一章 御風而行

比爾在好萊塢發展的最初幾年，每隔一段時間都會帶一羅筐親身經歷的趣事回來與我們分享，有一、兩則他自己的笑話則是我們輾轉從別人那裡聽來的。這些故事中，沒有一則笑話比比爾回家寫稿那件事更爆笑。他那時還在合約期內，正在加州的辦公室內修改劇本。有一天他告訴老闆寧可在家寫稿較有靈感，他的老闆因此同意讓他回家去完成手邊的工作。第二天老闆有事打電話卻找不到比爾，才知道比爾說的回家是回牛津的家。

比爾後來接寫的電影劇本都屬於較特別的案子，並不一定需要長住加州。豪爾德·郝克斯（Howard Hawks）特別鍾愛比爾的寫作技巧，他買下一個故事的使用權後，通常會打長途電話請比爾幫他寫劇本，雙方只靠電話就講好一切條件，因此比爾幫豪爾德寫了大部份的劇本。

他們的協定是比爾在完成一個案子、確定不需要再進行任何修飾工作後，一定要到加州走一趟。付錢的方式和比爾以往簽的合約不同，不採按週或按月支付，而是由郝克斯先生先付比爾一筆訂金，並約定完稿日期。合約中有一條獎勵辦法，規定比爾在限期內每提前一天截稿，郝克斯先生就發給他一天的獎金。據我所知，比爾總是提前完成工作，因此他每次都另外拿到一筆獎金。工作一旦告一個段落，他便火速趕回牛津。

比爾是個非常有同情心的「散財童子」，他晚年不斷有大筆大筆的進帳，難得的是他也從不吝嗇與真正需要錢的人分享財富。不時會有一些不幸的消息傳進他耳裡，有事求助時他也不難找，但是如果那個人說的情況不實，他也沒那麼輕易讓人愚弄。他對個人或各式各樣團體寄來小額捐款的請求信絕少理會，事實上，他甚至絕少拆閱信件，一堆堆未拆的信件在他去世後堆積如山地佔滿他的書桌。

比爾幫助過的人(我們自己雇用的黑人或本地的白人都有)，數目之多難以計數。他認識大部份住在拉法葉鎮的人，即使不認識，也都至少聽過他們的名字。他很少拒絕幫忙別人，也不會在公眾場合誇耀他的善行，通常我們都是偶然從他的鄰居或受助的人口中得知他的義行義舉。

偶爾有人直接前來向比爾求助，而我們兄弟又碰巧聚在一起，這時他一定把訪客帶到一旁私下交談。比爾一向靜靜地聽，我在場的時間倒是從沒聽他說過一句拒絕的話，人家需要多少錢，他都願意慷慨解囊。

比爾的不易親近是出了名的，那是他自己築的一道牆，用來保護自己不會因為別人批評他的作品而受干擾。他完全避開所有關於他的作品的話題，如果你偏要主動提起，他會馬上像蚌殼一樣把自己封閉起來，你差不多可以看到他的耳朵像兩扇門一樣在你眼前自動關閉。別人對他作品的批評總是刺傷他的心，這是他唯一想到可以保護自己的辦法，也是他從來不讀任何評論，後來甚至不看書迷來信的原因。

比爾唯一一次破了戒，是一位歐密斯大學的學生正在寫一篇碩士論文，他來請教比爾是否願意撥空指導他，比爾說可以聽聽他的想法。

那天比爾做的比「聽聽」還多。看到那位學生誠懇的態度，比爾也對他的論文提出一些建議。談話當中，那個年輕人談到他在市面上很難買到比爾的某一本書，他唯一找到的是一本售價二十五分錢的平裝版，比爾回說他那本書也只值那麼多錢而已。

那位年輕人馬上回答：「比爾先生，千萬不要這麼說，我還寄望這本書能幫我順利拿到碩士學位呢！」

比爾對黑人那一份特別的感情，導因於他不忍見到黑人淪為社會不公的犧牲品，遭受剝削卻無力反抗。我親身經歷過比爾不肯因為大盤商漲價而調高農場福利社物品售價那件事，比爾堅持物價上漲並不是黑人的錯，所以他不願讓他們多付錢買生活必需品。

比爾一向替遭社會體制迫害的人抱不平，這也成了他和共產黨唯一一次接觸的導火線。整件事情發生於一九三〇年代，純粹是一次錢財上的捐助。

當時我們住的拉法葉鎮上住了一位共產黨員，他也是全州唯一登記有案的共產黨員。這種人單勢孤的處境，引發了比爾的同情心，因此捐給他五十元。這點錢對共產黨其實算不上什麼大捐款，只是比爾對他這種一個人和二百萬人對立的勇氣表達敬佩之意而已。他從未參加過烏拾先生（Mr. Uth，比爾捐款的對象）辦的集會，也沒出席過任何共產黨相關的政治活動。那一次約翰叔叔出馬競選時，比爾雖然幫他開著宣傳車到處造勢，但其實也從沒認真聽完他一場演說，反而對台下聽眾發表的意見更感興趣。

這位唯一的共產黨員和我們想像中共產黨員的模樣完全不同。我們想像中的共產黨員都該留黑色的長鬍子，戴著滑稽的帽子，也許全身髒兮兮地需要好好洗一次澡。他們隨身還帶著炸彈，隨時準備丟上一個，好把周遭炸個粉碎。烏拾先生完全不是這個模樣，我想大概就是他那種有別於我們對共產黨作風的認知，才令比爾對共產黨產生興趣。我想他對一般人對烏拾先生的品格評價如此高的好奇，不下於他對烏拾先生本人的好奇。

烏拾先生不僅不像共產黨員，更是個和一般人沒有兩樣，不折不扣的平凡人。他是鎮上油漆房屋的第一把交椅，他油漆過牛津銀行外面的幾支水泥柱，完成後看起來像極了大理石，鎮上其他的油漆匠都沒有這種絕門手藝。他也用油漆做畫，畫作的功力不錯，內容包羅萬象，大概都以一些安詳的田園景色或是眼神柔和的牛隻為主題。不管我們怎麼努力觀察，烏拾先生就是不像個共產黨員。

烏拾先生從挪威移民到我們鎮上來，所以英語講得不太流利，到現在還是一口蹩腳的破英語。他娶了我太太的遠房表妹，生的小孩都非常聽話。他們本來住在鎮北外幾英哩的一座農場內，有人問我他是否曾在社區裡挑起任何有關政治的反抗行動，我倒沒聽過任何相關傳聞。除了比爾捐給他的五十塊外，也沒聽說有人再捐過錢給他。

牛津鎮很多人家房子的裡裡外外都是他手工精雕細琢漆出來的。他是最出色的油漆匠，收他認為合理的費用，有少數幾戶人家也還有能力付得起他開出來的價碼。

比爾曾被人指控為共產黨、激進主義派、共產黨的同路人或左派份子，其實他對共產黨唯一的興趣，是那個個兒小小，卻無懼於和我們其他二百萬人站在對立立場的烏拾先生。而且不管怎麼說，比爾那一次「非政治性」的捐款至今也三十年了。

牛津似乎對每一個居民(即使只住了短暫的時間)都產生了無遠弗屆的影響。政府官員、一般百姓、部隊服役的人，甚至在歐密斯只教過幾年書的教授都很喜歡這裡的風情，他們退休後都一一搬回來這裡養老。大戰期間我們這座「鄉村俱樂部」還猶如一座空城，沒有多少人住在這裡，如今鎮上到處是他們的足跡。

第二次世界大戰時，艾文斯上校（Colonel Evans）被派駐在歐密斯大學擔任一門政府設立課程的講師，也因而結識了比爾，兩人成為好朋友。他和比爾都酷愛戶外活動，兩個人經常一起出去打獵，或到樹林裡去散步。

除了比爾，艾文斯上校在這裡還有其他老朋友。役齡屆滿後，他決定搬回牛津過退休生活，退休後的第一幢房子就租在離比爾家不遠的地方，兩人於是重拾斷線已久的友誼。

我們鎮外五十英哩處有一座全世界排名第二的泥水壩，壩體長達二英哩。修築這道水壩的目的，是為了蓄積塔拉哈琪河湍急瀉入密西西比河的河水，以調整密西西比河的水位，不致因水漲得太高逆流回三角洲造成災情。

平常壩堤的水面約有五英哩寬，十五英哩長，雨季水面可擴大到原來的兩倍。這一潭新圍成的湖，為牛津帶來前所未有的休閒娛樂：水上活動和划船。

水壩開幕的那一天，比爾的鄰居亞特・蓋登（Art Guyton）的帆船也差不多組造完成。比爾有一天經過亞特的工作室時停下來看他造船，比爾對亞特一點一點成形的帆船越來越有興趣，所以亞特的帆船要下水，比爾也跟著去瞧一瞧。他第一次跟著帆船下水後，便深深愛上這項水上活動，整個心思都在帆船上。

帆船首航後不久，恰好艾文斯上校搬回鎮上，與比爾重拾舊誼。艾文斯上校也很喜歡駕帆船，他們對水上活動的狂熱，感染到他們倆的朋友羅斯・布朗（Ross Brown）和利陀醫生（Dr. Little）也加入他們的行列，四個人在一次聚會中決定共同建造一艘船，船艙要大到可以在裡面吃睡。

因為羅斯和利陀醫生的工作已經佔用他們大部份的時間，所以四個人討論的結果是由他們兩位出錢，比爾和艾文斯上校就負責造船的工作。比爾看過亞特造船，他認為自己可以勝任這個工作。艾文斯將軍做木工也頗有點名氣，他可以自己做出各種木製品，也是做櫥櫃的能手，家裡有一間擺滿了各種木工工具的木工室。

艾文斯上校派駐在美國中南部服役時，和一家加工桃花心木的木材供應商（桃花心木是當時造船最上等的木料）混得很熟，另外他還有位唸西點軍校時的同班同學是那一區的司令官，艾文斯上校很肯定以他們兩人的交情，他的朋友可以幫忙把木材水運過來。他寫信給他的朋友後，便和比爾在上校家的院子裡搭了一間工作屋。

桃花心木運來了，上校和比爾花了好幾個月的時間搭造了那艘船，工程完成後，那艘船美侖美奐，桃花心木的船體嵌鑲著閃亮的銅飾，非常光彩奪目。電力系統接著安裝上去，然後是電爐和冰箱，船裡面的床板可以供六、七個人睡覺。完工後他們依當地的人工、材料計算全部的花費，這艘船大概要花兩萬塊錢才能造得出來。

我們這一帶時常下雨，雨季時塔拉哈琪河的河水沖瀉下來蓄積在大湖裡，那個湖面大到站在水壩上根本看不到另一邊的湖岸線，整個廣大無垠的湖面猶如和天空融成一體。

水位這麼高，幾乎不可能把船推下水去。我們在牛津找不到大型機器可以把船曳引下水，幸好曼菲斯有一家公司願意承接這項工作，他們正等著我們的指示好啟程到鎮上來。比爾和艾文斯上校每天到水庫去量湖水的高度，希望能夠盡快把船引入湖裡，天公偏不作美，水位一直偏高。

艾文斯上校告訴我，有一次他們前去水壩量水位的途中差點發生意外。當時是他開車，比爾坐在他旁邊的座位上，直著雙眼往檔風玻璃外看。他們沿著通往曼菲斯那一條未鋪設路面的碎石路上開著，道路沿著山谷間盤繞，然後在堤岸上一個右轉，要接到橫跨河上的歐德・艾倫橋（Old Iron Bridge）時，卻只看到橋的護欄孤獨地浮在溢出河堤邊的爛泥水裡，至於橋面本身，早就被淹沒在一片混濁的黃泥水中了。

再往前開下去的那一條高速公路邊就是船預定下水的地點，屆時拖車只要把船拖到那裡，快接近下水的地點時再用倒車的方式讓拖著船的輪架滑到河邊慢慢吃水，等船浮起來後放掉勾子，再把拖板拉上岸即可。

那天水位一直溢過河岸的防水堤，氾濫到鄰近的山坡上。因為這裡的山坡地相當平坦，水位每升高半英呎，氾濫的面積就擴大近百碼。拖車必需在離河流一、二百碼的地方就倒車，把船引下那片迂迴看不到的河岸讓船吃水。艾文斯上校和比爾原本期盼水位能逐漸消退，但是實際的情況與預期的完全相反，水位反而升得更高，氾濫面積也越大。

他們沿著這條路開著，艾文斯上校看著路上氾濫的水位高過路面，非常擔心地不時抓著比爾，每到一個水位的高點，就大聲大叫比爾看路。比爾聽著他叫，眼睛卻依然定定地直視著前方的泥水路——或說原本是路，如今已經無法辨認，只看到一片黃水的地方。後來他們輾過一個小圓丘，當時車速很快，艾文斯上校說等他回過神來，他們已經打滑陷進一個泥水坑中。他楞了一下，心想自己會不會已經把車開到水庫裡去了？然後他看到泥水開始慢慢沿著檔風玻璃流下來，才確定他們只是陷在約一個輪胎高的水坑裡，謝天謝地他們還在公路上。

好幾分鐘的時間，艾文斯上校坐在車裡面直發抖，嚇得一句話也講不出來。他轉頭對比爾說：「比爾，拜託你說話啊！你為什麼一句話都不說？你一路上一直看著前面的路，難道沒看到前面有東西，知道我們會撞上去？」

「有。」比爾回答。

「你都看到了，為什麼沒有提醒我？你到底在想什麼？」

「我在想如果你沒有煞車停下來，我們鐵定會開到水坑裡去。」

水位終於退到他們可以放船下水的高度。隔天他們辦了一場派對，慶祝船下水，四個主人帶著太太，邀朋友一道慶祝新船落成。

他們每個人都有一套遊艇裝，雖然不夠正式，但多少可以湊合著穿。其中一位把自己打扮得活像從風尚雜誌（Esquire Magazine）中走出來的人，出現在派對現場。比爾只跟我借了一頂舊的海軍帽戴上，我後來乾脆把那頂帽子送給他。

客人們全聚集在河堤上舉行簡單的儀式，祝賀詞講完後大家一起上船。他們其中有一位(是誰我就不記得了，但我記得不是比爾)在走過船塢的踏板時不慎掉進水裡，大家趕快合力把他撈上岸來弄乾，這個小意外成為整個慶祝活動的高潮。

新船設計精巧，又用巧工建造完成，在水上漂浮時顯得太輕了一點，所以他們在船底壓了一些水泥塊來增加船身的重量，船於是可以很穩健地在水上航行，最初幾次的試航成績都很不錯。

船一直停泊在水庫裡好幾年，最後因一次暴風雨中繫繩鬆脫，船漂出停泊的地方，完全沉到水裡去。船東們雖然從曼菲斯請來潛水夫到水庫底打撈，但是船卻猶如石沉大海，連一片殘骸都沒找到。所幸他們早為船買了保險，損失不算太大。

比爾一向喜歡帆船甚於動力船，所以後來他又買了一艘自己的帆船。亞特那時已經從密西西比大學轉學到傑克森新建的醫學院就讀，所以他把自己的帆船賣給比爾（唯一的條件是比爾將來若想賣掉帆船，亞特有買回的優先權）。亞特知道比爾不會介意他偶爾借用帆船出航，因為他以前也是這樣對待比爾的，他們倆都了解彼此對航行的執著和熱愛。

比爾從沒想過要賣掉他的帆船，他去世時那艘船還放在輪板上，擱在他家後院的屋簷下整修，後來艾絲特拉也把它給了包伯。

比爾偶爾會到我家來接我一起出航，我也漸漸喜歡上這項活動。每次比爾迷上一項新的活動，他就去買大量相關書籍回來研究。他看遍所有關於帆船的書，對於帆船的操作和維修也比一般玩船的人更在行。他在船上拍的風景照很多都印成明信片，在大部份的雜貨店或書店都有販售。

比爾教我駕船，我學得還不錯，可以獨立操作舵柄，即使在漩渦中也能控制和另一艘船的相對位置，也會在必要的狀況下放掉風帆，讓船在橫風向中安然航行。比爾告訴我，操舵的要訣和駕飛機其實有異曲同工之妙，有時駕風帆就像坐上一張無形的椅子在空中飛梭。

水庫大部份地方都很深，即使我們會游泳，那樣的深度也讓我們畏懼三分。曾有好幾個人在水庫裡溺斃，大多是因為突來的暴風把船吹翻，或是船自個兒翻覆所造成的意外。

比爾是個非常細心的水手，他每次出航一定帶一個裝在桃花心木盒裡的羅盤，因為他深知湖上一陣突來的大雷雨或濃霧，可以讓水手立刻分不清方向。另外，比爾堅持上船的人都要穿救生衣，畢竟水庫裡的浪有時可以捲高到六英呎以上。

比爾在前艙板的暗艙下也放了一具輔助馬達，這是因為比爾曾有一次中午出航，卻一直到當天午夜都不見人影。那次事件之後，艾絲特拉堅持比爾一定要帶輔助馬達出航。我從沒聽說比爾曾把那個馬達拿出來使用過，他買那個馬達純粹是為了安撫她而已。

當天事件發生沒多久，艾絲特拉就已經快急瘋了，打電話到處問人有沒有見到比爾。有人說他們看到比爾駕了風帆去到湖上一英哩遠的地方，風卻越來越失勁，最後連一絲風也沒有。

比爾浸漬在豔陽下像堆醃菜，風帆像洩氣的汽球無奈地攤在那裡，一動都不動。好幾艘馬達動力船經過，問他需不需要幫忙把船拖回岸邊，比爾卻一一回絕了人家的好意。他認為自己是出來駕帆船的，所以他也一定能好好地把船開回去。有些朋友擔心他一直坐在大太陽下會中暑，拜託他回船艙裡，比爾還是一意孤行。

那些好心人最後發現自己根本是白費力氣，索性也都各自開著船回家去了。好不容易午夜的時候刮起一陣微風，比爾才能駕帆回家。

比爾在天剛破曉的時候回到家，艾絲特拉當時的情緒已經接近失控，所有的憂心轉化成滿腔怒氣，在比爾走進家門的那一瞬間引爆。這是典型比爾的作風，真是難為了艾絲特拉了。比爾在世時，她也一直很擔心比爾的態度和他愛說玩笑話的習慣會惹來大麻煩。

我太太曾說如果人生能再重來一次，她絕對不會嫁給一個作家，我想艾絲特拉有時也有這種想法。原因之一也許是我們大部分的時間都留在家裡，即使工作也毋需外出。我想太太們應該會希望先生一天八小時，一個禮拜五天可以離她們遠一點，不要老在她們腳跟前晃來晃去。

有一段時間艾絲特拉的眼睛不舒服，她去看了眼科醫生，得知是因為白內障開始形成。白內障在形成期無法治療，一定要等到成形後才能動手術切除，有時得等好幾年的時間。艾絲特拉沒有告訴比爾她的眼睛有毛病，因為就算比爾知道了也幫不上忙，她不想讓比爾白操這個心。她照常生活，耐心等時間到了，直接去醫院動手術摘除白內障，配了一副特別的眼鏡後，她又可以像以前一樣看得一清二楚。

手術後不久我到比爾家去，當時他正在大廳後面的書房裡從窗戶向外看。書房的門沒有闔上，所以我直接走進去，抓了把椅子坐到他旁邊聊天。他嘴裡漫應著，眼睛繼續看著窗戶，沒有轉頭看我。

過了一會兒，他說：「最近這幾年我錯怪艾絲特拉了。你看看，這個書房打理得多乾淨？」

我四處看了一下。「是啊！」

「艾絲特拉整理的，」他說。「不知道什麼時候開始，書房變得這麼乾淨。我以前曾覺得她是個不稱職的家庭主婦，現在才知道她的眼睛曾接近半盲。」

第二十二章 諾貝爾獎的榮耀

母親是個很喜歡看書的人，除了教我們讀書外，她更讓我們了解如果字串排列得宜，它會變成一本值得大家投入時間去讀的書。她在我們成長的各階段為我們挑選適合的書，對她自己要讀的書也很有主見，從不曾聽說她看書是因為「她必需看。」

母親看書純粹是為了興趣，在文學上的品味不輸男人，尤其對喬瑟夫・康拉德（Joseph Conrad）[註1]特別有興趣。喬瑟夫是專寫男性文章的作家，我們是經由母親才間接認識這位作者的，《吉恩主人》（Lord Jim）、《勝利》（Victory）《自戀的黑人》（The Nigger of the Narcissus）都是母親放在書架上的書。比爾的書架上有全套喬瑟夫・康拉德的著作，《維吉尼亞人》（The Virginian）是他最鍾愛的一本，我們也都很喜歡那本書。除了康拉德，我們也很喜歡蕭伯納（George Bernard Shaw）[註2]和撒姆爾．包特勒（Samuel Butler）[註3]的書。

母親晚年對幾位一流的懸疑作家產生興趣，尤其鍾愛雷克斯．史陶特（Rex Stout）、雷斯利．福特（Leslie Ford）、瑪麗．羅伯斯．瑞恩哈特（Mary Roberts Rinehart）和米格農．奇．艾伯哈德特（Mignon G. Eberhardt）等人的作品，她看過的書就轉給比爾和我繼續看。

比爾有一天順道去看母親時，她才剛看完一位新崛起作家郝麗．羅斯（Holly Roth）寫的《紫色裡的深紅》（The Crimson in the Purple）。比爾原本是想去找史陶特的另一本書，但母親手邊沒有史陶特的新書，於是把她新發現的這位作家推薦

註1　1857~1924，出生於波蘭的英國海洋小說家，代表作品有《黑暗之心》等。

註2　英國劇作家、評論家，以機智幽默聞名。著有《人與超人》、《巴巴拉上校》、《皮格馬利翁》、《聖女貞德》等劇作，1925年獲諾貝爾文學獎。

註3　文學史上有兩位撒姆爾．包特勒，第一位是生於1612~1680年間的英國詩人及諷刺作家，代表作為諷刺詩《休迪布拉斯》。另一位包特勒生於1835~1902年間，反對正統達爾文主義之英國作家，主要作品有烏托邦遊記小說《埃瑞洪》及《重遊埃瑞洪》，以及死後出版的自傳體小說《眾生之路》。

給比爾。比爾不認識這位作家，因此對那本書不太有興趣，但是面對母親的熱情，比爾實在不願意潑她冷水。

他很快想到一個婉拒母親，又不會讓她不高興的藉口。他告訴母親他正要進城去，帶了本書恐怕會太礙手礙腳，而且為了避免母親將來再推薦他看這本書，他甚至順口告訴母親自己幾乎只讀莎士比亞的作品和聖經，其它的書很少看了。妙的是比爾在對母親說這些話的前幾分鐘，才問過母親她有沒有尼羅・沃夫（Nero Wolfe）和阿齊・古得溫（Archie Goodwin）的新書可以借給他看！

這件事之後不久我在鎮上碰到一位朋友，他給我介紹一位新作家傑克・歐登（Jack Odom）的作品。傑克曾經是歐密斯地區非常優秀的道路維修工。

加斯瑞特・雷德百貨店的主人叫麥可・雷德（Mack Reed），是比爾很熟的朋友。比爾手稿整理好之後，一定送到他的店裡去請他幫忙打包。每次比爾只要拿著一堆手稿進店裡，雷德不管他手邊正忙些什麼事，一定都會停下來親自幫比爾打包。

有一天傑克到加斯瑞特・雷德（Gathright Reed）的百貨店裡去，站在書架前找著他想看的書，比爾剛好也進店裡，直接向傑克站著的那個書架方向走去。傑克一抬頭看到比爾，馬上匆忙地把那本抓在手上的《是誰搞的鬼》（Who dunit）塞回書架，並趕緊走到古典著作區，隨手抓起一本希臘話劇——他不想讓比爾看到他在文學方面的品味這麼低。

傑克手裡拿著一本希臘話劇，退一步回到走道上，從比爾身後偷瞄他到底看什麼書。那當兒比爾手裡正拿著傑克剛放回去的《是誰搞的鬼》，又在同一個書架上選了幾本書後，便到櫃台結帳離開了。

比爾對舊傳統極為眷戀，因為我們的根深植於這些傳統之中。有一些舊傳統其實已經跟不上時代的腳步，但比爾執意希望這些舊傳統能繼續保存下去。他仍舊遵循許多傳統社交習俗，持續好幾年來，他一定在聖誕節前發帖子，請親朋好友在聖誕節當天早上到他家一起用銀杯盛蛋酒喝。天冷的時候，比爾也習慣在書房裡燒一塊木頭取暖。

比爾在後院蓋了一間燻製室，專燻自己家要吃的肉。牲畜是他自己養的，燻製也要花上許多時間，難怪他的肉品比雜貨架上買的成本還高。燻製工作他大部份自己來，雖然只是傳統的做法，但是吃起來味道就是和現成品不一樣。

艾絲特拉和比爾一樣相信舊傳統有它寶貴的價值，所以他們家花園和菜園裡種的東西都成為她做罐頭、果凍和醃製品的材料。衝著即將來臨的冬季，這些東西也的確比銀行裡的存款實用。

孩子一個接一個來報到，比爾於是跑了一趟曼菲斯，為他們載回一座老式的鞦韆。這架鞦韆的椅子呈格子狀，二邊筆直的支撐桿架到座位上方，兩邊並有格子籬狀的拉環，讓小朋友可以像叢林泰山似地抓著玩。鞦韆底部有一個開關，推開後鞦韆的座椅便能來回搖擺。整座木鞦韆漆成紅綠兩色，比爾不喜歡有彎角的金屬，也不喜歡尼龍製的靠墊。

比爾為吉兒營造了一個和他童年一模一樣的成長環境，他的目的不是刻意要把吉兒隔離在現實生活之外，只希望她能學習到我們童年生活培養出來的好習慣，尤其是對家庭的責任和家人的照顧，讓她對家有更深一層的歸屬感。

艾絲特拉教吉兒怎麼整理家務、做罐頭和醃漬食品。才十幾歲的小女孩，吉兒就已經是個料理家務的能手。比爾教吉兒如何照顧她的貓狗，甚至買給她一匹小馬，還訂做了一輛小拉車，教吉兒怎麼駕馭小馬。馬車是二輪的，上面有兩個面對面的座位，她經常拉著它，載她的小同伴到鎮上去買冰淇淋、到大學去游泳，就這樣逛遍了整個鎮。

吉兒長大一點後，比爾答應給她買一匹可以上鞍具的馬，因為她的體型已經大過她原來的那匹小馬。有一次比爾剛好到加州去，找到一匹他認為挺合適的馬，馬匹是經過登記認證的，黑人們管這種馬叫「紙馬」。

比爾是坐飛機到加州去的，這下子恰好又找到一匹馬，他還真不知道要怎麼把牠運回家。他不願意用鐵路運輸的方式把馬兒運回家，一來旅程太長，二來他也怕馬在運送的過程中受傷。他希望在運送途中可以每天在旁照顧，確定馬匹一直處在最佳狀況。

正當比爾決定買一輛車和一部拖車時，恰巧得知有一位住加州的朋友正要開他的凱迪拉克往東岸去。他的朋友告訴他如果租得到一輛拖板車，他可以幫忙把馬拉回家去。

比爾接受了朋友的好意，他們一路順利地將馬拉回密西西比，接近半夜時分的某夜，拉著拖車的凱迪拉克出現在比爾家的車道上。比爾把馬趕下拖板車後，請他的朋友替他握著韁繩，他自己趕快進屋找吉兒。吉兒早已上床睡覺，他搖醒吉兒，沒有多作解釋便引她下樓走向屋外去，她的馬就站在那裡。

「看那裡。」比爾說。

吉兒本來一直在揉眼睛，這一下她馬上就醒了，眼睛一亮叫著「我的馬！」她頓時激動得淚眼盈眶。

比爾獲得諾貝爾獎前幾年，我相信他的寫作生涯已經陷入瓶頸，寫不出新鮮的情節了。他得獎幾年前就說過，如果他真的得獎，他要改變文體，寫些懸疑的故事。他曾對我解釋寫懸疑故事的竅門，如果作家能找到一個一鳴驚人的模式，以後就可以套用這個模式，只需要改改名字和地名就可以了。

他在寫《沙塵中的入侵者》（Intruder in the Dust）時，就是試著想找出一個模式。故事情節涉及一個無辜的人從暴民陣營裡被救出來，而犯罪集團則經由決定性的手槍子彈彈殼和涉嫌人的武器比對被揪了出來。比爾後來又寫了幾篇懸疑故事發表在郵報，但都是長度不夠出書的短篇小說。

《沙塵中的入侵者》在牛津拍成電影，但這次比爾沒有實際參與拍攝的工作，讓電影公司全權做決定，他自己並不在乎。電影公司知道比爾的個性，也知道不能打擾他的禁忌，他們只在拍攝之前禮貌性地來拜訪比爾一下，沒敢破壞比爾規律的生活。興起時比爾就到拍攝現場去參觀，工作人員會搬張椅子讓他坐下來看拍攝過程。

比爾曾帶母親去看過一兩次拍攝的現場，他很高興母親對拍攝有興趣，工作人員對母親的禮遇，也讓母親覺得尊榮倍至。比爾堅持不對拍攝的過程做任何建議或評論，即使導演自己開口問比爾的意見，他也不願多說，只是一直靜靜地坐著，累了就逕自起身離去。

拍攝工作結束後，電影公司借用大學餐廳為所有工作人員舉辦一場慶功宴，工作人員組成的隊伍走遍鎮上各個角落，大明星和其他男女演員則坐在頂蓋掀開的敞篷車裡。有一些鎮上的人也想參加遊行，電影公司的技師於是把卡車佈置成花車，請他們上車走在隊伍的後面。

花車沿著我住的街道往大學的方向去。我的太太、我及所有鄰居都跑到人行道上看遊行。載著依莉莎白·派德森小姐（Elizabeth Patterson）的車子經過時，她先向另一邊的行人揮手，再轉向我們這一頭對著我揮手，我也對她揮手回禮。

當晚每位明星都受邀上台致辭。「我一定要告訴你們一件事，」派德森小姐上台時這樣說。「今天下午遊行市街時，我看到福克納先生站在人行道上。我向他揮手，他也向我揮手。」

她把我當成是比爾了。

諾貝爾獎審查會還未公布比爾是角逐人選前，我們早已耳聞比爾進入決選名單內。比爾有希望成為諾貝爾獎得主的消息傳出後，好幾家媒體事先就派駐記者守候在牛津，希望比爾得獎的消息公布後，能搶先採訪到他。

記者在得獎者公布的一早出現在比爾家，等著採訪得獎感言，比爾這才知道自己真的得了諾貝爾獎。記者們是在他家後院找到比爾的，那時他正在劈柴火，準備壁爐裡燒的木頭。

媒體報導稱比爾是位五十二歲的農夫，這一點讓比爾相當高興。他雖然不曾親自下田耕地，但的確擁有一片自己的農場，也自認是個不折不扣的農夫。他對自己土生土長的土地有著一份無法割捨的愛，別人用農夫這個字眼稱呼他，比稱他為作家更令他覺得驕傲。

比爾對農務方面的知識大部分都是看書得來的。我們在比突買了農地之後，他便收集了一堆有關農務方面的書，很努力地閱讀研究。他一丁點實務的經驗也沒有，可是對農作物的耕作，他講得頭頭是道。

比爾謝謝記者特地來告訴他得獎的消息，他差不多就只和他們說了這些。第二天他才宣布，他不準備到瑞典去受獎。隔天早上我到比爾家去，他開玩笑地說不能去受獎的原因是他油箱裡的汽油不夠，沒有辦法開車到瑞典去。這句話曾經在其它場合被引述，不過比爾拒絕受獎這件事，一直不像他得獎造成那麼大的轟動，知道的人比較少。

國務院非常關切比爾不準備前往瑞典領獎的事，他們認為瑞典政府是頒獎單位，如果比爾沒有出席，恐怕會演變成一樁國際事件。

即使如此，比爾仍然堅持不去瑞典，他說他寫的書在市場上出版，付得起錢買書的人就有權利把它帶回家，但他的人是他的財產，只屬於他自己一個人。有人願意頒獎給他他不反對，但沒有人有權要求他一定要出國去領獎。

國務院探知比爾和艾文斯上校的交情不錯，於是連絡上校當密使去說服比爾。艾文斯上校到比爾家去，前後不知和比爾談了多久，才終於說服比爾帶著吉兒一起去瑞典領獎。

旅途中有人告訴比爾頒獎晚宴相當隆重，瑞典國王也會出席，比爾得穿上燕尾服、戴白領結才不會失禮。比爾只好馬上去張羅他的衣服，由於他大學穿的燕尾服早已穿不下了，他向禮服公司租了一套晚宴服。

母親把報紙上有關頒獎的報導剪下來，比爾和吉兒在斯德哥爾摩的報導和照片都好好地保存在文件夾中收著。照片中他們走在斯德哥爾摩的雪地上，在路上停下來滿臉微笑地向人打招呼；吉兒在公園旁餵著松鼠；還有很多比爾在晚宴中接受頒獎和致答詞的照片。

比爾致謝詞的內容在此我沒有必要引述，因為這份答謝詞全篇多次為人引述，最後還出版成書。有人說比爾在最後的一句話裡講到一個人的天命時用到的「普及化（prevail）」這個字眼就值得贏回這項諾貝爾獎。

他們回國後，吉兒第一次嘗試寫作。她將這趟瑞典旅程中的點點滴滴分成好幾段寫給報社刊登，就我所知，這也是她唯一刊登過的作品。她的文筆還不錯，我想她大概對寫作不是真有那麼濃厚的興趣，才沒有繼續寫下去。

寫作也不是比爾鼓勵吉兒走的路，他希望能含飴弄孫，吉兒也不負所望地生了幾個孫子讓他忙。吉兒完成學業後就結了婚，生的三個小孩全都是男生，其中一個男孩的名字繼承自比爾：威廉・卡斯伯特・福克納・撒姆斯（William Cuthbert Faulkner Summers）。這群孫子讓比爾時常往維吉尼亞跑，最後比爾索性在那裡也買了一幢房子。

得獎似乎為比爾的寫作生涯打了一劑強心劑，他在拿到諾貝爾獎後更用心創作，寫出他一生中最嚴肅及最好的作品：收在《修女的安魂曲》（Requiem for a Nun）中的《法院》（The Courthouse）、《金色陵寢》（The Golden Dome）及《監囚》（The Jail）等作品。

比爾寫的每一篇故事我都拜讀過，全部的作品我都喜歡，即使有些特別喜歡，也只是基於個人的喜好而已。很多人試著從比爾的創作中挖掘到更進一步的思想或意涵，可惜這些所謂進一步的思想或意涵本來就不存在，也不是當初創作者的本意。大家如果以看故事的心態來讀他的作品，他們會發現比爾是個非常會講故事的人。

有些英文教授和學者試著分析他寫的長串無標點的句子，逐字推敲它背後的意義，這樣的讀法並非比爾的本意，他並不希望讀者以如此吹毛求疵的態度看他的文章。讀任何一篇作品都要順著句子讀，讀者讀到的句子會重現作者寫作時閃過他心裡的想法，句子一開始便帶領讀者神遊於作者的思想空間，由原來的一個想法帶出另外一個，再帶出第三個……一路神遊到句子結尾。這種方式看書，讀者才能看出句子裡每個思想的連結性。

比爾的原稿除了橫向排得很整齊，直向也對得很精準。他習慣在稿紙的邊緣留一點空白，由上至下寫下他想修正的內容。之後的謄稿也是他自己進行，因為實在沒人看得懂他寫的字。我倒是不清楚他用壞了幾台打字機(我寫的東西還沒有他的作品一半數量，就已經敲壞了三台打字機)，但有一點我敢打賭：他用壞的打字機絕對比他用掉的墨水瓶多。

比爾一向坐在母親送給他的那張細長高腳桌旁寫作。那張桌子本來也是寫字桌，但是從來沒人料到它要負荷比爾這麼大的寫作量。桌子看起來那麼脆弱，其實比較適合放在女仕們的房間裡，比爾把它靠在窗台旁，讓陽光能從他的左肩照進來。

他寫作時坐的椅子也是母親給他的。那種高背椅座位的部份很窄小，一般人通常會把它拼著牆放，很少派得上用場。比爾把椅背鋸掉，在椅子上放了一個坐墊，那張椅子就這樣陪他走過他的寫作生涯。

比爾有小部份的作品不是在那張椅子上或桌前完成的，那一段時間他的背有毛病不能伸直，但他又想把手稿謄完，所以他把打字機放到床邊的地板上，身體俯臥在床上，頭和手懸在空中把字打完。

比爾獲得諾貝爾獎後，以前出的書又全部重新付梓，一時之間他的書舖滿整個市場。其他出版商致力收羅藍燈書屋忽略掉的比爾著作，比爾再度成為公眾的焦點。

有家電視台想把比爾的日常生活拍成電視影片，一組包括了幾位資料搜集專員的工作小組帶著攝影器材來到牛津。在鏡頭下，比爾在廣場上悠哉地走來走去、在他家和朋友們聚在一起。片子裡他的朋友以經常一起打獵的那群朋友為代表：艾克・羅伯斯叔叔（Ike Roberts）、約翰・康寧（John Cullen）、華特・米勒（Walter Miller）和大雷德(Big Red)，他們成為全國性雜誌中曝光率極高的人物。

各種榮耀也如漲潮般地湧進，一座座附上褒揚狀的獎座，和他得諾貝爾獎帶回來的一些紀念品都一併放在當地博物館的展示櫃裡，那個櫃子幾乎快滿出來了。

紐約時報把基爾特頭版獎（The New York Newspaper Guild's Page One Award）頒給比爾，外國政府單位更是錦上添花地頒給他其他獎章：他成為法國榮譽組織

（France Legion of Honor）的一員，他對自己領子上那只薔薇花飾領針非常驕傲。頒獎典禮在紐奧良舉行，比爾帶著母親和艾絲特拉一起出席，傑克也和他的法籍太太從墨比爾來參加盛會。頒獎典禮全部用法語進行，比爾致答辭也用法文，在場的法國政府官員對比爾的致答辭讚賞有加。

不久一群俄國作家在國務院的護送下到了美國，他們一行人抵達後接受國務院熱情的晚宴招待，接著開始討論行程安排。俄國人要求的第一個行程就是想和比爾會晤，國務院打了個電話給比爾，比爾也欣然同意星期三的早上給俄國人一個小時的會面時間。

俄國人有點不悅，他們原本希望能和比爾聚個兩、三天的。但比爾依然堅持只給他們一個小時，俄國人後來沒有來拜訪比爾。

第二十三章 晚年生活

密西西比最肥沃的地區在三角洲一帶，這個三角洲從曼菲斯南方的高地開始，一直延伸到亞祖城（Yazoo City）。以寬度來看，它最寬的地區接近五十英哩，長度差不多是寬度的兩倍。

三角洲一向是棉花的盛產區，這也是密西西比州的主力產品。三角洲上的史東維爾區（Stoneville）長久以來都是政府的棉花田實驗區，每年夏天棉花公會都會在這裡選一天展示農產品，舉辦烤肉、野餐及展示棉花種植的新方法和使用範圍。當地知名人士都被邀請到會場，本土和國外業者應邀來參觀，州長、參議員和華盛頓代表也會前來參與盛會。

比爾獲得諾貝爾獎的那年夏天也受邀到會場致詞，在會場上侃侃而談瑞典農耕現況。他這場演說精采無比，但演講前他努力啃了很多書，把瑞典農耕方法全記在腦裡。演講結束後，熱烈的掌聲一波接一波而起，比爾很滿足地下台去吃了一大盤烤肉。比爾很會吃，也是個能盡情享受食物的人。他的胃口很好，尤其喜歡吃豬肉，即使夏天也不例外。

比爾晚年是好幾家大學爭相邀請的客座講師，他到過普林斯頓大學做一連串有關如何運用豐富想像力寫作的演講，去世前幾年他每年春天都在維吉尼亞大學固定開研討會。

吉兒和她先生就住在維吉尼亞大學所在地夏洛特斯育爾（Charlottesuille），保羅從維吉尼亞大學畢業後，就在當地與人合作經營一家法律事務所。比爾受大學邀請前往講課，正好讓他每年有更多理由可以和孫子們多聚上一段時間。

比爾也很喜歡維吉尼亞州的人，他在那裡加入當地的狩獵俱樂部，也和大學間互動良好，維吉尼亞成了他的第二個家，他真誠視它為自己的家鄉，最後甚至在當地買了一幢房子，把主房租出去，用租金收入付稅款和維修的費用，只留下一間他和艾絲特拉隨時可以去住的房間。

艾絲特拉現在長住那裡，所以她不必遠離自己的女兒、孫子們。她把牛津的房子讓出來給歐密斯大學使用，一方面是紀念比爾，一方面也提供大四學生和新聞系研究生除了上課、研究之外，另外一個可以繼續工作的環境。校方認為在比爾住過、寫過文章的地方工作，也許對校內有潛力的年輕作家是個不可多得的去處。不過艾絲特拉也留下一個房間，以便隨時想回牛津的時候有地方住。

比爾得諾貝爾獎後，國務院曾多次運用他的知名度建立美國形象，除了國內演講外，國務院更以美國文化代表的身份派比爾到世界各國訪問。

有一次比爾在丹佛為一場國際性會議發表演說，他又重提諾貝爾獎頒獎典禮致答辭中關於人類天命的話題，但這次他用了幽默的方式來表達。比爾說如果人類最後真的成功地毀滅了自己，而且全世界只有二個人倖存下來，這二個人一定又會忙著動手造火箭想逃離他們親手毀滅的地球，而且未出發前又會吵起來，爭論著要往哪個方向去才能找到新世界。

比爾代表國務院拜訪了法國，也去了義大利、南美洲、希臘和日本，所到之處都受到極高的尊崇和禮遇，希臘政府幾乎把整個國家交給他。這一段期間他也為吉兒做了兩次演講，一次在牛津她高中的畢業典禮上，一次在新英格蘭她畢業的潘恩・麥羅學院（Pine Manor College）。

比爾在吉兒高中畢業典禮時的演講只有五分鐘長，是該校有史以來最短的畢業致詞。吉兒在潘恩麥羅學院每年都當選學監，她畢業時比爾也在畢業典禮上致詞，不過我想致詞長度大概也很有限。

吉兒還在潘恩麥羅學院時說了一句蠻有趣的話，不過我們完全了解她為什麼會那麼說。她必需面對她是比爾女兒的這個事實，有時甚至不能當她自己。別人一知道她是比爾的女兒，就會開始不停地和她談比爾的事情，後來吉兒實在受不了，她說她一輩子沒有像討厭威廉·福克納那樣討厭過一個人。

比爾從斯德哥爾摩帶回他得獎的獎金後（三萬一千多），在大學裡的音樂學系裡成立了一個五百塊錢的獎學金。其他的錢他也沒留多少在身邊，大部份都用來成立一個專人運作管理的基金會，基金會成立的目的是要幫助州裡需要救助的同胞。

比爾雖然只留下極小一部份的錢自用，但是他第一次認識了錢的價值。在這之前他賺多少花多少，然後在下一筆進賬之前過著賒賬的日子。現在他拿到錢時，開始會撥出一些做投資。

他再版的書當然也為他帶來一些財富，但是比爾想有多一點的收入，於是他又開始寫作，寫出最具代表性的幾本書：《寓言》（A Fable）、《華廈》（The Mansion）、《小鎮》（The Town），以及他生前最後一本書《掠奪者》（The Reivers）。

我覺得這幾本書沒有他早期的書好，但這幾本書的筆調已經脫離他早期作品的辛辣，代之而起的是一種更成熟、更有深度的見解。

比爾得獎也為他的生活帶來另一項改變。以前他一直是個喜歡避世隱居的人，但現在只要一拿起報紙，他的照片和訪談一定刊登在上面。照片中有他在維吉尼亞教書的情形，有他和朋友們坐在矮牆上，穿著獵裝，聊著馬經的情形，或是他在肯德基州的賽馬會裡餵小馬，手掌掛在圍牆外面。幾乎每到一個地方都有攝影記者跟隨在比爾身後。

他還住在牛津時，他是我們熟知的比爾，對某些人來說或許有一點獨特，但鎮上的人都視他為我們這個大家庭的一份子。

他在前院馴馬，經常由他前門外的小徑一路騎到鎮南的泰勒區去。他也經常散步，在牛津城裡各個地方都碰得上他，手裡拿著手杖或是一把沒有打開的傘，臉上洋溢著滿足的神情，我想這大概是因為他不必再操心錢的緣故吧。

他現在的收入是以前的好幾倍。我記得有一天他又順路來看母親，但是看起來生氣的不得了。原來電影公司才剛又買下他一本早期小說的使用權，他當時的收入又那麼高，光賣掉這本書的使用權就得付上二萬二千塊的稅金。比爾說他的經紀人說什麼都不該賣掉使用權的，應該等隔年他的收入低一點時賣。

比爾的喪禮結束後，曾有一篇報導寫到看到我就像看到比爾的鬼魂依舊在牛津的街道上遊盪，這並不是別人第一次把我和比爾弄錯。

我剛結婚時太太一直想要一架縫紉機，於是我跟謨利斯先生（Mr. Morris）分期付款買了一台。謨利斯先生是勝家公司在鎮上的經紀人，我先付給他五塊錢的訂金，再以按月付五塊錢的方式付清剩餘款項。

謨利斯先生把貨送到我家，之後我又連續付了一兩個月的錢後，第三個月沒有錢付給人家。

我千方百計刻意躲開謨利斯先生，希望在湊足錢之前不要被他逮到。有一天，我在廣場上出其不意被他撞見，他纏著我，問我兩個星期前答應要付的錢為什麼拖到現在。我告訴他我沒那樣答應過，而且我也一直找不到他的人。但他堅持我答應過他，還好那時我身上有五塊錢，於是我付了當月的款。

後來我才知道原來不知情的比爾變成謨利斯先生催收貨款的對象，謨利斯先生把比爾誤認成我，比爾也乾脆代我答應他「下個禮拜」一定付錢，他認為這麼做可以幫我爭取一點時間籌那五塊錢。

比爾的晚年雖然不需愁錢，但品味卻和一般人非常不同。大部分有錢人會買高級車代步，而且每隔幾年就向車商換新車，但比爾對車從不講究，對他來說，車子不過是代步的工具，只是送他到目的地去而已，只在舊車太破舊的情況下他才買新車。

一九三五年比爾買了一部福特A型的新車開到加州去，那部車一直跟了他十年，一直到不能再開之後，他打電話給修車廠把車拖回去修理。最後一次他打電話給修車廠時，修車廠的人要他換輛新車，因為車子已經到了使用期限，總有淘汰的時候吧。

我到農場工作的第一個聖誕夜，比爾開車來接我們到他家吃晚餐。他開著那部舊A型車來，天氣很冷，車上的布簾沒有拉上，窗戶上的明膠護片幾乎硬化掉光了。我們身上裹著厚厚的衣服保暖，但進城的路上和回家時仍然冷得不得了。

比爾那輛車的底盤都已經銹出一個個小洞了，坐在車上往腳下看，可以看到路面飛速往後退。他的繼子麥克說車的底盤銹掉倒也是件好事，至少萬一煞車壞掉時，還可以把腳伸到車子底下去，用腳把車煞住。

第二次世界大戰才剛結束，修車廠告訴比爾他的A型車已經沒辦法再修了。那時恰巧市面上又沒有新車供貨，比爾只好在別克經銷商那裡買到一輛二手福特旅行車。新車一上市比爾就把二手車賣掉，買了一輛布萊茅斯（Plymouth）旅行車。

比爾也不喜歡車上裝一些有的沒的配件。那輛福特二手車裡原本有個收音機，比爾要別克的經銷商先把收音機拆下來，他才肯付錢買車。

比爾常開那輛布萊茅斯往北部的維吉尼亞州跑，如果麥克沒有在傑克森把它撞壞的話，我想比爾一定會一輩子開著它。車子撞壞時，比爾也沒打算修理，他又買了一輛福斯廂型休旅車（Nash Wagon），這輛車伴他走完人生路，艾絲特拉現在在維吉尼亞也開著它。

比爾帶著諾貝爾獎金回來，各家汽車經銷商都肯定比爾一定想馬上買一部又炫又拉風的新車。他們開始在他家門前搭起帳篷，新車一輛一輛地開到他家請比爾試開。有些推銷員幾個星期後就打了退堂鼓，只有史都別克的銷售員一直耗到一年後才肯放棄做成這筆大生意的希望。他認為比爾現在那麼有錢了，不會真的想開那部布萊茅斯一輩子吧！

有一天比爾開著他的舊車經過計程車招呼站，聽見一個計程車司機這麼說：「如果我像他一樣富有，我絕對不會讓我的廚師開那麼破舊的車來上工。」「也許就是因為這樣他才富有的。」另外一個司機回答他。

得到諾貝爾獎後，比爾生活的點點滴滴都被完整錄下來，攝影師和新聞記者無時無刻都等著捕捉比爾生活近影及報導他的近況，不管比爾到哪裡去、做了什麼事，一件也逃不過他們的眼睛。

從維吉尼亞寄贈給我們的東西中，我最喜歡一個學生寄來的那張比爾和他的布萊茅斯在一起的畫。他是歷史系的學生，正在研究維吉尼亞州的古戰場。他花了很多時間順著戰地標示邊走邊做筆記，研究當初作戰的軍隊如何進行攻防。

他在信上說他每次出去做勘察研究時，常會遇到比爾開著那部沾滿泥巴的布萊茅斯，跟著某一次戰役的標記往前勘察作戰的進行方向，有時候停下來讀著標記上的文字，或乾脆下車仔細端詳某些特別引起他興趣的小東西。那個學生說，比爾對這些已成歷史的戰地用心的程度，和他實在不相上下。

比爾晚年大部份的衣服講究舒適，他已經不是那個被封為「公爵」、愛趕時髦的年輕人了。唯一一次燃起他趕時髦的渴望是在維吉尼亞州，他到處在找一枚能代表自己是打獵俱樂部會員的徽章。他那時有一件皇家飛行隊的藍夾克，雙排銅扣，有個像一般俱樂部夾克的口袋，襯裡是紅色絲料。比爾非常喜歡在家裡穿那件夾克，但我不曾看他穿出來過。冬天在城裡遇到比爾時，他一定穿著一件厚重的西裝和法蘭絨襯衫；如果天氣較溫暖，他通常就穿卡其色的軍服和一件斜紋軟呢料的舊大衣。夏天他總穿卡其衣服、一件運動衫，頭戴一頂遮陽帽。

他通常抽煙斗，天氣冷得不得了時會穿上戰壕裡的士兵才穿的防水外套。我沒聽說他買過大衣，自從第一次世界大戰後，防水外套一直是比爾的正字標記。

除了卡其褲以外，比爾沒有再買什麼衣服，真的有需要時，他會用訂做的，而且一定照他理想中的樣式做，價錢也都不便宜。我也曾在大冷天看過他沒穿防水外套在路上走，因為那天他穿的那套附背心的西裝是用大衣的料子做的。他另外還訂做一雙豬皮製的田野間專用高筒走路鞋，鞋模是用陸軍鞋的版子。

偶爾比爾會穿一身奇裝異服出現在我們的面前，不過那一身衣服剛好符合他的品味。有一天他到鎮上來，穿著半正式的服裝，戴著一頂長禮帽。將近四十年來我們鎮上沒有人賣過這種帽子，他在紐約看到了一頂，很高興地把它買下來了。

我們大夥兒都沒太在意他那身打扮。既然我們知道他和一般人不一樣，他又有錢應付這樣的開銷，我們就應該有雅量接受他這種愛做怪的行為。反正我們知道不出幾天，他又會穿回原本那一身卡其服和斜紋軟呢外套的打扮。

有一次他穿了一身粉紅色維吉尼亞打獵俱樂部的西裝出現在鎮上，連外套也是相同的顏色。他喜歡他那一身模樣，特地穿到鎮上去照相。我們看著他漫步穿越廣場，向卡菲茲照相館（Cofield's Photograph Studio）走去，後來店家還多沖了一張那天的相片，貼在相館的窗戶上。

比爾在卡菲茲相館裡照過不少的照片，相館將照片完整地存放在一個檔案夾內。比爾去世後，他們把照片全數送給大學，校方把這些照片掛在學校的密西西比廳裡。比爾的大姨子桃樂斯・歐德罕（Dorothy Oldham）目前是這個廳的館長。

密西西比廳展示所有出生在密西西比州作家的完整作品，書量多到連書架都快塞不下了，難怪有人說密西西比人出的書比看書的人多。不過雖然本州的作家很多，也都有相當的知名度，但比爾的作品還是最具有吸引力的。

廳裡大部份的書都是初版，具有紀念價值。幾年前有些書被人偷走，因此學校規定要進密西西比廳翻閱資料的學生一定要先取得特別的通行證，而且裡面的書一概不准攜出廳外。

比爾的工作習慣和我們不同，他沒有所謂的咖啡時間（Coffee Break）。每天早上十點和下午三點我們一定會放下手邊的事，聚集在我們常去的咖啡館或酒吧喝咖啡聊天，但我從未看過比爾出現在這種場合。

比爾通常在自己家的爐子上燒一壺咖啡，之後便整天喝著那壺咖啡，客人來訪他也奉上一杯。通常他都在需要買東西或辦事時才到鎮上去，一到鎮上就先上郵局看看有沒有郵件，然後往他要買東西的店裡去。有時他走在廣場外圍的人行道時，也會停下腳步來往廣場裡面張望。

鎮上大部份的居民就讓比爾當他自己，如果比爾想和他們說話，他們就會回應；如果比爾沒和他們說話，他們就當比爾一定又在構思故事，不想被人打擾。他們知道比爾在世界各地造成大轟動，也知道他的偉大一定有原因，但是對他們而言，比爾是他們從小就認識的小男孩，他們看著他長大。也許比爾對他們來說有點奇怪，但也沒有與眾不同到足夠變得那麼偉大。比爾的名字被提起的時候，他們通常就笑一笑、搖搖頭，不再多做討論。

我回想著比爾，腦海裡一直浮現那位學生的畫——比爾開著他那部滿是泥濘的布萊茅斯，在維吉尼亞州的戰地上尋找著往日戰爭的痕跡。他非常熱衷於閱讀有關內戰方面的歷史書籍，對這些歷史他能倒背如流，功力不下於一位大學教授。

我多麼希望能從他的眼睛裡，看到當初他在維吉尼亞州追尋戰爭遺跡時所見到的景象。

第二十四章 嚴重的墜馬事件

有時比爾會有好一陣子較少到鎮上來，通常都是因為這段時間內他對自己的家比較眷戀。他自己的家和家裡的一切活動一直都是最吸引他的，鎮上的事物甚至不能轉移他心中的這份眷戀。即使比爾喜歡戶外活動，這些戶外活動也多在住家附近進行。

比爾家前院和牧場中間本來有一片板狀的籬笆隔開兩邊，比爾把籬笆拆掉一半，蓋成一座三英呎高的彈跳訓練牆。他在籬笆的另一邊蓋了一道斜坡，先上斜然後再往下斜到他的院子裡來。

訓練時比爾先把一匹小馬牽過斜坡，一次一次讓牠習慣坡度後，他開始讓馬小碎步快跑，直到它可以躍過訓練牆。最後，比爾騎著牠大步騰躍，一口氣跳過了那道斜坡。

比爾家連院子原本占地十四英畝，後來他把道路對面的地也買下來，房地擴大到三十五英畝。他在前院和牧場間闢了一個圓形的騎馬場，前院另一塊平坦的地方規劃成槌球場。

林達兄弟(菲利斯與杜威)是我們童年的玩伴，兩個人後來成了醫學博士與牙醫。他們晚年住在林達老家重蓋的房子裡，與比爾家相距不遠，就在比爾最喜歡騎馬散步的小徑旁。比爾晚年好幾次從馬背上摔下來，而且還摔得不輕。幸運之神也許特別眷顧他吧，林達兄弟親眼目睹比爾摔得最嚴重的那一次，馬上送比爾就醫。

比爾在往泰勒的小路上騎馬，從頭到尾一路黃土飛揚，只有轉過林達家大門後約半英哩的路鋪有碎石子路面。這一段路經過幾戶人家，然後接上一片廣闊的鄉野，兩邊是空地和樹林，還有一間他們偶爾會進去休息的小屋。比爾喜歡這樣的小徑，他不喜歡在鎮上騎馬。

他摔得很嚴重的那一次，碎石子路已經向鎮外鋪出去好幾英哩長。有一家叫詹伯斯煤氣用品公司在林達家後面約一英哩處設了工廠，石子路於是鋪到公司所在地，其餘的路面和以往沒有多大改變。

比爾在第一段路面鋪設好之後仍舊繼續在這段路上騎馬。有一天早上他騎馬經過林達舊家前，剛好有一張紙從路上飛到馬蹄邊。馬兒被驚嚇，猛往後退的勁道把比爾四腳朝天摔到路面上。幸好菲利斯和杜威正好在外面的院子裡，菲利斯立刻上前查看比爾傷勢。比爾有內出血的癥兆，菲利斯說這麼一摔足夠要掉他的一條命。他把比爾扶進屋裡休息，看來他得休息上好一段時間，讓受傷的臟腑慢慢復元。

比爾好幾次從馬背上摔下來，但通常都不嚴重。雖然他有過摔下馬的經驗，但他從沒因此減低騎馬的興緻。他特別喜愛騎馬跳躍的動作，對他而言那種快感和駕帆船類似，感覺就像在地面上飛翔。

比爾摔得較不嚴重的那次發生在他訓練小馬的時候，當時他已經準備好要做跳躍的動作，偏偏小馬在緊要關頭時臨陣退縮。比爾預期這樣的事難免會發生，心理上早已做好準備，摔下來時他用手把身體彈到院子草坪的那一頭，沒有摔得太嚴重。

比爾在他去世前不久，才剛在通往貝利林的小徑上狠狠地從馬背上又摔了一次。這條小徑由比爾家車道的入口開始，延伸過他兩片土地間的圍籬後進入樹林，連接到父親以前經營的冰廠和比爾在《軍餉》中寫到的那一潭水池附近。往泰勒的那條路因為已經鋪設了路面，比爾於是改變騎馬的路線，騎在這條有樹林的小徑上。

比爾那天早上已經騎馬到舊冰廠，那裡現在只剩下雜草和小石子，偶爾還會看到一小塊機器的殘片從草堆中冒出來，像一塊生銹的墓碑。他在那裡轉身往回程的方向騎時，不慎又摔了一次。

艾絲特拉是第一個發現事情不對勁的人。她剛好往房子外一瞥，便看到比爾的馬，背上還背著鞍，韁繩拖在地上，正站在大門旁等人開門讓牠進去。她直覺意識到事情有點不妙，很快跑到屋外去，卻看不到比爾的蹤影。她先試著打電話沒人接，她開始猜測比爾也許在小徑上摔得太嚴重起不了身。她先到林達家找菲利斯，然後兩個人便一起沿著小徑去找比爾。

大概在小徑半英哩遠的地方，他們遇到比爾一跛一跛地走回來。他說馬又把他摔了下來，剛摔下去時他連爬起來都有困難。摔下馬背後，馬往前走了幾步就停下來回頭看他，又轉回他躺著的地方用鼻子推推他。他試著拉住韁繩，但是沒有成功。

馬又往後退回一步，在原地站了一會兒之後，才往回家的方向走。馬至少在大門邊站了十五分鐘之後才被艾絲特拉看到。

他們把比爾扶回家裡的床上躺著。這次雖然摔在柔軟的泥土路上，但不知為何似乎比從石子路上摔下來的那一次嚴重。他在床上躺了很久，飽受疼痛的折磨，直到去世時也沒有完全痊癒。

母親和艾絲特拉不止一次阻止比爾騎馬，告訴他騎馬也要看看自己的年紀；就算執意要騎，也不該做像跳躍那麼危險的動作。但比爾聽不進去，他喜歡騎馬，更沒有放棄的打算，所以她們最後也懶得跟他爭下去。

比爾去世前一年有一回他又去看母親，那時正是夏天，母親坐在陽台上。他走上陽台，拉了把椅子坐下。

「比利，」母親說。「前幾天傍晚，我在這裡看到一個人騎著一匹很漂亮的馬經過，不過我看不出來他是誰。」

「他有沒有摔下來？」比爾問。

母親回答：「沒有。」

「那個人一定不是我。」比爾說著便笑了起來。

比爾在維吉尼亞州也摔下馬背好幾次，每次都是上報後我們才知道他又出事了。有一、兩次他難免受傷，但都算是輕傷，沒有這兩次摔得那麼嚴重。

他多次北上維吉尼亞州，有一次受邀從維吉尼亞到白宮做客，可是他婉拒了。那一回新任總統策劃了一項新的文化推動計劃，傑出的詩人、作家、音樂家和藝術家皆先後受邀出席一連串的晚宴，比爾當然也在受邀名單中。邀請函寄到時，他說走一百哩路去吃一餐太遠了，他請艾絲特拉回信給第一夫人，婉轉地拒絕邀請。

比爾待在家裡的時候，會在屋裡屋外磨蹭做一些事。家丁或廚師總是跟著比爾一起工作，沒有他們兩個人，不知道比爾怎麼活下去。

家丁除了幫比爾刮鬍子外，另一部份的工作便是跟在比爾後面幫忙遞工具，那是比爾唯一有機會碰工具的時候。家丁把工具遞給他後就站在旁邊看他做事，偶爾幫比爾混合灰泥，比爾想要砌磚或架高小鳥戲水的水池時，他就在一旁幫忙鏟泥土、挖洞，或者把泥土從高地鏟到低一點的地方去填平。

比爾在家裡不止做些磨蹭的小事，除了在陽台上砌出一道牆、圍出邊廂之外，他還準備雇用一、兩個工人幫他蓋間新穀倉。他已經有一座舊穀倉，原本是養牛養馬一起用的，但是他想蓋一座專門養馬的馬廄，這大概是五、六年前的事。

第二次世界大戰後技術工人不好請，因為當時房屋的需求量大增，讓房屋承包商有接不完的案子做，所有的木匠都被房屋承包商簽走，他們必需按時上工，撥不出空暇的時間做比爾的工程。比爾找不到木匠，因此他決定自己蓋新穀倉，那座穀倉依他的想法蓋，而且蓋得很結實。

比爾計劃蓋新穀倉時，我曾到他家去看他蓋新穀倉的預定地。我住的地方離比爾家不遠，他住在一片山脊上，我住在另一邊，中間夾著一個河谷，他蓋穀倉的敲打聲從河谷對面很清楚地傳到我的窗口。我每天工作時都聽得到他在敲鎯頭、鋸木材的聲音，一直到山谷裡沒有再傳來任何敲打的聲音後，我知道他的穀倉已經蓋好了。

帶我參觀新穀倉的時候，比爾的臉上泛著滿意的神情。佇立在穀倉前的比爾，代表的是他不依賴別人、自立自強的精神。他指著那座後來決定要加蓋的圓塔，對我說他想在屋頂上加個風標，然後在塔的前面加一座鐘。我沒有特別注意他後來是否動工加上這些東西。

比爾住的房子內戰前就蓋好了，算是牛津地區的老房子。房子是兩層樓殖民時代的建築，呈L型排列，樓上房間門前的走道因此形成一道小迴廊。他買下房子的時候前廳的寬度跟後面的中廳一樣，廳中還豎了一根圓柱。

房子在書房的那頭只有一間房間，打開房間後門就是一處露天砌磚的露台，從露台可以直接下到一樓，這裡就是比爾發生除草機失控意外的地點。最初這兒原本和房子底樓的樓面一樣高，樓面鋪著木材板塊，但是比爾買下房子幾年後，他便把這塊地板移到地面上。

比爾家L形長條的一邊有三個房間，樓上房間都是臥室。裘裘和麥克加入後所有的房間全派上用場，每個小孩各有一間房間，比爾和艾絲特拉住在二間相通的大房間裡，那一側廂房的樓下便是大廳、飯廳、餐具室和廚房。

比爾後來又把後陽台的樓板面往上移，並圍起來當他的新書房。他也利用飯廳和房子後門通到一樓大廳的小廊道圍成小憩用的休息室。

比爾就在這間新書房裡寫出他後期的作品，不過還是坐在他原本寫作的椅子上。他照樣把書桌的一端抬高，架到窗台上，好讓陽光可以從他的左肩射進來。比爾前後把房子改了好幾次，從修改中試驗他的新構想，一直到最後才改出他要的樣子。他習慣自己動手，真的需要幫手時才會請人幫忙，後來幾次就乾脆花錢雇人來施工。樓下的前陽台左右拓長到與整棟房子同寬，新建的部份沒有蓋上屋頂。一堆堆的土運進來填高陽台的高度，泥土搗固之後，比爾用磚頭鋪在上面。陽台邊做了一整排的欄杆，兩端各有樓梯通到院子裡。

比爾受邀到紐奧良受勳時才剛完成最後一次整修工作，艾絲特拉趁機在紐奧良的古董店找了幾件適合放在新休息室的傢俱。他們回牛津時，那輛灰色的布萊茅斯後面塞滿了不小心就會碰壞的法國傢俱。

比爾習慣讓爐火燒著，可是他還是開挖地下室，放了一個大型煤油加熱爐，裝了一套中央暖氣系統，希望他待在屋裡的時候覺得舒服點。對我們這種住在大棟老房子裡的人而言，暖氣所費不貲，天氣不太冷的時候，只有我們時常走動的房間才開暖氣。比爾的作法不同，冬天裡他整棟屋子開著暖氣，天知道比爾的帳單有多大一筆，反正他從來哼都不哼一聲。

比爾老說英文的字彙不夠多，如果以他使用字彙的情況來看，我想他說的是真心話。他真的用上了所有字彙裡的每一個字，有時候我們都還不知道自己的語言裡有這個字。偶爾我會懷疑比爾用的哪個字是他自己創造出來的，可是我一查字典就真的翻到那個字。比爾給我們每個人培養了一個好習慣，讓我們越來越熟練地使用字典。

有時候我覺得比爾在一句話裡似乎用上所有的字了。有人說他句點用的不夠多，比爾回說他下一本書出版的時候，一定會在書的最後一頁放滿整頁的句點，並附上一句話：「如果您覺得比爾用的句點太少，您可以從這一頁裡拿去放在您覺得需要的地方。請儘管拿，不要客氣。」

比爾一輩子抽煙斗，抽到最後還自個兒混煙絲，調配自己喜歡的口味。他偶爾會依場合需要抽紙煙或雪茄，但是平常仍以抽煙斗為主。他買的煙斗都是登喜路（Dunhill，他最喜歡的牌子）、班韋茲（Ben Wades）、雪西尼斯（Sasienis）等上等貨，不過他倒沒有變成一個煙斗收藏家。

剛開始他總是把煙斗定期送到一家「煙斗醫院」去清理、打亮，讓煙斗散發出光澤，那也是我第一次聽說有煙斗醫院這種地方。那一天我在他們家，一大包煙斗才剛送回來，看起來像全新的一樣。後來比爾不再送煙斗去整理，他乾脆一次買足六到八支煙斗，一直抽到煙斗裡的煙草吸起來會變味以後，就把煙斗全送人，然後再去買個六支或八支新煙斗。他給過我好幾支他不要的煙斗，我到現在都還留在身邊，有時候會拿出來抽。

比爾喜歡的煙草口味相當多樣，他每次上煙斗店固定會買上好幾種現成混好的煙草回家，接著一罐又一罐地打開試抽，好像我們在餐桌上一盤一口地品嘗不同食物的神情。

比爾抽煙的口味很重，夏天他會加一點維吉尼亞淡煙絲來淡化一下口味。他告訴我一個密訣，如果混合過後的煙草味道不太新鮮，只要混進一點淡雪茄煙的煙蕊，味道就會再回來。

比爾大部分的煙斗都以石南科植物根製成，大多數男人在戶外也都使用這種煙斗。據我所知他只用過一支海泡石做的煙斗，那是以前我們還住在校園時的事了。我想比爾的煙斗目前應該大多都在麥克那裡，麥克也是個煙斗客，比爾曾教他抽過煙斗，所以艾絲特拉把比爾的煙斗都給了他，這些煙斗也算有了好歸宿。

第二十五章 史奴普斯

母親去世前幾年（她在比爾過世前兩年去世），因為年紀大，身體經常出現老人病痛，也因此常上醫院，就算出院後也必需躺在床上療養。那一段期間我們曾請過護士來照顧她，但她都不肯讓護士照顧她太久。她習慣自己一個人，很不喜歡有人跟她住在一起。我們為這件事情和她爭執過，她就是不肯讓護士繼續留下來。在這種情況下，我們當然要挪出時間來照顧她。

儘管我們的照顧不像護士那麼無微不至，但我們肯這麼做讓她覺得欣慰，也許這反而比一個時常打擾她的護士更能幫助她早日恢復健康。

一天早上我又去看母親（這天輪到比爾弄早餐給她吃），她正靠在床上坐著等比爾端早餐進來。比爾端進來一個托盤，上面有培根、蛋、烤麵包和咖啡，母親全吃光了。換成是護士，她才不會吃得那麼乾淨，事實上，護士想讓母親吃一點東西都不太容易。

早餐後，比爾很快就離開了，換我留下來陪母親，一直待到傍晚吃晚餐時，比爾又帶著艾絲特拉準備的晚餐進來。那天晚上本來輪到我送餐，所以我也帶了一份桃麗準備的晚餐給母親。縱使母親非常欣慰我們肯這樣照顧她，但通常她待在床上的時間都不會太久，在她根本還沒完全康復之前，便已經看她下床穿好衣服，一如往昔地做她每天例行的事。

比爾和我都認為她有時候一定覺得我們很煩，這種時候我們就儘量不去吵她。有一次她說自己年紀太大，變得有點反覆無常，幾乎無法忍受有人跟她共處在一個屋簷下。她和比爾一樣頑固，這八成是遺傳。

我接管中南航空的職位後，有一次比爾到曼菲斯的機場來看我。艾絲特拉和吉兒傍晚來接比爾回家，那時候公司已經下班，於是我和他們一道走。桃麗那天去牛津探望她母親，我打算隔天再和桃麗開車回曼菲斯。

車子駛出曼菲斯市區後不久，艾絲特拉對比爾開車的方式有點意見，我記得的片段大概是這樣的：車燈是整件事情的導火線，我忘記是一個燈不亮或者是兩個車燈都在閃，但不管是那種情況，艾絲特拉都覺得不放心，要比爾把車開到路邊去把車燈修好再走。但比爾不肯停下來，他一心只想回家，認為車燈留到明天再修也無妨。

艾絲特拉轉而懇請我說服比爾停下來。我說：「比爾現在在開車。」

艾絲特拉說：「你們福克納家兄弟有時候真會讓我氣得不知如何是好。比利如果不先停下來把車燈修好，我們四個人搞不好非得到鬼門關報到不可，可是你們根本一點都不在乎，就算他真的把你送上西天，只要禍首是你們兄弟中的其中一個，你們就無所謂。如果你們兄弟中有一個人說：『我們去死吧！』剩下的一定會說：『那我們就一起去。』」

約在這個時候，比爾又開始寫文章，這次他開始關注社會無差別待遇的問題（其實就是指白人對待黑人的方式）。其他兄弟並不喜歡討論這個議題，但是我們對比爾的支持，和我們在照顧母親時所付出的關心是同等的。兄弟間難免會做出一些不合其他兄弟意見的事情，可是彼此間的關懷之情，絕對不會因外力而有所動搖。「如果他想那樣做，就由他去吧」。比爾也曾經用同樣的語氣說過母親。

比爾一開始提筆談論種族無差別待遇後，他們家開始在奇怪的時段接到匿名電話，比爾對此非常反感。神秘的聲音通常一直詛咒他，他們的郵件也多半是匿名者寫來的指責信。我們兄弟沒有人同意比爾的看法，所以我們都說：「他自找的。他應該早知道會發生這種事情。」

雖然如此，比爾也沒有一點活受罪或受煎熬的樣子。沒有人動搖得了他，比爾不接電話也從不拆信件，除非他認為那封信裡面可能會有支票，他才會剪開信封的一端，然後抖抖看有沒有支票掉出來。

他去世後，我又回到他的書房，看到一個特別的架子上放滿他未拆的信件，一包包出版社寄回來的原稿也還好好地包著堆在架子上。

比爾在這種處境下過了好幾年，直到他對這個議題表達全部的看法後，就沒有再寫過任何有關無差別待遇的文章，他去世前兩三年我也沒在他的演說中再聽過這個議題。我們大家都鬆了一口氣，很高興這件事終於可以落幕了。

一位歐密斯大學的英文教授針對比爾作品中經常引用的「史奴普斯」（Snopes）寫了一篇頗長的論文，他從來沒聽過有人的姓叫史奴普斯，好像被這個字的發音迷住了似的。他的論文主軸在論述這個字在發音領域上的價值，所以他翻遍字典，把發音和這個字類似的字全找出來，然後再把這些字的意思和比爾賦予史奴普斯的性格特徵做比較。

教授收集的資料大致專注在有「sn」發音，而且拼法比較短的字。他找到了「snarl」、「snitch」、「snivel」、「snipe」這幾個字，主要論點推測比爾會選擇

「snarl」和「sneak」這二個字。他說複數的s一定要加在名字後面，因為比爾把他們形容成「一群蝗蟲」。

很多學者都對比爾取的這個代號很感興趣，比爾對這種現象只以一句話帶過，它說這大概是他寫作生涯中「最幸運的一件事」。

史奴普斯家庭在我們的成長階段大量湧入牛津城，不過我們也只認識住在我們家附近的史奴普斯。他們大多是佃農，看自家人比看鄰居更討厭，家人間彼此也互不尊重。他們強烈不滿自己的生活步上祖先的後塵，還在一片貧瘠的山丘上扒地找飯吃，所以想到鎮上來過好一點的生活，讓孩子受好一點的教育。在強烈的動機之下，他們達成了心願。

就像比爾的描述一樣，史奴普斯們最初只能搬到鎮外粗製濫造的房子裡，一個月只付幾塊錢的租金。這種小房子頂多只有一兩個房間，他們卻能把整家人都塞在裡面，更離譜的是有些人還把親戚帶來，一次帶一個，直到鎮上到處都看得到他們家的人。起初他們做些比較卑賤的工作，再慢慢以小餐館或小雜貨店之類的生意自立門戶。最後他們進駐了廣場，當起商人、市議員，也有人當了書記官。

其中有一個人做到電力廠的所長，在短短六個月裡把電廠搞得一團亂，糟到電廠沒辦法再供應我們用電，整整一個夏天，我們沒電可用，只能等著電廠把新的發電機裝好。他們甚至掌控了銀行，我們需要借錢還得去向他們開口，我們從不認為這種事居然會發生，但是實情就是如此。

他們的小孩在學校出現時，我們才逐漸注意到他們。他們的小孩比我們努力，成績也相對地比我們好很多。從小孩子的身上就可以感受到那種極力想擺脫過往貧困生活的意志力，他們會好好地把握住每一個機會，很堅持、很有毅力，以不莽撞的態度逐漸溶入這片土地。他們如雨後春筍般住滿整座山頭後，不知不覺慢慢湧進鎮上，有一天你驚訝地發現他們已經是你的鄰居。

有些人後來搬到曼菲斯去，他們的子孫活躍在銀行、房地產公司或百貨公司當高階主管。另一些人成為顧客群很多的律師或醫生，名聲非常響亮，住在像摩臨師公園（Morning Side Park）這種高級住宅區裡。

除了最初移居至牛津這個目標外，比爾沒有特別描寫史奴普斯有什麼成就。在比爾眼裡，他們像是「一群蝗蟲蜂湧而至，攻占了我們的鎮」，要不然也可以形容成「一群白蟻逐漸瓦解我們舊有的社會傳統。」

史奴普斯的確改變了牛津。他們突然間掌控了我們的銀行、最大的商店乃至政府，我們發現了這一點之後，才第一次明白人類努力的價值。

史奴普斯出現之前，我們的生活一直都是呆板陳套的。我們把一切委託給市政府，一個任期又一個任期地因循著我們一貫的常規過日子，銀行操縱在所謂的上等階層或有錢人家的手中，百貨公司則是父傳子模式的家庭企業。我們不願接受這一波新血注入我們的生活之中，但這種刺激對我們來說也許反而是福音，因為為了保持原有的領先地位、留住手中的優勢及資源，我們必須更活躍地追隨社會脈動。雖然我們不喜歡這種轉變，但我們束手無策，這種困境至今仍未解決。

史奴普斯的下一代做了一件事，在我眼裡是鎮上的一樁悲劇，我知道這件事很深刻地影響到比爾的感受，或許比爾為此才替他們取了這個代號，而且永遠都只呈現他們最令人討厭的一面，而不寫他們其他的故事。

有一戶人家在鎮上住了好幾代，家中有一個年紀比我們大的兒子患有癲癇症。由於他發病的情況有時極嚴重，他的家人必需經常監看他，因此他沒辦法上學，只能在自己家的院子裡活動，不能離開家人的視線。

他們住的老房子很大，前院的外圍有鐵條圍籬把整個院子圍起來。這棟房子恰巧位在第二代史奴普斯上下學或進出城必經的路段，比爾、傑克和我也常經過他們院前的那條路去上學或到樹林去玩，如果遇上那個男孩恰巧也在院子裡，我們幾個死黨一定停下來和他玩一會兒。

我們認識他很久了，他除了體格比我們高壯之外，和常人並無不同。每次我們要離開，他一定在院子裡沿著圍籬一直陪我們走到盡頭，然後舉起手來道別，等我們揮手回應後再回院子裡，待在家裡規定的那塊地方。

那一家的大門從來不上鎖，因為他從不曾企圖要離開那片封閉的世界。但史奴普斯到鎮上後，情況便有了改變。起先他們已經注意到那個男孩有點不一樣，但也並沒有特別理會他，他們通常走在人行道外側，或在下面的馬路上玩自己的。

後來他們越來越習慣在院子裡看到他，便開始走到人行道上，甚至走在靠圍籬的地方。他們對男孩百般挑剔，又很快發現他們很容易就可以激怒他。他們的行為實在非常的幼稚，但幼稚的行為多半是出於極端殘酷的結果。

這種情形發生好幾次，終於有一天，男孩被激怒了，匆忙地推開大門要衝出去抓他們，那些人被撞跌到街上。史奴普斯沒料到男孩可以到院子外面來，他們一直認為大門是上鎖的。他們回家向父母親告狀，他們的父母於是到警察局要求討回公道。警察沒有追訴權，他們只是去找男孩家裡的人，要求父母親限制男孩只能在後院活動。

我們都奇怪為什麼從此沒在前院看過男孩，我們再也不能和他相聚，沿著長長的鐵圍籬跑。我猜比爾是我們當中對這件事最生氣的人，他選用那個名字做為他們這一班人的代號，和這件事也有點關係。比爾認為他們一直停滯在那個階段沒有進步，他們永遠是強加酷刑於男孩的罪魁禍首。

比爾筆下的各類角色都被大家討論過，他總會寫到各個角色的黑暗面和他們最奇怪的表現。書評家說比爾本可以把南方最好的一面呈現出來，卻反而把它最醜惡的一面給掀了底。在《沙塵中的入侵者》這本書裡，他自己比我更能把這個原因說得清楚。有一段話裡他說，只要這個故事夠詭異，大家當然會相信任何有關南方的傳聞。他寫下來的是大家會相信的事情，因為這是他們花錢買書的目的，而且作家也要賺點錢呀！在《派倫》（Pylon）這篇故事裡，他寫到三個男人輪流分享同一個女人的故事，他說大家想讀這類故事就要花錢。

比爾的故事一定架構在他最熟悉的背景裡。有一句警語提醒作家最好寫自家後院發生的事，比爾和其他作家一樣清楚自己在寫些什麼，他是作家這一行的花魁，沒有其他人能受到那樣大的讚賞。

雖然比爾從不刻意為他寫的故事收集資料，但他的觀察力敏銳，也喜歡聽別人談話。他不是因為作品的需要才特意觀察和傾聽的，但他一向就把觀察和傾聽到的一切先儲存在他的記憶裡，以備將來有一天派得上用場。

《派倫》就是一個典型的例子。比爾自己有一架飛機，有一次他和佛能・翁萊飛去紐奧良參加蘇汕機場的開幕典禮。典禮完後，佛能先回曼菲斯，比爾繼續留在當地和羅克（Roark）及瑪麗・布萊德福特（Mary Bradford）多聚聚。比爾和他們是老交情，佛能離開後他們便接比爾到他們家小住。

瑪麗・蘿絲（Mary Rose）說最後幾天的集會他們根本沒瞧見比爾的人影。有一天過了半夜，她聽到有人在敲前門，她去開門讓比爾進來。在那之前，他們甚至不知道比爾還待在紐奧良。

好幾年後她在華盛頓告訴我這件事，當時《派倫》早已出版上市，她才剛讀完這本書。她對我說：「我那時當然不知其所以然，但是看完《派倫》後，我終於知道真相。那天晚上比爾來找我們的時候，他已經寫好這本書了。」

比爾寫《派倫》裡面的部份情節，是在那次集會中實際發生的事件。《派倫》的故事寫到一個法籍的特技飛行員駕駛的飛機墜機，飛機隨即起火燃燒，其中有一個只會唬弄人的記者說：「他們根本就不是像我們一樣的人類……飛機墜地後被拖出來，他居然連一滴血都沒有，滿身只裹著唧筒裡的油。」

我已經從佛能口中知道那一次墜機的經過，發生事情的是一架正在表演特技的瓦可飛機，由一位法國人駕駛，他向達可公司租了那架飛機，租金一百元。

大部份作家在寫作生涯開始時，權利金多少都會被榨掉一點，經驗慢慢累積，才教會他們在這一行業誰靠得住。這一個通例也毫無例外地發生在比爾和布萊德身上。布萊德的第一家經紀商坑了他六千塊錢後，便匆忙整裝前往英國，在英國過第一個聖誕節時，他寄給布萊德一份聖誕禮物：一個皮製的旅行包。布萊德總開玩笑地說那是他六千塊換來的旅行包。

初期合作的出版商也佔比爾的便宜，我不曉得他們詐走比爾多少錢，比爾也不明說，只提過他們詐騙了他好幾張權利金的支票。他在幫我和經紀商拉線的時候告訴我這些事，他說自己也是吃虧上當後才學聰明的，所以他敢擔保他幫我拉線的這位經紀商絕對可靠。我寫作過程從沒被經紀商虧過一毛錢，這一點真的要感謝比爾。

作者在每一篇作品裡不斷穿梭其間，但比爾能夠在作品中把自己的角色表現得最鮮明。他和故事中的人物緊密生活在一起，看到他本人，猶如他故事中的角色真實再現。有時候很難分得清到底現實或小說中哪一個才是真正的比爾，不過兩個人的形象某些方面是重疊的，當我看到比爾，我也同時看到他身邊圍繞的那些故事。但儘管如此，他依舊是我熟知的約翰・福克納，一個穿著卡其衣服、舊斜紋軟呢外套，或是穿著T恤、戴著遮陽帽，甚至偶爾還著奇裝異服，出現在廣場上的人。

我坐在殯儀館的台階上等著比爾的遺體，眼前比爾筆下的人物活生生地在廣場上再度出現。我看到他、傑克和我在一起的時候，威爾・吉爾（Will Geer）（《沙塵中的入侵者》裡的警長）也在現場。一大早，他的吊帶褲帶子半掉，正在做早餐招待探監的訪客，他把蛋打到平底鍋上，一邊對訪客說：「有人吃兩個蛋還不夠的，要講一下，不要客氣。」

從我坐的地方，我也可以看到廣場另一邊的裘・克里斯茅斯（Joe Christmas）從監獄裡被押往法院，他手中還上了手銬，卻突然以一股蠻力掙脫警衛逃跑，帕西・格林姆（Percy Grimm）只好騎警用腳踏車在後面死命地追。面對我腳下的這一條路，座落在警長家隔壁那座小型輕巧的建築，海陶爾牧師（Hightower）就住在裡面。他每天傍晚一定站在窗前看著幽靈騎兵隊快速奔馳，追著逐漸消失的喇叭聲而去。

每個角落我看到的都是比爾和他的故事：牛津、傑佛森、拉法葉鎮、尤可那帕陀方。

比爾走了，他先一步踏入永恆的明天，永遠地留在尤可那帕陀方郡，再也不會離開我們。

附錄：威廉・福克納年表

一八九七年：九月二十五日出生於新亞巴尼。
一八九八年：舉家遷居雷普利。
一八九九～一九〇一年：傑克和約翰相繼出世。
一九〇二年：遷居牛津鎮。
一九〇五年：進入年津小學就讀。
一九一四年：六月結識菲爾・史東；十二月輟學離開高中。
一九一五年：九月重返學校，參加足球隊，鼻傷而休學；十一月到史東的營地獵鹿。
一九一六年：任職第一銀行，並開始寫詩。
一九一八年：六月加入英國皇家飛行隊，駐紮多倫多，結訓後返牛津故居。
一九一九年：發表零星詩作，九月入密西西比大學當旁聽生。
一九二〇年：十一月自大學退學。
一九二一年：受僱於書店，不久返牛津鎮。十二月在密大任郵政局長。
一九二二年：組織童軍隊。詩作《畫像》發表在紐奧良報章上。
一九二四年：菲爾・史東出資四百元，出版詩集《大理石牧神》(The Marble Faun)。辭去郵局工作。
一九二五年：乘船旅歐。

一九二六年：《軍餉》（Soldier, s Pay）出版。
一九二七年：《蚊子》（Mosquitoes）出版。
一九二九年：與艾絲特拉結婚。十一月出版《聲音與憤怒》（The Sound and The Fury）。
一九三〇年：開始在全國性雜誌上發表小說。十月出版《當我躺著等死》（As I lay Dying）。
一九三一年：女兒阿拉巴瑪出世，七天即夭折。出版《避難所》（Sanctuary）。
一九三二年：赴加州為米高梅公司撰寫劇本，十月出版《八月之光》（Light in August）。
一九三三年：女兒吉兒六月出生。
一九三四年：四月出版《馬提諾醫生及其它故事》（Doctor Matino and other Stories）。
一九三六年：七月出版《亞莎龍．亞莎龍》（Absalom,Absalom）。
一九三八年：二月出版《打不敗的人》（The Unvanquished），電影版權賣給米高梅公司。買土地，命名「格林菲爾農場」。
一九三九年：入選國家藝術文學協會會員。出版《野棕櫚》（The Wild Palms）
一九四〇年：出版《荒村》（The Hamlet）。
一九四二年：五月出版《永垂不朽，摩斯》（Go Down ,Moses）。七月與瓦那兄弟公司訂一份長期合同，開始為期五個月的片斷報導工作。
一九四六年：維京公司出版《袖珍福克納集》（The Portable Faulkmer）。

一九四八年：《沙塵中的入侵者》（Intruder in the Dust）的電影版權賣給米高梅公司，同年被選為美國藝術協會會員

一九五〇年：五月獲美國霍艾爾斯學會小說獎。八月出版《福克納選集》。十一月被通知獲諾貝爾文學獎，十二月由吉兒陪同往瑞典受獎。

一九五一年：三月因《福克納選集》一書得到國家著作獎

一九五四年：在英、法、瑞短暫停留，而後抵羅馬，轉往埃及。八月出版《寓言》（A Fable）

一九五五年：《寓言》一書贏得國家小說著作獎金，五月再以此書獲普立茲獎。

一九五六年：前往華盛頓出席會議，擔任作家協會主席。

一九五七年：三月接受希臘協會銀牌獎章，五月出版《小鎮》（The Town）。

一九五八年：擔任維吉尼亞大學駐校作家。

一九五九年：《修女的安魂曲》（Requiem for a Nun）初次在百老匯演出；在北卡萊納州置產。出版《華廈》（The Mansion）

一九六〇年：八月維吉尼亞大學聘為約講座；十月母親過世。

一九六二年：一月摔下馬背受傷。五月獲國家藝術文學會的小說金牌獎。六月出版《掠奪者》（The Reivers）。不久在牛津鎮又摔下馬背，七月死於血栓所引發的心臟衰竭。

圖片來源：所有照片由 James M. Faulkner 提供

2000年7月15日 初版
作　　者：約翰・福克納（John Faulkner）
譯　　者：王幃
發 行 人：賴任辰
社　　長：許麗雯
總 編 輯：許麗雯
主　　編：魯仲連
編　　輯：黃詩芬 樸慧芳
封面設計：王筱雯
企　　劃：陳靜玉
行 銷 部：楊伯江 朱慧娟
出版發行：高談文化事業有限公司
編 輯 部：台北縣新店市中正路566號6樓
電　　話：(02)2218-3835
傳　　真：(02)2218-3820
E-Mail ：c9728@ms16.hinet.net
印　　製：久裕印刷事業股份有限公司
行政院新聞局出版事業登記證局版臺省業字第890號

比爾大哥 *My Bother BILL*
定價：*320* 元
郵撥帳號：*19282592* 高談文化事業有限公司

國家圖書館出版品預行編目資料

比爾大哥／約翰·福克納（John Faulkner）著；王幃譯. -- 初版. -- 台北縣新店市：高談文化, 2000【民89】

面；公分

譯自：*My Bother BILL*

ISBN 957-0443-02-2（平裝）

1. 福克納（Faulkner, William,1897-1962）－ 傳記

785.28　　89009005